珍藏本
纪念版

汉译世界学术名著丛书

自然价值

〔奥〕弗·冯·维塞尔 著

陈国庆 译

钱荣堃 校

2017年·北京

Friedrich von Wieser

NATURAL VALUE

The translation by Christian A. Malloch

Kelley and Millman, Inc.

New York 1956

根据纽约凯利—米尔曼公司 1956 年英译本译出

汉译世界学术名著丛书
（120年纪念版·珍藏本）
出版说明

2017年2月11日，商务印书馆迎来120岁的生日。120年前，商务印书馆前贤怀揣文化救国的理想，抱持“昌明教育，开启民智”的使命，立足本土，放眼寰宇，以出版为津梁，沟通中西，为中国、为世界提供最富智慧的思想文化成果。无论世事白云苍狗，潮流左右激荡，甚至战火硝烟弥漫，始终践行学术报国之志，无改初心。

迻译世界各国学术名著，即其一端。早在20世纪初年便出版《原富》《天演论》等影响至今的代表性著作，1950年代后更致力于外国哲学和社会科学经典的译介，及至1980年代，辑为“汉译世界学术名著丛书”，汇涓为流，蔚为大观。丛书自1981年开始出版，历时三十余年，迄今已推出七百种，是我国现代出版史上规模最大、最为重要的学术翻译工程。

丛书所选之书，立场观点不囿于一派，学科领域不限于一门，皆为文明开启以来，各时代、各国家、各民族的思想与文化精粹，代表着人类已经到达过的精神境界。丛书系统译介世界学术经典，引领时代思想，为本土原创学术的发展提供丰富的文化滋养，为推动中国现代学术和现代化进程做出了突出的贡献。

为纪念商务印书馆成立120周年，我们整体推出“汉译世界学术名著丛书”120年纪念版的珍藏本，寄望既利于文化积累，又便于研读查考，同时向长期支持丛书出版的译者、编者和读者致以敬意。

两甲子后的今天，商务印书馆又站在了一个新的历史时间节点上。我们不仅要铭记先辈的身影和足迹，更须让我们的步伐充满新的时代精神。这是商务人代代相传的事业，更是与国家和民族的命运始终紧密相连的事业。我们责无旁贷，必须做好我们这代人的传承与创造，让我们的努力和成果不仅凝聚成民族文化的记忆，还能成为后来人可以接续的事业。唯此，才能不负前贤，无愧来者。

商务印书馆编辑部

2017年10月

译者前言

弗里德里希·冯·维塞尔(1851—1926)是奥地利资产阶级庸俗经济学家。他一生除青年时期一度担任财政部官员，并于六十六岁时入阁担任商务大臣外，一直从事教学及研究工作。先后在布拉格大学和维也纳大学当教授。他写过多本社会学著作。在经济学方面，他的主要著作有三部：除本书外还有《经济价值的来源和主要规律》(1884)和《社会经济学》(1914)。本书是他的代表作。全书共六卷，初版于1889年，是德文本。1893年由马洛赫翻译成英文本在伦敦出版，1956年纽约重印了英文本。中译本是根据英文本译出的，卷首除刊载维塞尔于1888年写的一篇序外，还有英文本编者威廉·斯马特写的一篇出版者序。

维塞尔和他的老师门格尔以及庞巴维克共同创建了奥地利学派(亦称维也纳学派)。奥地利学派理论的核心是主观价值论，亦即"边际效用价值论"。这个理论在十九世纪七十年代在欧洲好几个国家同时出现，但以奥地利学派较为完整。维塞尔则在门格尔理论的基础上，在价值论方面创造了"边际"(Grenznutzen，英译为marginal)一词，在分配论方面创造了"归属"(Zurechnung，英译为imputation)一词，对完成这一学派的理论结构，即完成较完整的"边际效用价值论"，起了重要的作用。

边际效用价值论是一种企图用主观心理分析方法来说明价值形成过程的理论，所以又叫主观价值论。持这一理论的人认为，经济理论的核心——价值——是孤立的个人的现象而不是社会现象，是人对财物的效用的感觉与评价，而不是财物的客观物质属性。所以整个价值论或者说整个经济理论应从人的需要及满足人的需要的效用出发来研究。

正是从人的需要及需要的满足出发，维塞尔和奥地利学派其他人物一样，推崇戈申定律。他说，戈申定律是阐明人的需要如何满足的规律，经济学受戈申之赐很大。维塞尔认为，按照戈申定律，人对某种财物的需要随其逐渐得到满足而逐渐减小，直到最后达到需要的“饱和点”，也就是需要递减到零，这时对这种财物的欲望就没有了，甚至会变到它的反面，即变为厌恶。但是，像这样供给充分的财物是世界上少有的；一般说，绝大多数财物都是具有稀少性的，不是供给无限，不能充分满足人的每一种需要，人必须在需要还不曾达到完全“饱和”的那一点就放弃自己需要的满足。处于这一点的需要就是“边际需要”；财物满足边际需要的能力就是“边际效用”。效用是价值的来源，效用和财物的稀少性相结合而形成的边际效用就是价值形成的条件，就是价值的尺度。

维塞尔在本书中自称“边际效用”是由他提出的（见《价值的来源》），门格尔有这种思想，但未曾使用这个特定名词。简单地说，边际效用就是消费者个人主观心理上所感觉到的某一财物的随着数量递增而递减的一系列效用中最后一个单位的效用，这个效用决定这一财物的价值。维塞尔进一步阐明，这还适用于对整批财物的评价。也就是说，在一批同类的财物中，任何一件财物都具有最后效用或边际效用的价值。如果需求不变，供给量愈大，边际效用从而价值就愈小，反之就愈大。如果供给量不变，需求愈大，边际效用从而价值就愈大，反之就愈小。不仅如此，不仅许多件财物之一具有最后效用或边际效用的价值，而且这许多件财物中的每一件都具有这个价值。这样，一批同类的财物的价值，就等于它的件数乘边际效用之积。这就是说，边际效用定律是价值的一般定律。

维塞尔还把边际效用分析应用到成本与分配理论。门格尔对这一部分未作详论；维塞尔作了修正与发展。这是他对奥地利学派的又一“贡献”。他认为消费财物提供效用，生产财物也提供效用。土地、资本和劳动只要生产出有用的消费品，便提供了效用。不过，生产财物是间接用来满足需要的，它们所包含的是预期的或潜在的效用，这要间接地通过它们所生产的消费财物的边际效用来衡量。换句话说，生产财物的价值是由它们的产品的价值，或者是由生产收益的价值决定的。这价值是按照他所说的“归属”原理分配给各个生产要素的。他认为生产要素结合起来生产收益，每一种要素都对生产有自己的贡献，也都按自己的生产贡献在总收益中分到一份“归属”于它的份额。“生产贡献”是生产总收益中所包含的个别生产要素所起的作用的那部分收益。生产总收益中归属于个别生产要素的份额，就是那个生产要素的收益——劳动的收益、土地的收益、资本的收益。生产总收益的价值等于全部生产贡献的总和。他认为，适用于由生产财物所生产的消费财物的边际规律，也适用于生产这些消费财物的生产财物。也就是说，在生产财物整批地被利用的场合，生产贡献的归属也是按照边际规律

进行的。每一单位消费财物都从边际效用得到它的价值，每一单位生产财物也都从归属于它的边际贡献得到它的价值。

维塞尔和其他奥地利学派人物一样，在价值论上和古典学派相对立，在方法论上和历史学派相对立。但归根到底，他的边标效用价值论还是用来反对马克思主义的经济理论，首先是反对它的劳动价值论和剩余价值论的。当时，马克思的《资本论》第一卷已经出版，马克思主义政治经济学开始在工人群众中迅速传播。在这种条件下，资产阶级经济学家要为资本主义制度辩护，不能不采用新的手法，制造新的理论来掩盖资本家对雇佣工人的剥削实质，来证明资本主义是合乎心理规律的永恒制度。在本书第二卷第七章和第四卷第十章中，维塞尔对马克思的劳动价值论进行了歪曲和攻击。他说：在马克思主义的价值理论中，关于价值的来源的论点是错误的；价值所涉及的对象没有被全部包括进去；供给和需求的关系被忽视了；价值的社会功用只是在分配方面，在一定限度内被承认了，而价值的功用的主要部分，即调节和支配社会经济活动的功用根本没被承认。维塞尔在论归属时说，任何一种生产财物，包括其中最有力量的一种即劳动，都不能单独生产任何东西，都需要同其他生产财物——土地与资本——合作。他认为劳动和资本的关系就是这样。所以，对于土地、资本和劳动的收益的归属，按照他们各自的生产贡献的大小来进行，是合乎自然的经济规律的，这对一切形式的经济生活都适用，不论是在将来的共产主义国家，还是在现在的国家。据此，他认为把整个生产收益全都归功于劳动的论点是错误的。也就是说，他认为劳动价值论和剩余价值论是错误的。

总之，维塞尔的边际效用价值论企图用主观心理分析代替客观经济规律，使资产阶级经济学进一步庸俗化。他的边际原理，包括他的边际效用论和归属论，不仅系统化了奥地利学派的理论结构，也为后来形形色色的资产阶级经济学流派所接受，构成资产阶级微观经济学的理论基础。"边际革命"是资产阶级经济学发展的一个重要里程碑。

目　录

第一卷　价值的基本理论

第二卷　交换价值和自然价值

第三卷　来自生产的收益的自然归属

① 原文 The living horse adds less than the dead horse deducts,直译是“活马所加的小于死马所减的”。这是表示维塞尔假定占有某种生产财物所得的份额与门格尔假定失掉某种生产财物所失的份额之间有差距,亦即维塞尔所说的“生产贡献”小于门格尔所说的“依靠合作而得的份额”,因为维塞尔认为失掉某种生产结合中的一项生产要素所引起的损失不仅是失掉这项要素本身的收益,而且还影响这一生产结合中的其他要素。我这里作了意译。请参阅本章辕马的例子。——中译者

第四卷　土地、资本和劳动的自然价值

第五卷　产品的自然成本价值

第六卷　国家经济中的价值

英译本编者序

在我的《价值理论入门》一书的序言中，我试图使英国读者搞清楚奥地利学派所阐明的价值理论的主要轮廓。我说过，为了公正评价维塞尔教授，我没有谈到他的价值理论在分配上的应用，宁愿把他的富有启发性的辉煌著作的翻译工作交给我以前的一个学生来做。我想，后面《自然价值》的译文定能马上证明我的保留以及我对译者的选择是做得对的。

目前以奥地利经济学家作为主要解释者的价值理论，是通过杰文斯在1871年发表的伟大著作而为英国经济学家所非常熟悉的最后效用或边际效用理论。同年，彼此不谋而合地，出现了门格尔的《国民经济学原理》——一部具有条顿民族的彻底性与力量的典型作品。跟着在1884年出现了维塞尔的《经济价值的来源与主要定律》。1889年发表的庞巴维克的《资本实证论》包含有对价值、价格、成本等等的巧妙解释，作者就是根据这些概念来建立他的著名利息理论的。在这之前，扎克斯于1887年发表了他的《国家经济理论的基础》一书，在这本书里他把价值理论应用到国家的经济职能方面。最后出现了现在这本著作，他锐意采用早先解释中的许多杂乱无章的概念，使整个理论以及它的应用进一步臻于完善。

《自然价值》一书的主要目的可以在本书第二卷第六章中看到。但是，一般读者也许从附属于这一主要发展的各章中还会发现最有启发性的问题，特别是对社会主义者的理论的抨击。对英国经济学家说来，我敢设想，有三点值得特别推荐为对我们这门科学有创造性的贡献。这三点是：在第一卷中重新确定价值的基本概念；在第三卷及第四卷中把价值理论应用到分配方面；在第五卷中把生产成本定律引到一般边际定律的范围之内。我想，假使一个编者的序言有什么功用的话，那就是阐明那些他认为经过他仔细研究过这本书之后所发现的困难之点。也许，我同奥地利学派的渊源使我可以用我自己的方式来表述这些困难之点。

第一卷的内容是依据奥地利学派的理论对价值理论作一般的阐述。其主要轮廓如下。

要是有人向一个普通人问起关于价值的最简单的问题，他会不自觉地流露价值来源于效用的通俗看法，虽然他同时也觉得有许多现象好像同这种信念相矛盾。例如，无偿的自然赐予就没有价值，某些公认为很有用的东西只有很小的价值，稀罕像用处一样也提供价值，成本好像正是价值的对立物，等等。这个学派的基本原理是，对价值的研究就是对人的估价行为的研究，因此，凡是不能用它的定律来解释这些矛盾的价值理论就不是令人满意的理论。

略加分析就会看出，财物的“用处”，或者说我们从财物身上所得到的用处，归根结底不过是需要的满足，或者毋宁说欲望的满足。不能满足什么欲望的财物对于任何人都没有用处。如果我们能够不用财物就满足欲望，我们对于财物就没有欲望。这两点理由所表明的结论是：值得想望或者被想望的东西，本来不是财物，而是满足。可见，我们必须首先更深入地研究需要和满足的性质。

戈申定律给我们提供正确的分析。根据这个定律，需要或欲望随着每一次满足的相继实现而递减直至达到饱和点为止。如果我们仔细考虑的是同样的欲望而不是别种不同的欲望的话，如果所讨论的欲望是完全成熟的欲望而不是刚刚激起的或仅仅是发展过程中的欲望的话，上述这一点就适用于一切欲望，无论是较高级的欲望还是较低级的欲望。这样，每一种需要的满足都刻画出一个递降的尺度，需要的感觉就按尺度上的各个度数具有不同的强度。

但是，在这里，可以叫做“需要”的有两种东西：整个的需要，或是一种需要、一类需要，以及需要的个别感觉。不管我们对需要的种类作怎样的分类——是按照我们从精神的或享乐主义的观点来看待它们，还是从理智的观点来看待它们——各种较重要的需要还是较重要的。然而，在这些较重要的需要中，需要的感觉也按照需要供应的情况而发生从无限的最高点下降到零的变化。就一天一天看，食欲是经常的又是重要的；可是，就一天的任何时刻看，其重要性却决定于最后一餐所提供的满足。

于是，无论我们怎样按类别来安排各种需要，我们都经常看到，属于我们所认为重要一类的需要在某种情况下对我们并不是很重要的。两种需要，就其类别言，一种重要，另一种不重要；而如果后者还没有得到满足，前者已经得到满足，对比起来，我们都会觉得后者是较重要的。因此，在计算需要的满足时，我们必须同时考虑这两种需要。需要的可能性是按类别来确定的；现状是按已经达到的满足来确定的。就像对大多数人说饥饿只是一种愉快的预测一样，我们对于我们本身可能有的需要了解得很清楚，也只是例外的情况。

效用是满足人类需要的一般能力，或者，像杰文斯给它所下的定义，是“事物的起因于事物同人的需要的关系的一种情况”。如果财物的“用处”等于需要的满足，如果满足部分决定于需要所属类别的重要性，部分又决定于先前已得到的满足，那么，我们就已看到数量或供给对于效用的估计的影响以及对于在估计价值时变得那么显眼的用处的估计的影响了。说价值不是事物所固有，那是老生常谈；说效用也不是事物所固有，却不是那么为人所普遍认识的。除了同那个发现它有用的人有关系的东西之外，任何东西也不是“有用”的，而如果那个人所有的这种东西业已足够或太多，那甚至连这种有用的东西也没有什么“用处”了。

在这里我们得到给财物的效用下定义和计算财物效用的观点。只有当我们看到满足决定于拥有财物，而不拥有财物或丧失财物带来不满足的时候，我们才把我们对满足的兴趣转移到这些满足所依赖的物质条件。我们并不看重那些过分多余的财物，甚至并不看重这些财物中我们所使用的部分，因为满足并不决定于我们所使用的那部分。如果我们的需要很少，那就许多财物来说，我们也许会达到类似财物过分多余的境地，可是我们的需要为数既多、变化又大，这一事实就使我们想望许多财物，并把我们的努力分配到方面很广的财物取得上面。这样我们通常看到，任何人所支配的商品供给都不足以应付对这些商品的需要的一切可能的甚至是实际的感觉。可见，一定有那么一点，在那一点上还没有达到完全饱和就把满足放弃。这就是边际满足，就是从经济上说在这种情况下所能得到的最小效用。也正是这种边际满足决定着财物对我们的价值。

要注意的是，这种边际满足并不是用处的一般能力，甚至也不是财物所造成的实际用处，而是个别需求与个别供给情况下的最后的与最小的用处，假定用字母顺序来表示商品重要性的等次。A 作为最重要的，我们就会首先努力去取得 A，直到 B 的若干供给变得比 A 的进一步供给更值得想望的时候为止。同样的，当从 B 所得的递减满足使得去取得 C 的若干供给更值得想望的时候，我们就会放弃 B 的积累。可见，在 A 和 B 那里，出现一种边际满足，即在具体情况下可以容许的最小满足。我们说这是经济边际，因为坚持积累 A 和 B，结果会使得可以取得的满足总和不如在一点上划下边际线停止进一步满足，而从事 C 的满足。

当财物独自受到估价的时候，就没有效用的比较，从而也就没有边际效用。在这种场合，财物确是从这些财物的用处得到它们的价值；当然，决定价值的是财物的若干有竞争性的用处中的最大用处。但是很少财物是按这种方法来估价的，通常财物总是作为一批相同财物或供给中的单件财物来估价的。假定某人陆续取得几件这种单件财物，他就要相继地把这几件财物依次用于愈来愈不重要的用处。然而不管他有多少财物，总会有一件财物被他用在最小的用处上——除非财物是“无偿赐予”的。财物愈是大批，这种边际用处就愈小。而如果财物是相同的，其中任何一件就都能成为被最后使用的一件。可见，每件财物的价值都不能大于最小的用处，而整批财物的价值就一定是最小用处的倍数。假定需求不变，在一批为数十件的财物中，每件财物的价值都不能大于财物使用的第十个用处，而整批财物的价值则为第十个用处的十倍。一批一百万件财物的总价值就是第一百万个用处的一百万倍。由此可见，所有那些在边际用处之上的用处都没有用价值来表现；正是根据同一原理，实际得自自由财物的用处也根本没有用价值来表现。我们开头所说的矛盾大体上就在这里获得解决。如果铁被估价得很小，那不是因为铁的有用性很小，而是因为它的供给很大，大到铁的边际效用变得微不足道，而铁的总价值便是这个微不足道的用处的倍数。如果空气不具有任何价值，那是因为空气的供给是那么丰富，丰富得永远达不到其边际用处，它的总价值也就等于用零来乘了——如果我们可以这样说的话。

但是这种用边际效用来决定价值也给价值带来它本身的似乎违背常理的现象。如果供给增加把边际效用降低直到由于过分多余而使价值消失，那显然要出现那么一点，在那一点上供给再进一步增加不仅并不增加总价值，实际上还减少总价值。假定一件财物产生十个单位的满足，两件财物每件各产生八个单位——随着相继的满足而欲望相应递减——三件财物各产生六个单位，四件财物各产生四个单位等等。那么，当我有两件财物的时候，其总价值就和我有四件财物的时候相同，即同为十六个单位（8×2与4×4）；而当我有四件财物的时候总价值却小于有三件的时候了（4×4与3×6）。

然而，只有当我们把价值设想为简单的正数的时候，这才是似乎违背常理的。这是把有用性或用处跟价值相混同的结果。的确，财物对于人的有用性不能随供给的增加而减少。的确，就我个人说，四件财物的总用处等于 10＋8＋6＋4＝28，因为我从这些财物所得到的实际用处并不减少，虽然各件财物的实际用处都比它的前些件财物的用处小些。但是，如果我们记得，纵然随着过分多余可以得到最高程度的用处，价值却随着过分多余而消失，我们就会记得价值不仅包含用处而且包含依赖性。我们把我们对某种满足的兴趣转移到一件财物，但是除非我们看到满足依赖于那件财物，我们就不能那样做。假定有某种需要要求满足，当我有四件用以满足这一需要的财物时，我的依赖性就比当我有三件财物时小些。财物每一次新增加，成批的有用东西增加，而依赖性却减少；代表依赖性的数量是累计的，它不仅从最后一件财物跑掉，而且从所有财物跑掉。要是我只有一件财物，满足对财物依赖性就是完整的，价值也就反映全部用处(10)。要是我有两件财物，依赖性就小一些，假定小 2；但是，由于相同的财物必然具有相同的价值，每一件财物就各要少掉 2，因此价值就不是 18(10＋8)，而是 16(8×2)了。要是我有三件财物，表示依赖性的进一步削弱的就是每一件财物再各少掉 2；如此等等。

于是价值就是正数和负数的结合，就是增加的满足和丧失的依赖性的结合。价值是一个余数。一直到某一点为止，价值都伴随着财物的增加而增加，虽然这种增加是较缓慢的累进——因为效用的增加还大于依赖性的丧失。但当供给达到某一点、依赖性的丧失大于用处的增加的时候，总价值就减少了。这样就得出结论，在某种场合，负的因素可能胜过正的因素，同样的财物，较大的数量却比较小的数量具有较小的总价值。如果我们并不把价值设想为是跟有用性或是跟用处意义相同的东西，那我们对这一点就不会感到奇怪了。

可见，如果价值是经济生活的最高原则，也就是说，如果经济行动主要受追求最高价值的指导，那我们就会有一种像蒲鲁东所说的恒久矛盾。但是，首先，直到到达价值的“下降阶段”为止是不发生什么矛盾的，而就任何商品说这种“下降阶段”都是罕见的。就大多数财物说，数量的增加总是带来总价值的增加，虽则单件财物的价值当然下降。其次，所谓价值是经济行动的目的并不是事实。最高原则是效用。当价值与效用二者发生冲突的时候，价值必须退居第二位。然而，照现在情形看，效用和价值一般是走同一条路的——在“上升阶段”中——从而经济努力之服从价值领导是没有什么危害的。价值的真正功用在于它成为效用的计算形式。在经济生活中一切事物每时每刻都需要有尺度的。就这样价值总和我们形影不离，而效用——为我们所取得却不归入价值的尺度——却被遗忘了，我们也就产生价值是首要目的的印象。不过，经济世界使各种东西变得“便宜”的不断努力仍可能使我们想起，我们最终还是试图使各种东西尽可能地接近那些“无偿赐予”，它们有无限的有用性，却没有价值。

在第二卷里，为了便于比较，维塞尔简单地说明了照这样来理解的价值——此后称之为使用价值或自然价值——同交换价值或平常经济生活中的价值之间的关系。前者远不是什么同政治经济学丝毫无关的东西，它恰恰是后者的基础。以下述正常情况为例，即卖主竞相卖出为出卖而制造的财物而买主竞相购买这些财物。

每个买主如果不管别人出价如何便会怀着最高出价来到市场。这个最高出价是由两种估价来决定的：其一，财物对于他的使用价值；其二，购货用的货币对于他的交换价值——后者将视财富与收入而变化无穷。这笔货币的交换价值正好等于预期的使用价值。考虑到个人在财富上和在需要上的差别，很明显这个最高出价是会变化无穷的。最高出价也不仅是一种可能性，不仅是一种同实际价格无关的主观限度。在完全竞争的范围内，买主争取购买的竞争和卖主争取按他们所能得到的最有利价格出卖的竞争，都要迫使买主达到他们的最高出价。在这种情况下，如果投到市场上的只有一件财物，其价格就要定在最有能力的买主的最高出价和第二个有能力（但已被排除在外）的买主的最高出价之间。如果投到市场上的财物共有五十件，根据同样的假定，价格就要决定在第五十个买主和第五十一个（被排除在外的）买主的最高出价之间；如此等等。这种价格就是边际价格，它是按照我们刚才所看到的通常决定价值的方法来决定的。无论其需要与财力如何，谁也不会支付大于能够买到东西的能力最弱的买主所付的价格，而整批供给的价格又是财物件数乘这种边际价格之积；换言之，这种价格是由边际买主的主观最高出价所决定的。

同样的原理也适用于买卖几件财物的场合，这是用不着论证的。在这种场合，买主对每件财物有不同的最高出价，它随着他所要购买的件数而下降，但是这个最高出价始终是按同样方法来决定的，即以购货用的货币的交换价值计算的、由预期使用价值决定的主观的最高额，并且它始终是边际价格。就这一切看，显然价格定律和价值定律之间有一种密切关系。不过这里也有一个重要区别，就是需求在这里不是简单地代表需要的程度，而是代表以购买力来表示的需要程度。这一点的最严重后果是，在现有不良的财富分配之下，生产的方向不仅由社会的需要和社会的必需来决定，而且由以巨额金钱来表示的富人的欲望来决定。

在现代经济中，大部分人的生活都忙于制造不是为使用而是为出卖的某种东西，这就对交换价值的形成给予了一个新的有力刺激。虽然在各个个体经济内使用价值仍然保持其地位，但流行于交换商品中的价值形式却得到了新的发展，因为交换商品是利用一种实际上没有使用价值的中介来进行的。整个交换过程，买和卖，是用货币来进行的，而货币本身又始终是按照它的交换价值来估计的。但是货币的这种交换价值不是能够用货币来取得的东西的预期使用价值，又是什么呢？因为货币不过是我们为这个目的而保留的商品。可见，前者的定律就是后者的定律。为出卖而制造，也就是为交换而制造的财物也是这样，这些财物的最后基础始终是使用价值，即它们所交换的东西的使用价值。同时，能够按小于效用的成本来更新的财物也是这样。简言之，交换是用处的另一种形式，是一般财物的用处之一，但又是货币的唯一用处。“这种意义上的交换价值，和使用价值具有同一性质；前者来源于后者，并且是后者的一种发展形式。两者都是主观的；两者的数量又都随个人境况而异。”

这样，维塞尔同他的学派一样，在承认不能把这两种价值包含在一个定义下面的同时，又为被忽视的使用价值辩护，指出交换价值是建立在使用价值之上的，是没有使用价值就无法加以理解的。除非相同的（客观）价值购买不同的（主观）价值，相同的价值相交

换是没有意义的。

到此为止还只考虑了消费财物的价值。把价值估价分析得好像是把财物看作破产者的存货那样抛到市场去销售，而不考虑这些财物的生产情况。如果这个学说不再向前发展，那维塞尔就该受到有时加给奥地利学派的那种谴责，认为他们过于专门从需求角度来考察价值而忽视了“供给表”。不过迄今我们所考虑的还只是基础。在第三卷中我们才转到生产手段的价值。第三卷把价值理论同一般的收入分配与财富分配的关系连结在一起了。

因为从经济上看，生产财物就是未完成的消费财物，所以后者的效用就是前者的效用；在生产财物还不是过分多余的时候，它们也是从它们的效用获得价值的。但是，在日常生活中，我们并不把生产财物的价值同一切价值所最后导源的需要的满足结合在一起，我们并无必要在它们的收益的价值之外冉进一步追究什么，理由是收益价值已经以需要的满足为基础了。于是生产价值实际上就是收益价值，或者可以说就是预期的收益价值。正像股票价值是决定于它的红利一样，一切生产要素也是从它们所帮助生产的价值获得它们本身的价值的。一般说人们会发现这是一个很有用处的说明。

现在任何生产要素也不是单独起作用的，而总是结合在一道起作用的。我们显然需要一个原则来把收益分割成能够归给各项要素的份额。经验表明这种计算实际上是每天都在进行的，而且不仅由个人来进行，在某些时期还由一大堆人来进行。的确，如果生产领导人讲不出成功或失败究竟要归因于哪一项要素，也就是说，如果他们不能把收益的各个部分归给各个要素的话，那就根本不能把生产进行下去。奇怪得很，晓得分析和说明这一普通行为是首要问题的少数作者，却由于把这个问题说成是物质上的因果关系而使问题无法解决。他们试图发现，从物质上考虑，各个要素究竟生产了哪一个份额。这差不多等于问孩子有多少应归功于父亲、有多少应归功于母亲一样的不合理。

与这门科学邻近的法律学指出了解决办法。在决定一件谋杀案的时候，陪审员的任务只限于从所有构成谋杀所必需的条件与手段当中找出哪一项是法律上应负责任和应受处分的。同样我们的问题也是从所有共同起作用的原因当中找出哪些是经济上同收益有关的原因。在计算收益的时候，农场主并不知道他的土地的过去历史，也不知道土地对于人以外的其他生物的用处，不知道当时还不为人所支配的自然力在土地上所起的作用，不知道土地的属于自然的无偿赐予的那部分。虽然他完全知道所有这些原因共同起着作用，作为一个农场主，他却正确地只是把农场的收益归属于那些原因，就是如果他想要达到某种目的他就必须考虑到的原因。如果，在发现了全部收获可以归因于某些经济要素之后，他进一步着手分割这一收获并将各个部分归属于各个要素，那不过是同一过程的延续。如果两块大小相等、位置相同的田地用显然相同的资本、劳动和智力来耕种，在收成上却表现不同的收益，那剩余收益大概要归因于土壤的某种优点，虽然要是没有参加合作的其他要素就根本不可能有什么剩余。在一切生产部门中情况也都是这样。但要指出的是，普通工商业者所做的事情经济学家肯定是能做的。事实上，除非我们能够从理论上解决把收益分配给并归属于各个要素，我们必须说，归属收益份额的实际方法是值得严重怀疑的，就我们所能看到的来说，现行的收入和财富的分配是非常武断的。

在再作进一步分析之前，必须先把有一种解决办法排除掉。社会主义者主张一切收益归劳动，他们极力辩解，单是取得收入的事实不能拿来论证就是生产了收入。它甚至可能证明收入是靠欺骗或暴力取得的。但是有一个论点似乎是决定性的。设想一个共产主义国家把"联合生产"的产品平均分配给它的公民。这样难道它就可以把所有产品都归因于它的公民的劳动吗？难道它会比现在更有可能从所有土壤上生产相等的收成，或从劳动生产相等的收益，而不问在一道起作用的资本吗？难道共产主义国家不把富饶的土地和适用的工具算作财富，并且正因为它们影响着全社会的努力所得的收益而赋予它们价值吗？很明显各种生产要素的纯经济的收益是和任何规定的收入分配毫无关系的。如果地主与资本家没有理由取得地租与利息，那么劳动者也没有理由取得工资了。

在早先对解决办法所作的尝试中，门格尔恰恰没有看到那个正确的办法。在估计一批相同财物的供给的时候，找到其中一件财物的价值的最明白的方法，就是假定失掉这件财物，因为这样就可以立即确定由它决定的边际效用。门格尔也把这一点应用于生产财物，想这样来找出失掉一项生产要素时生产将有什么损失。但是适用于性质相同的消费财物的，可能不适用于为了一个结果而参加合作的性质不同的生产财物。门格尔忘记了合作的共同要素。无论在哪一个生产分组中，如果失掉一项要素，整个合作就要解体，其损失就远大于该要素。我们必须考察剩下的要素在新结合中能做些什么。简言之，问题必须从正面来提出：那就不是我们失掉什么，而是我们利用不同要素的合作来达到一个目标所获得的是什么。

于是，维塞尔本人的解决办法有如下述。假定某人的生命决定于他的最后一发射击。来复枪和子弹合在一起的价值是很明白的，但却没有方法确定各自的价值。这里未知数有两个，而等式却只有 $x+y=100$ 一个。这种情况同任何有组织的生产中参加合作的生产要素所创造出来的价值，又有什么差别呢？在有组织的生产中，各项生产要素参加许多不同的结合，带来不同价值的收益。生产财物和收益价值之间有许多等式，每项生产财物由于参加其他等式就能加以追查。例如，如果劳动同各种不同原料一道起作用，每种情况下的收益各有不同的价值，同时，如果每种原料同许多种劳动结合，每种情况下的收益也各有不同的价值，那就有可能从许多等式中非常准确地弄清楚哪些成果分别归因于各项生产要素。如果 $x+y=100$，$2x+3z=290$，$4y+5z=590$，那么，$x=40$，$y=60$，$z=70$。

可见，我们如果选择一个足够大的范围，就能利用等式间的这种比较，来找出归给各项生产要素的收益的份额。这种份额显然远不是什么物质收益之类的东西。为了区别生产的总收益和各个份额的收益，维塞尔建议把这个份额叫做“生产贡献”。

任何生产要素的生产贡献就是收益的那个部分，其中包含个别生产要素对总收益的贡献；所有贡献之和正好等于总收益的价值。然而，由于收益是一种预期的收益，它就不能是一切收益，也不能是平均收益。当然，它是边际收益。在所有财物当中，生产财物大部分显然不是单独地被估价，而是成批地被估价的。而且，由于一件生产财物的价值必然是所有生产财物的价值，决定每件生产财物价值的就只能是所得到的边际价值了。换言之，决定生产财物的价值的是边际产品，或边际产品中的份额。要找出铁的价值，我首先找出铁制品的价值。铁制品的价值已经是边际价值，于是，在采用它作为铁的价值的基础时，我就立即把铁的价值放在边际水平上了。不过情况并不像表面看到的那么简单，因为铁按多种不同数量加入到许多产品里去，这些产品并没有得到，实际上也不能得到同样的边际价值，如果这样来决定铁的价值，那铁的价值就不能是划一的了。然而，从经验上看，铺子里同样质量的铁，其价值却是划一的，那个划一价值又相当于由许多使用当中的边际使用所得到的价值。如果使用于不同结合中的铁制品，分别生产8、9、10个单位价值，那铁的价值就是8了。

但是，也可能很明显，这种用收益等式来决定归属的做法只不过告诉我们某些份额是归属于某些生产要素的。我们必须进一步问，决定这些具体份额的数量的因素究竟是什么呢？例如，看到由于劳动、土地和资本三者合作，劳动获得收益的半数已可令人满意了，但是我们不得不再问，决定劳动应当恰好获得这半数收益而土地和资本应当获得其余半数的到底是什么。然而，一篇序言的范围是不容许我涉及这问题的，何况，无论如何我也不能在本书第146—153页的透彻阐述之外再补充些什么，在那里作者把各有关份额的决定因素全都详尽讨论过了。总起来只要提一提下面一点就够了：各项生产要素随它的供给的稀缺、对它的需求的加大和技术的增长，而得到较大的归属于它的份额，反之亦然；而且，并不存在任何要素所应有的绝对量。

到此为止都假定生产财物好像是仓库中质量完全相同的单件财物一样。但是情况并非总是如此。在与相同数量的其他财物合作的两件同类财物中，可能有一件财物产生价值较高的收益。这样的财物的使用原则并无困难。我们如果拥有许多件这样的财物，就会首先使用那些产生较大收益的，而后使用那些产生较小收益的。我们这样做的时候，可归属于质量较好的财物的收益便较大，其程度相当于收益之间的差别。如果，这些生产财物中间质量最差的财物出现数量过分多余，那我们就不把收益归属于它，而把所有收益全都归属于质量较好的财物。

现在，土地就是这种有差别的生产财物中间最显著的一种。李嘉图对这一点专门给予注意。然而，我们如果仔细研究他的理论，同时研究这个理论的必然结论，特别是一般地租的可能性，就会看到李嘉图关于土地所讲的一切，也适用于所有具有级差价值的生产手段，即：按较好生产手段与较次生产手段的质量差别的比例，在收益中较好手段所得的归属于它们的份额比较次手段为大。某种土地所产生的个人收入——也就是李嘉图认为土地所特有的收入——最终决定于下列事实：在同其他生产要素合作的时候，这种土地产生这样一笔收益，即减掉可归属于资本和劳动的份额之后所剩下的一部分按自然定律必须归属于土地，而且只归属于土地的收益。这不仅是一个收入分割问题，而且是一个收益分配问题；这个问题在社会主义制度下也一定会像现在这样发生，像现在这样得到解决。

但是，当我们转到资本的时候，我们就遇到较大的困难，因为在这里我们遇到一个先决问题，也就是实际上究竟有没有一笔净收益始终可以归属于资本的问题。

就土地说，显然收益的一部分一定要归因于土地，因为土地生产出净的收成，也就是说，每一次收成以后，田地实际上依然完好。同样，劳动显然也生产净产品，因为劳动者实际上并没有因生产而状况恶化。可是资本在献身于生产的时候本身却消失了；于是问题是，资本应该怎样恰恰像土地一样，生产一笔再现的收益。因为，如果这项生产手段这样做，它就一定要做别的生产手段所没有做的事情，它就一定要主产出足以更新它本身的东西，并在此之外再剩下一笔净剩余。

问题有如下述。归给资本的收益原来是一种总收益，资本就是消失在这里面的。如果资本要做得像土地一样，这种总收益就一定要足以全部更新被破坏的资本，并剩下一笔剩余。然而，经过仔细区别物质生产力与价值生产力并记着我们目前所要证明的是前者，我们看到，在产业领域中在一道起作用的三项要素的总收益，通常总是大得足以更新所耗费的资本并剩下一笔剩余。这一点无论如何是无需证明的。在积累着成百万的资本的同时，还维持了成百万人的生活；这就使这一点无可怀疑。如果这样的话，要是有人问到，究竟可不可以把这笔净收益的份额归属于资本，那我们难道不可以反问，为什么应该否认这一点呢？如果资本是一项经济要素，是一项像我们所说明过的影响收益的要素，那为什么单单应该否认它在净收益中占有一个份额呢？

只要指出下面几点就够了：(甲)凡在机器代替劳动的场合，必须把以前归给劳动的份额——即净收益中的一个份额——归属于机器:(乙)当追加的资本增大任何产业的生产力的时候,就不能把额外产品归属于资本以外的任何其他东西。于是我们必须结论说,像土地一样,一切形式的质量较好的具体资本较之质量较次的具体资本得到归属于它的较高的收益,这种收益是按使用质量较好资本所带来的生产成果的增加量来计算的。"当我们比较资本质量的时候,决定归属的是净收益而不是总收益。"

在阐述这一切的时候,我们必须记住,资本的物质生产力是无法直接证明的。一部机器并不再生产出它自身来,而只是生产出别的东西来。我们间接地看到,采用机器可以解放出劳动使其用于创造资本,这样就导致产品的巨大增加。但是,在现代经济生活中,必须在净收益能够发生之前先行互相交换产品——即所有不同工业的总收益。无论道路会怎样地迂回曲折,总会从理论上得出这一点:生产中所消费掉的每一磅煤,总是正常地生产出另一磅同样的煤,外加一点剩余的煤。

说明了在什么原则之上把价值归属于生产财物,以及决定归属数量的因素之后,又说明了一定也要把净收益的份额归属于资本之后,在第四卷中,我们就回到各种不同生产要素的"自然"价值。

我们知道,一般原则是,生产要素的价值是来自它们收益的价值。当我们转过来把这个原则应用于各种生产要素的时候,在资本方面又碰到最大的困难。问题有如下述:(甲)按照所论述的原则,资本是从其成果中获得价值的。然而,假如我们希望知道归给任何生产的最后收益，并随着从成果价值中减去所耗费的资本的价值，其结果却等于零；因为全部资本在生产中都变成成果。成果和资本既然相同，从前者减去后者自然什么也剩不下了。如果是这样，那又怎样来说明利息呢？因为资本的借出人不仅要求归还他的资本，而且要求一笔叫做利息的剩余。(乙)假定我们发现利息是存在着的，又发现借出的资本年复一年地再生产着它自身和一笔净收益，那为什么资本的价值不代表那种无限的收益数额呢？

解决办法是以我们先前关于资本生产力的分析为基础的。我们刚才看到，资本在生产中变成总收益，也看到这种总收益确是包含资本的再生产和一笔物质的剩余。我们从这一点可以推论：首先，资本的价值决不能大过于总收益的价值；从而资本的价值是有限的。变成105的资本决不能大于105的价值。其次，我们推论：如果总收益总是包含着物质的剩余，那就不能把整个总收益全算在资本价值的账上。资本的价值必定小于105。这样就得出物质总收益与净收益；我们的问题也就得到解决。

这种过程在日常生活中通称为“贴现”。我们通过减掉例行利息来找出在将来日子到期的一笔货币债权的现在价值。对于一切资本也是这样，我们通过拿资本所要转变成的产品之和来减掉剩余的净收益，便找出资本的价值。就固定资本而言，估价就更复杂些。这里主要特征是，必须把相继发生的收益全部加以贴现，复杂的是，还必须预计到修理、重建等等并将其价值加以贴现。就具有极其永久性质的固定资本来说，那就要用资本化来代替贴现。因为利息作为资本价值的一定部分，而资本价值作为利息的倍数，那很明显我们既可以通过把将来利息加以贴现的方法来得出资本价值，又可以通过乘现在利息的方法来得出资本价值。在数学上两者的结果是相同的。

当我们讨论到对第二个生产要素土地的自然估价时候，我们就看到我们先行处理资本在程序上是做得对的。因为通过估量土地的产品或收成的价值来得出生产财物土地的价值的方法，不过是用来计算具有无限永久性的固定资本价值的方法。我们资本化地租就像我们资本化净收益一样，所不同的只是归给土地的始终就是净收益。可是，这一点却告诉我们，为什么直到资本在产业中取得某些地位之前，土地得不到精确的估价。就资本说，我们有再生产自身连同一笔剩余的母财富，已知这种总收益和净收益，我们就能找出母资本的价值。可是就土地说，我们只有净收益，从而除了把土地价值作为无限数量——与地租的无限可能性相适应——的原则外再不能有别的计算土地价值的原则。但当资本出现的时候，当人们把资本运用于土地上面的时候，当人们把土地和资本拿来互相比较和互相交换的时候，地租资本化的标准就被发现了。资本和土地变成可以用它们的产品来通约的东西，也就是说，可以通过耕种更多的土地或通过应用更多的资本来取得同等数量的收获。不错，在共产主义制度下，可能没有土地和资本的交换，但是由这二者合作所造成的等式还是会有的。

至于第三个生产要素——劳动，自由劳动者不再像他在奴隶时代那样成为估价的对象，但他的各别行为仍然是估价的对象。这里估价方法也和其他生产要素一样。归属决定着把收益的哪一份额归给哪些劳务，而这样归给劳务的每笔份额的价值就决定着劳务的价值。这样,像所有生产要素的价值一样,每笔劳务的价值也决定于供给与需求,决定于从互补财物所得到的支持,决定于技术状况。这适用于一切劳务,从最高级的独占劳务直到不过作为“成本财物”的非熟练劳动。

社会主义社会可能按工作时间来估价劳动,而不进一步注意其差别,譬如说,应该把一小时的熟练劳动算作两小时的非熟练劳动,这里社会主义者忘记了价值对今日经济的双重功用,就是它不仅作为收入的权利,而且作为经济统制的手段。在追逐收入的赌博中,每个人只能赢到他所下的赌注的价值,可是财富和劳动同样可以作为赌注,也就是说下了更多财富的人便赢回更多的收入。在社会主义制度下这种情况也许会改变。然而权衡财物和雇用彼此的轻重的正是这一个价值,决定把生产财物引导到尽可能最好的经济成果的也正是这一个价值。那么,收入分配的变动会不会弥补由于忽视价值决定而产生的极端无组织呢?是不是因为庄稼汉要和地主得到一样多而土地就不能有价值,是不是因为仆人和主人一样能干就可以忽视资本对产业的总收益的效果呢?

在第五卷中所谈到的问题也许会遭受英国经济学家最严厉的批判。在这一卷里维塞尔采纳古典学派理论所持的价值决定于生产成本的论点并在成本中找到恰恰是效用的最一般的形式与尺度。这一论证可简述如下。生产财物的价值来自它们的产品。但是不属于独占的,能用以制造许多产品的生产财物,是从它所生产的价值最小的产品中获得它们的价值的,也就是说,是从它们的边际产品,或者更确切地说,是从它们对这种边际产品的贡献中获得它们的价值的。然而生产财物一旦获得了这种价值,它们通常就把这种价值保持到它们所转变成的产品里去,这些财物的价值——在这个关系里很有意义地叫做“成本”——就这样近似地决定着价值。但是,由于最初决定这些成本的价值的恰恰是边际产品的边际效用,所以生产成本定律不过是价值的一般边际定律的一种特殊情况。

这是本书的最困难、最微妙部分,请允许我试用另一种说法来阐述其主要论点。

无可怀疑,一眼矿泉是从人们发现泉水适于满足人类的某种需要这一事实而获得价值的。要是泉水的化学成分发生变化,附属于矿泉的价值就要完全消失。这也许是人们所能想望的最明白的例子,说明生产财物的价值是由其产品价值来决定的。可是这和一般生产财物的情况又有什么区别呢?

区别在于:矿泉水是矿泉的唯一产品,而诸如煤、铁、非熟练劳动之类的生产品,则可以说是有许多种水的水源。它们的产品按范围、种类及价值说是数不清的。但是,依据我们决定矿泉价值的同一原理,我们当然应当说,煤、铁及非熟练劳动的价值一定由它们所参加生产的商品总体的价值来决定。可是这一总体并不属于经验上观察到的东西。任何统计也不能概括它的无穷变化。它的数量是那么庞大、性质是那么不同,以至它对于生产它的生产要素的影响必然是不清楚的。另一方面,生产手段却是大批存在和易于盘存的同质财物。这些财物同其产品相比较的时候,给我们以大量和同质的印象。这就很容易理解,为什么我们把这些财物看做是决定因素而把它们的产品看做是被决定因素了。

再转过来看看个别雇主，我们看到他有充分的理由相信这一点。通常，他自始就没有制造他所用的任何生产手段。他购买这些生产手段。给他印象很深的事情是，他的煤、铁以及劳动都已经有了价格。他必须支付这个价格。这样他的生产过程的第一个步骤就是一笔支出、一种牺牲，就是他所体会的“成本”。他所制造的商品确是他打算用来补偿他所破坏的价值的，不过前一价值是预期的而后一价值却是实在的。于是，他的第一原则就是，他所要求的价格一定要和他所支付的价格相一致。这就很明显为什么他终于相信他所要求的价格是决定于他所付过的价格了。

肯定地，如果我们考察一下现在那么遍及工业领域的巨大企业，要否认决定价值的是生产成本，就显得荒唐了。在任何组织周密足供仔细研究的行业里，我们总看到拥有巨额资本、操纵价格的一两个大厂商。如果竞争尖锐的话，我们就会看到这些厂商尽量通过减低工资、用机器代替劳动、大批购进原料、改进建筑的规模和安排等等方法来减低价格。他们完全不顾及市场。不等到需求变化就降低价格；根据熟知的经验，价格的每一降低通常都会刺激更大规模的消费。其他厂商无论处于什么地位，都只能使它们的价格适应于那一两个处于最有利地位的厂商的生产成本。这样，价格直接跟随成本变动，难道还不明白吗？

穆勒的古典学派理论撇开这个问题。奥地利学派的理论虽然没有全部否认它，但是，即使全都毫无保留，它仍然问，生产中所消费的所有这些东西究竟从哪里获得公认是它们所传导的价值呢？产品归根结底只是劳动和资本一起合作的产品。如今劳动按一定的工资参加合作，同时盖起了厂房、安装了机器、还按一定价格买进了原料。那么,是什么东西决定所付的就是这些工资和价格而不是别的呢?就逻辑看,古典学派的答案必然是,财物是从先前的生产成本获得其价值的。然而这只是使问题倒退一步,使我们陷入永远后退的境地直到我们扭转循环论法为止。假设,继续后退到更远的生产成本的时候,也应该把资本化成它的像社会主义者所说的劳动第一要素,那还会有同样问题:给予这种原始劳动以价值的是什么呢?除非这种价值也是由它的生产成本所决定——维塞尔把它叫做"荒谬的想法",他在第五卷第七章里对此作了有力的抨击——答案就只能是,劳动是从其产品获得价值的。可见,用生产成本来决定价值最终要引使我们兜圈子兜到发现自己是用价值来决定生产成本为止。

反之,维塞尔的答案却把我们领回到唯一的价值定律。消费财物形式的产品从人类需要对于占有这些产品的依赖性获得它们的价值,生产财物则派生地从产品价值获得它们的价值。"成本"是能供多种使用、能参加许多价值等式的普通生产财物。说这样的成本将其价值传导给产品只是指它们完成它们所以存在的目的。如果它们不在产品中再生产它们自身的价值,那人们就根本不会去生产它们。但是成本除非本身先得到价值就不能给予价值。然而它们所得到的既不是它们的产品的总价值,也不是反映财物总效用的财物价值,而是它们的边际产品的价值。所以,成本凭其本身所能传导的只是边际价值,而它们所能传导的这个数量也因为它是边际价值。质量相同的生铁卖一个价格,并不是因为所有的铁制品都卖这一个价格,而是因为,虽然它们按照它们所参加的生产结合而卖得各种各样的价格,还是始终有一个最低价格或边际价格。所以按这一个价格买进生铁并用这生铁生产铁制品的风险是最小限度的;这不过是取得经营中的最低价格的风险,而对产品需求的最微小增加或产品供给的缩小,都会得到较高的价格。所以按成本生产意味着预期破坏一种形式的价值会再生产另一种形式的价值,而这种预期是合理的,因为成本代表工业领域中已经实现的边际价值。

可见,用生产成本决定价值的定律只要可以应用就是正确的,也就是说,只要产品是“自由生产”的,只要产品是按照它们同它们的生产手段的关系来考虑而不是孤立地来考虑,就是正确的。但是这只是价值的相对数量的定律。一个完整的理论却要求一个计算价值的绝对数量的定律,这个定律产生于归属于成本的边际产品价值。于是,完整的定律将是这样:相同的生产财物在产品中保持着相同的价值,那个价值来自生产财物的边际生产贡献。

具体地说,如果铁是 40 先令一吨,那下列事实就能成立:由于买主与卖主之间经常过往密切,在这个领域内,体现在产品中的一吨铁至少要卖 40 先令。无论哪个生产者也不肯出 40 先令,除非他能得到 40 先令。付 40 先令来买生铁是安全的,因为出现在产品的新生命中的铁至少代表那个价值。此外,如果付给非熟练劳动每星期 15 先令,那并不是因为社会要花 15 先令来维持他的生命,诱使他结婚并为劳动市场保证供给,而是因为非熟练劳动在其中合作的整个雇用范围内,曾把 15 先令归属于劳动者作为他在整个收益中的份额——即他的边际份额。

这个理论的最突出之处也许是它继续进行把成本一词当作具

有一定意义的成本分析。没有疑问，英国读者会记得凯尔恩斯对穆勒的攻击，以及他主张“成本”一词意味着“牺牲”。维塞尔所赋予这个名词的正是这个意义，虽然他对牺牲所包含的是什么的看法有很大出入。但是，像凯尔恩斯一样，维塞尔并不把成本和资本家的成本等同起来。在维塞尔看来，“成本”就是社会所耗费的东西。像那么多经济学家所做的那样，维塞尔从不忽视世间的财富“不是一笔基金而是一条流水”，或者，毋宁说始终是从下游流失又从上游灌满的湖泊。要保持价值存在，就必须经常再制造财富。每个雇主都知道，在把原料和劳动投入生产过程的熔炉中的时候，他所冒的是什么危险。更难于看到：社会财富的提高水平是通过那种财富的经常变化为新的形式来得到的，要是不明智地改变财富的形式，也可能使社会变得更穷得厉害。在维塞尔看来，“按成本”生产就是指这个水平，这里生产意味着已取得的价值的简单再生产，这里，如果产品不能恢复已投入生产中的价值，社会就要遭受实际损失。

假设我们付 100 英镑的代价买进劳动和原料，把它们投入织品中，这项织品在穿着过程中经过消费而消失，我们就可以假定社会从这项织品得到过价值 100 英镑的用处。这项织品从公共仓库里拿走上述数量的财富，可是我们并不惋惜这种财富消失，因为织品通过在满足需要上给予我们等值而实现了它的目的。它在物质财富过渡到活的财富的意义上再生产了它本身。但是，如果我们付 100 英镑的代价买进劳动和原料，把它们投入一部机器中，那部机器随后在制造一些卖不到 100 英镑的东西的过程中报废，那我们在经济上就对社会犯了罪。我们从世上存货中拿走值 100 英镑的财富，却像我们所说的，既没有使它“尽其用”，又没有给它补偿。以上我们是把资本和劳动看作动态形式，其意义在于至少再生产被消费掉的它们本身的100英镑价值；我们知道，会在其他使用中带来100英镑价值的，不是一件也许有价值也许没有价值的产品，而是可以另行使用的资本与劳动。

可见，按这种观点，平常的普通的生产财物全都是真正的成本，既是正的成本，又是负的成本。所谓正，是因为用这样的生产要素来制造任何财物都“需要”消费掉这些要素或放弃它们。所谓负，是因为当把财富专门用于一种生产形式的时候，其他同源商品的生产就相应地受到限制。

于是，维塞尔结论说，如果我们问按成本生产的产品究竟为什么有价值，又为什么有相当于在制造这些产品时所破坏的价值的那个价值，答案就是价值是从效用来的。当然，这效用并不是产品本身所实现的效用，而是在整个使用范围内用相同成本所制造的产品所实现的效用总体中的边际效用。所谓把成本花费掉只是一个征候，而认可成本价值的则是边际效用。

效用始终是价值的来源。所不同的是这里不再把边际效用限于只是边际效用所属的那一类，它遍及整个同源产品的领域，它允许所有同源产品具有相同的价值比例。这样，显然不同的产品却像一批财物的不同部分一样获有相同的价值关系。如果我们始终必须在每类范围内找出它的边际效用，那的确难于对消费财物进行比较。然而，由于成本带有已经决定的价值并把这种价值传给产品，种类极其不同的商品就完全像同一批财物的许多单件一样可以互相比较了。这样就可以结论说，成本定律是价值的一般定律所采取的最普通的形式。

这里必然发生的问题是：在成本问题上，维塞尔是否仍然忠于他的第一原则，即价值就是普通人承认是价值的东西呢？争论所使用的那个逻辑可能使英国经济学家发生怀疑。而我，没有囿于作者所说过的一切，作为一个老企业家，也许我的实际知识可以使我有资格说，作者对于成本所作的分析是经得起普通人的批判的。就个人来说，我觉得这个分析不仅正确，而且巧妙。

决定成本的最简单形式是经纪商的决定。对他说来办理一笔出口订货只是意味着为他的客户代购所需要的商品。如果他付现款，那为了办理订货他就要花掉一笔钱，这笔钱也许是他出利息从银行借来的。这笔支出恰恰就是"成本价格"。当然，外国订户所花的钱就等于那个价格，再加上运费和经纪商的佣金，这笔佣金抵偿办公费、借款利息、利润，也许还抵偿风险。当我们讨论到制造商的时候，问题就更困难一些。要是说我对于"成本估算"有什么了解，也就是下面这些。任何熟悉自己业务的大制造商都有一张包括若干开支的清单，这张清单可能包括，用作支付工资、煤炭和供应的金额，机器与厂房耗损的摊提成数以及办公费和借款利息的金额等等。在这上面再加上为原料而付出的一定金额，合起来就构成他的"成本"。这样，一个棉纺业主就有一份制造每单位数量的棉纱的成本估算，当向他询问棉纱价格时，他只要在这个估算上加上棉花的当时交货价格，其结果就是他的"成本"。但是，这并不是他所要报的价格。他要报的价格还要包括一项抵偿利润与风险的部分。实际上，成本估算只作为一种最低限度。必要时制造商也往往甘心按成本报价，这主要发生于他是继续维持他的生产

还是让他的企业受到损害二者必居其一的时候。但是，按正常情况，低于成本他就不能经营了。

然而，也许可以认为每个人在其成本估算中是可以自己做主的。可是事实上制造商自己进行成本估算却是不常见的。成本估算一般是作为本行业的传统或公开秘密出现在他们面前。在这种场合，这个被接受作为成本的东西并不由这个或那个工厂的费用所决定，而是对能够购买的劳动、建造的厂房、开动的机器按平均数计算的。换言之，它是一种边际计算。如果个别制造商不能按这个成本来生产，他的处境就更加不妙。这个成本是竞争所能允许他的最大成本；如果他要保持胜算，他就必须满足于较小成数的“经常成本”。如果成本估算不是根据通常能够用它来雇用劳动的工资，不是根据凡是有资本来从事这样一种经营的人所能实现的制造费成数，那这个成本估算根本就不是整个行业的成本估算。

可见，如果我们分析这种属于行业的成本估算，就会发现，它是根据某些完全不同于这个或那个生产者的经验上的费用的。它所采用的劳动价格将是极普遍地付给具有某种技能的某一类劳动的工资。他所采用的厂房价格将是在一定地区修建土木工程所通行的价格。机器价格将是由能够从事几乎任何种类的手工工作的机器匠把有无数用处的金属锻制成一定形状所花的成本。原料价格将是由这种原料所能参加的许多织品所实现的价格来决定。简言之，所有生产要素，只要不是独占财物，就是维塞尔所理解的成本财物，也就是可以作许多种使用的财物，这些财物具有一种可以称之为被预先决定的价值，因为它是由这些成本所参加的产品所实现的许多价值中的边际价值。

还有一点也不能不引起注意的，就是，在成本当中，维塞尔还包括非熟练劳动。像维塞尔在别的场合确是明白主张过那样，这意味着劳动力是财富的一种形式。的确，人作为人，是经济活动的目的，但是人作为劳动者，却既是目的又是手段。从经济上看，扶犁的手臂是和犁相同，把自身花费于生产更多财富的力量。如果我们深究一下为什么一个拥有丰富的物质财富而没有足够的劳动来使用这些财富的社会实际上还是很穷，这一点就变得更明白了。但是，不管我们对于把劳动力包括在财富里面是否恰当，在看法上可能有多么大的分歧，我们也不能否认，当把劳动力投于一种使用的时候，就是从任何其他使用中抽掉和扣留了财富生产的一项基本要素。某种生产肯定要“花费”社会某种劳动，就像一个好工人的死亡会使世界变穷一些，同是很明白的事。

我不能再多讲些什么了。随后的要点是：探讨租金和利息在成本当中的地位，对把“成本”同劳动的痛苦和资本的节欲等同起来的“成本”概念的尖锐批判，以及占第六卷一卷篇幅的关于边际定律在国家经济中的地位的虽然简明但却富于想象的论述。要是这里我把这些要点略了过去，那不是因为它们的价值较小，而是因为一篇编者序一定要适可而止。

我还应该补充一点，依照作者的条件，我完全对现有译文的经济准确性负责，并且逐字校了译文。作者序的译文以及内容分析表的撰拟，由我个人负责。其他方面的译文都是马洛赫夫人所译，作为她的工作的赞赏者，我虽然没有资格对于译文的优美提出自己的意见，但是引用维塞尔教授对于译文所作的评价恐怕是再公平没有了。他说："我认为本书在译文上就明晰与严谨说是再好没有的。"对于维塞尔教授本人，我对于他以特有的耐心与明白的说明来回答我所提出的许多问题以及最后校订本书全部清样，致以诚挚的感谢。

威廉·斯马特

1893年于格拉斯哥

作 者 序

曾经传说，人们在亚当·斯密的著作中可以找到前人所作过的几乎所有关于价值的说明的尝试。可以肯定的是，亚当·斯密在他的说明中把两种互相矛盾的观点摆在一起了。简单地说，他提出两种理论，一种是富于哲理性的，另一种是经验的。在前一种中，他试图搞清楚应当把什么东西看做是表现价值的特征的属性；搞清楚对那些外表完全相同的事物，我们拿来归给某些事物而不归给另一些事物的，究竟是什么；搞清楚我们拿很多归给某些事物而拿很少归给另一些事物的，究竟是什么，而用别的标准来衡量，另一些事物似乎还重要得多。按这个观点价值本身就是一种属性，并不等于我们所理解的其他东西，尤其丝毫不等于事物的有用性。在实现这一尝试时，亚当·斯密首先从日常经济生活的复杂的情况中进行抽象，并且限于说明简单、原始的自然状态。在这种状态里他发现价值的来源正是劳动。财物对我们的价值等于财物所花费的劳动，从而等于占有财物所节省的劳动。这样得出了价值概念之后，亚当·斯密接着把它应用到价值现象的经验实例中去。此后每当他碰到价值的时候，便看不到其中有什么神秘的东西了；他有一种区别价值于事物的其他属性的方法；他知道怎样达到价值的核心；的确，通过价值同劳动——价值从它那里获得内

容——的关系，他甚至能够计算价值。

但是，亚当·斯密又离开这一点按他在实际生活中所看到的，描绘了——这里我们谈到他的经验的理论——价值的原因和价值的大小。他看得很清楚，原则上他认为劳动是价值的唯一原因，在实际上劳动并不就是价值的唯一原因。他认为，通常有三个要素一起构成产品的交换价值，即在生产劳动之外，还有必要的资本利息和必要的土地地租。这并不是说经验上所观察的“价值”，其性质不同于理论上的“价值”。土地和资本所创造的那种价值是和劳动所创造的价值具有相同的性质的。就那种价值说，我们如果要领会它的内容，要计算它的大小，我们所必须参考的也是劳动。表明他认识到他的理论上说明和他的经验上说明之间有任何矛盾的唯一迹象，是在他从描绘经济生活的原始自然形态过渡到描绘建立在把土地和资本当作私有财产的基础上的社会那一部分。在这里他忍不住嘲笑那些“喜欢侵占别人劳动成果”的人，但是，一旦回到现实王国，他又把利息和地租当作不言而喻的事实纳入了他的理论体系。

过了近半个世纪之后，李嘉图试图澄清其导师理论的不完善之处。李嘉图深深感觉到亚当·斯密几乎没有注意到的矛盾。他怎样来解决这种矛盾呢？跟亚当·斯密的错误比起来，他所用的方法更严重地暴露了政治经济学是一门多么幼稚的科学。今天，靠了这门科学的这些伟大先行者的劳动，当我们面对着这些要加以解决的问题的时候，就不能再使自己回到这些伟大先行者首先形成他们的观察和思想的那些概念里去了。在他们为逃避窘境所作的努力中，他们以爽朗的心情来说明那些我们今天看来与其说是他们所要说明的现象，不如说是谜样的东西。那么，李嘉图的企图是什么呢？他的全部努力都消耗在试图表明亚当·斯密的哲理性的与经验的理论并不像乍看起来那么互相矛盾——的确，在采取这种立场的时候，他就必须同时澄清和发展这两种理论。如果我们所讲的限于一般规则和平均数，那么实际的价值本来就跟我们从劳动所得到的价值在数量上是一致的——的确，并非完全一致，而是差不多一致——只有一个例外，而这个例外是那么微不足道，以致可以完全略而不论。在亚当·斯密所列举的，除劳动之外的价值构成的两个经验的要素中，地租——这本是李嘉图的著名理论的最终成就——被完全取消了。地租不决定产品的价值，反而受产品价值的决定。当然，利息还保留着，但是李嘉图认为他说明过利息差不多按生产所需要的劳动数量的比例随着产品价值的增加而增加，因此，最后还是劳动数量提供了一切产品的价值关系的颇为可靠的尺度。由于按这样处理，利息便不构成他的理论体系的障碍，因而李嘉图实际上也没有想去说明它。他认为利息就是像他所看到的那样，是一件用不着说明的事实。如果我们记得推动李嘉图大脑运转的刺激因素，那么使许多后世著作家感到惊奇的这种处理，则是完全可以理解的。他并不打算阐明全部经济学。他只希望说明实际的价值和能够理解的价值是极其相同的——虽然只是从一定的观点看。李嘉图是世界上最后一个想到改良经济生活的人。他从不用应该是怎样的价值来反对实际是怎样的价值。他从没有想去谴责利息。按作者本人的意思来理解，他的理论体系丝毫也不含有对利息的谴责。这里面并没有什么不合逻辑的东西。当社会主义者根据他的体系掀起他们反对利息的运动时，并不像他们所想象的，是什么他们在完成这个体系，而是在破坏它。只有利息果真无疑地是一件好事情，人们才能像李嘉图那样对其略而不论。

自李嘉图的著作出版以来半个世纪又过去了，而自《国富论》发表以来，则已过去了一个多世纪。在这个期间，对社会科学的要求发展得很快。在亚当·斯密的时代，人们用人的"原有"本性和事物的"原有"状态来说明事物的现状，并以此为满足。相反地，我们却喜欢用现实来说明现实。哲理本身变成了经验的东西。它不容许不是抽自十分有根据的经验的论证。历史状态、成文法、日常经济生活，既是研究的对象，同时又是研究手段的最后来源。要是亚当·斯密和李嘉图在今天写作，那他们就会充满今天的精神；即使他们还没有掌握使许许多多人的聪明才智听我们使唤的丰富经验与知识，他们的著作仍会比他们在他们时代所能写出的不知要完善多少倍。可以肯定，他们会避免那些自从他们的时代以来随人类精神发展而克服掉的错误。

然而，他们的学派还在追踪他们所走过的道路，踌躇于不易理解的经验主义与最纯粹的臆测之间。这个学派还是伟大的学派。真是很奇怪，就政治问题和方法问题来说，当各个方面——从社会主义者到德国历史学派的门徒——都摒弃英国祖师学派的时候，居然看到，有关价值这个老的经济问题，许多新近的经济学家却依旧忠于它的教义。一个人对经济学作怎样的判断归根结底必须看他对价值作怎样的判断。价值是经济学所涉及的问题的精髓。价值定律之于政治经济学正像引力定律之于机械学一样。直到现在，政治经济学的每一个伟大体系都阐述各自的特殊价值观点以之作为应用于现实生活的理论的最后根据，若是不能用新的更完善的价值理论来支持这些应用，为革新所作的任何新的努力都不能为这些应用打下充实的基础。

当然，许多流行的价值理论，曾在许多方面使其本身处于同亚当·斯密及李嘉图的理论相对立的地位，特别在德国，虽然在那个国家近年来的确日益广泛地接受了劳动理论。理论由此而获得的进展是不能加以高估的。特别可以注意的是，现在把使用价值和交换价值摆在一起；而且，除个人的经济生活之外，我们现在还认识了国家经济以及其他更一般的经济。这里，又一次突出地表现了价值理论和现实政治之间的关系。反对个人主义者关于价值概念的解释，是同在经济学中反对个人主义者倾向的斗争站在一边的。但是，看来流行的理论的这一部分似乎也无能为力，而这个运动也就“束之高阁”了。从今天的经济研究看，总的说来，人们所探讨的不是价值现象，而是价值的通俗概念。我在别的地方说过，对于研究人类活动的任何方面的科学来说，特别危险的是迷失自己的目标。他们忽略行为及其动机，太急于研究人们从他们的行动中取得什么意义。我们于是有了“通俗理论”，特别是有了那些能够通过用来表达他们所研究的现象的名词的普通意义来解释的理论。我觉得这种评语特别适用于刚才提到的那些价值理论。

我想谁也不会否认价值理论需要从根本上加以革新。甚至他们的门徒也承认流行观点有不完善之处。但正当大多数经济学家对于往哪里转变踌躇不决的时候，出现了一种新的理论。在下述情况下，即在起初没有人注意，随后很长时期只有很少人想到，只有那些大部分彼此互不认识，但是对于许多人曾经怀疑和不同意的地方还是同意了的人们的努力之下，出现了建立在新的基础上的新理论——建立在经验的基础上的经验的理论。

这个新理论是从下列旧命题出发的，即财物的价值来自财物的效用，或者，换一个说法，来自财物所保证的需要的满足。可是，人们要发现价值定律，就一定要先懂得需要定律。如今，在这项研究中，我们发现这样一件事实：即使在同一个人身上，即使在一定的经济状况下，对同样东西的需要却有十分不同的强度，视通过财物的使用而需要已经得到满足的程度而异。但是，由于财物的使用决定于一个人所拥有的财物数量，财物数量便对需要的估价有决定性的影响，从而对价值本身的来源有决定性的影响。这个观察是更广泛的研究的出发点。它本身就具有很大的重要性，因为它最终解决了价值随财物的增加而下降这种似乎违背常理的现象。但是从它对于经济方法的影响看，它也是同样重要的，因为它把经济学家从臆测的方法和普通语言所指示的错误目标领到价值现象的经验的核心。

一般说我们可以把所有那些从效用溯源价值的人列为这个理论的先驱者，特别可以列举那些甚至坚持交换价值也是以效用为基础的人，尤其是当他们尽管受到生产成本的明显影响而仍然坚持他们的原则不退缩的时候。通常在这一点上理论的阐述不是前后不一致或含糊不清，就是以放弃完整性为代价、用撇开成本问题的方法来保持阐述的逻辑性与明晰性。作为新理论的先驱者——按这个名词的较严格意义来说——我们可以列举那些研究财物数量以及财物效用问题的人。当然，通常这方面只发展到说明随着供求变化所产生的价值量变化的地步。但是就少数几个作者说，却采取了更为正确的形式，承认"稀罕"、"供给的限制"是效用创造价值所依据的条件——不仅像李嘉图所说的，就某些稀有财物而言，而且就一般财物而言。在符合这种条件的作者当中，可以作为我们的理论的直接先行者的人是：奥古斯特·瓦尔拉（《财富的性质与价值的根源》，1831 年埃夫勒版），以及孔狄亚克、吉诺维西、西尼尔等。[①]

略去许多先行者的著作不论，我们发现戈申[②]、杰文斯[③]、门格尔[④]和利昂·瓦尔拉[⑤]等至少四个作者，各自独立地完成同样的理论。戈申的论述尽管含有许多卓越的古典学派观点，总的说来是最不完善的。瓦尔拉的论述虽然在其同辈中是值得赞许的，在我看来，也犯了数学因素过重的毛病。没有疑问，支配价值量的定律允许采用数学公式，而且，这些定律的较复杂部分也只能利用数学来表述；数学在这里肯定可以起巨大的作用。但是，在价值理论中，除数量定律的表述外我们还必须研究更多的东西。要搞清楚

① 还可以把劳连同他的"具体《使用价值》"也包括进去。数学家丹尼尔·伯努力有一篇著名的论著：《抽签计算的新标本理论》（《皮特罗普利皇家科学院评论》，1730—1731 年，第五卷，1738 年皮特罗普利版）。伯努力认为，很可能，任何金钱上的利得都以反比例增大财富的总量。他完全熟悉价值的主观性质，以及价值变动的最重要定律。杰文斯从他的另一本书里摘要引用了他的论著。感谢门格尔教授的盛情使我看到原书。杰文斯所提到的杜普的《论通过税的影响》（1849 年版）一书，我还无缘得见。

② 《人类贸易定律以及由此产生的人类交易的流行规则的发展》，1854 年布隆斯维克版。

③ 首先见于 1862 年提供给英国协会的一篇论文，而后全文见于《政治经济学理论》，1871 年伦敦版及 1879 年第 2 版。

④ 《国民经济学原理》，1871 年维也纳版。

⑤ 《纯政治经济学概论或社会财富理论》，1874—1877 年洛桑版；及《货币理论》，1886 年洛桑版。

价值的含糊不清的概念，要描述价值的种种形式，要分析价值在经济生活中的作用，要说明价值同那么许多其他现象之间的关系；简言之，我们必须提供一部需要文字而不是数字的价值理论。在这一切之外，还要证实所论述的事实在经验上是存在着的。

最后，杰文斯的论述尽管有无比丰富的观察与评论，尽管有完美的表述，尽管用不褊狭的精神来叙述，还必须把它摆在次于门格尔的论述的地位。门格尔对这个问题钻研得更深，因为他是从价值的更一般概念出发的。这一点门格尔要感谢德国国民经济学派，他得力于这个学派在下列方面所投下的孜孜不倦的劳动，他们系统阐述了一般经济概念，并从具体现象推进到抽象的高度，使现象从中得到合乎逻辑的安排。可以这样说，德国学派很早以前就大部分系统阐述了这些概念，只把用适当的观察来使这些概念充实起来的任务留给我们。在这方面它建立起来这样一座宝库，所有继起的经济著作都可以无定限地从中取得财富。

杰文斯的理论体系中他所称之为"效用理论"的那一部分业已译成英文。采用新理论的大陆经济学家的著作当中，还可以提到皮尔逊[①]和查尔斯·季德[②]的精彩阐述，以及德国的朗哈德[③]循着杰文斯和瓦尔拉方式的著作。但是直接继承门格尔，能够从中探索到新价值理论的发展的，还是在奥地利。也许我可以提一下我自己的《经济价值的来源与主要定律》(1884 年维也纳版)，在这本书里我把门格尔的理论应用到成本现象上面。继这之后则有庞巴

① 《政治经济学教科书》，1884 年哈勒姆版。

② 《政治经济学原理》，1884 年巴黎版。

③ 《国民经济学的数学基础》，1885 年莱比锡版。

维克的著作。[①] 这本书,除了它独自对许多细节问题极其明白的表达以及慎重的、有成果的修正之外,在处理客观价值理论方面特别有价值。最后出现的是 E. 扎克斯的内容渊博的著作[②],它扩大价值理论使其概括早先作者所未曾应用到的全部新资料,即扩大到公共税收方面,这样就给这个理论的最丰富的应用添上一个项目。

新理论的基础蓝图是画出来了,然而可做的事情还是很多;不仅要一般地扩大它的范围,而且要使它本身臻于完善。本书就打算对前人所已经做过的工作作出补充。所不同于我的早先著作的,我并未停留于讨论价值理论的种种假定,只是严格地限于讨论价值问题及其直接内容。另一方面,我打算无例外地穷究价值现象的全部范围,此外,还尽我力之所及,更精密地思考我所研究过的问题。因此目前这本书无论如何也不是前一本书的重复,而是一本全新的著作,所研究的绝大部分完全是新的问题,而且除了一般基本论点之外跟前一本书毫无共同之处。我希望这一次能够回答大家对《价值的来源》一书的异议,有人认为在那本书里我漏掉已确立的原则跟我们所熟悉的具体价值现象之间的关系——所谓"桥梁",就像某一批评所称呼的。我想我可以大胆地说,任何价值理论尽管可以认为是真实与正确的,迄今还没有在表面形式以及论述方面作得更完整、更详尽。

正是由于我所必须涉及的各个问题为数很多,这就迫使我放

---

① 《经济财物价值论纲要》,《康拉德氏年鉴》,N. F. 第 13 卷,1886 年耶拿版。

② 《国家经济理论的基础》,1887 年维也纳版。

过差不多所有跟我有分歧的批判分析，实际上除了属于同一学派、并且还是我直接从他们那里采用我所提出的命题的作者之外，我几乎不向任何经济权威求助。同样地我也避免讨论价值概念以外的我所要运用的任何经济概念。我将乐于承受由于这一点而认为我的著作不完整的责难，如果因此多少能够使这本书的内在联系搞得更清楚的话。同时我却不肯甘受这样的怀疑，即被认为低估了其他经济学家的理论工作，特别是德国经济学家的理论工作。

我刚才说过，据我的意见，今天在理论方面所作的每一点努力是多么得力于德国学者的劳动。新价值理论几乎全都和德国学者的理论有关。说实在的，新价值理论就是德国学者的理论长期以来所要求的东西的实现。

F. 维塞尔

1888 年 9 月于布拉格

第 一 卷

价值的基本理论

第一章　价值的根源

各种东西究竟从哪里获得它们的价值？如果我们把这个问题提给任何一个明智的和有训练的工商业者——他先前对于理论家们为说明价值所作的种种尝试既无所知，他心中又未受那些来自书本理论、并已被应用到日常业务中去的各式各样说法的影响而存有偏见，从而他能够单凭自己的亲身经验来进行判断——他会像早期的理论家们一样，毫不怀疑地回答：各种东西的价值"来自它们的效用"。当他听到有若干理由证明这个答案的真实性靠不住，有许多事实——其中有些在一定程度上是众所周知的，甚至连他自己也很熟悉——几乎绝对肯定地证明效用不可能是价值的来源时，他将会极其惊讶。我们可以把这些事实分述如下。

第一，凡是世上过分多余、任何人都可以随意取有的财物，不论它们怎样有用，谁也不愿意花代价来取得它们。在许多地方，水虽然是人所不可少的东西，却完全没有价值。当然，这一观察只是直接指以货币表示的价值，即所谓"交换价值"而言；对于以财物的用处来表示的价值，即所谓"使用价值"来说，就可能觉得这一观察与实际不符。但是，经过更仔细的考察以后，可以看出，就使用价值来说，上面的观察还是符合实际的。在家庭里，也像在市场上一样，过分多余的东西被看做是没有价值的东西，而且是同那些并不多余的东西截然分开的。无论我们对特别的东西会多么节约，我们也从不会想到去节省那些我们始终确信可以取用不尽的东西。谁也不愿意再设法去取得这些东西的所有权——在它们身上不存在产权问题;也没有人对它们发生兴趣。我们使用着它们,可是我们对它们再也想不到别的了。

第二,有很大用处的东西往往比用处很小的东西具有较小的价值。例如,铁所具有的价值就比金子小。无论就其货币价值还是就其使用价值来说,无论在市场上还是在家庭里,都是如此。即使在社会主义国家里,假定它的公民还怀有审美感,也要把失掉一两铁看得不如失掉一两金子那么重。

第三,在某些情况下,同样的东西,数量多反而比数量少要具有较小的价值。大家都知道,荷兰东印度公司,为了创造更强烈的需求,把他们的产品和种植园毁坏了很大一部分,以便因此而使剩下的部分获得比全部财产原先拥有的价值还大的价值。同样的道理还可以从丰收和歉收所带来的收益中看到——歉收的收益竟比丰收还要大。如同我希望随后加以说明的那样,这既适用于交换价值,也适用于使用价值。

第四,虽然用处的大小经常那样显著地同价值的大小不相一致,价值却经常正好显著地同用处的对立物(成本)相一致。我之所以说"对立物",是因为,财物如果就其用处说是人的朋友,就其必须包含的成本说,却是人的敌人。

许多从事价值研究的作者——而且还可以补充说,在很长时期里,他们中间许多最优秀的人物——就为了上述理由而完全拒绝考虑价值可以来自效用这一看法;他们主张,财物的价值源于获得财物所要经历的困难,又同这种困难的大小成正比。那些以效用作为他们的价值理论基础的人所作出的成果又大部分显然不能令人满意。他们或者使自己处于同上面所说的那些事实相矛盾的境地，而又未澄清这些矛盾；或者非常强调这些事实，其结果，除了表面上承认效用原理之外，他们同那些抛弃这个原理的作者简直没有什么区别。只有少数作者——其中较重要的已在前面序言中提到——找到了正确的途径。这些人对使用价值所抱的看法，既没有被上述理由所驳倒，也没有被上述理由所搅乱，相反地，却完全为这些理由所证实。

我所要阐述的价值理论正是像最后提到的这些作者所理解的那样。在开始之前，先让我来简单地说明一下我在进行这个工作时所要采取的态度，特别是我所要引用的证据的性质。

试图说明价值的经济学家必须说明那些对价值作出估价的人的行动。他要用简明的语言来说明我们大家所不断进行的无数次交易的意义。像一个精确地说明从事某种买卖或某种机械运转的人——这种买卖或机械运转人人都能做，但要不借助于具体的例证，却不容易把它的全部复杂情况说得很清楚——所做的那样，他要针对更困难的问题更大规模地做着同样的事情。好像诗人表达那种人人都感觉到但不能加以表达的思想一样，或者好像演员的天才表演那种也许他自己还没有感觉过的感情一样，科学工作者对于人人所行之若素的行动，也要离开它们的具体现实，用文字来加以说明。他用不着把什么现实事例摆在自己面前，他也用不着拿什么实践结果来陪衬他的说明。

任何一个经济学的门外汉，都从他自己的经验中懂得价值理论的全部内容；他是一个门外汉，只是因为他没有从理论上理解这个问题——即不依靠别的，只是从这个问题本身来加以理解，只是从实际上理解它——也就是说，仅是就某种特定情况，并依照在这种情况下这个问题所呈现的结果来加以理解。如果真是这样，那么，我们除了借助于人人对于他自己的经济活动和行为所必然有的回想，还将怎样更好地证明我们的科学论述呢？根据这个理由，凡是可以用来进一步证实这个回想的说法都要看作有助于我们的研究而加以珍视。例如，要是我们发现门外汉所作的无偏见的答案是说他认为有用性是价值的来源，他的这种判断就是我们不敢忽视的指路牌，除非有最彻底、最仔细的检验足以证明它所指的是错误的方向。再说，除了公众之外，还有谁是理论的最后裁判呢？我们叫做“价值”的估计的唯一正确理论，应该是那种同现实生活完全一致的理论。当然，有一个条件，裁判者本身首先必须是受过教育的。他必须判断，在一篇他自己写不出来的、告诉他关于他本人的生活和生存的描述里，他是否认识这就是他自己。

我相信本书下面的论述会博得那些按经济原则进行活动，而且还对自己的活动进行思考的人的赞成。除获得这种赞成之外，我并无其他愿望；但是我不能允许那些只是抗议而未作思考的人有裁判权。为一个即使是最简单而又最熟悉的买卖或交易作出一个清晰的说明，都要花很大的工夫；那么，在一个像价值问题这么多方面而又这么复杂的问题的理论研究中——即使大家对它是那么熟悉，也许正因为大家对它是那么熟悉——我们要不作最认真、最充分的思考，无疑是不行的。

第二章　需要的满足的价值

在经济学作者中间，“需要”一词的通常用法是指一切人类欲望，不论这种欲望是大的还是小的、是正当的还是不正当的、是必要的还是不必要的、是物质的还是非物质的。肉体上的福利、精神上的快乐、艺术上的欣赏、道德上的满足等等，全可以一齐归类为人类需要的目的。

在这个意义上，所有“财物的用处”——财物所提供的全部效用——归根到底是对需要的满足，而财物价值来自它的用处的见解可以更确切地表述为：价值是以财物所提供的对需要的满足为根据。首先，正是对需要的满足才具有价值，才“值钱”，才对我们“有重要性”。满足是指真是想望和值得想望的满足；而且，由于我们对于财物的欲望并不是为了财物本身，而是为了它们所给予的满足，所以我们只是为了那种满足才认为它们有价值。财物的价值是导源于需要的价值的。

可见，价值理论首先必须说明需要的价值；这是价值最初表现的形式。

究竟是什么东西赋予满足本身以价值，我们不打算在这里说明。如果我们能够指出识别价值或重要性的大小的标志，那就够了。它就是所想望的满足的强度。要是我们把各种不同的满足放在一把有刻度的标尺上，便可能注意到那些位于标尺的最高处的满足并不是那些提供最纯粹的快乐的满足，不是那些最能美化我们的生活的满足。我们最迫切关心的倒是防止极端的匮乏，避免忧虑和痛苦；“在我们能够得到这个世界的美好事物以前”，生活必需品应该首先得到保证。人们可以希望取有的东西和人们必须首先下决心去获得的东西之间，是有区别的；实际上是以后者而非以前者为依据来对各种兴趣排等次的。有价物的实际等次——不管道德判断和爱好将怎样支配——只不过是当人们不得不就两种可以享有的东西作出抉择时，通过他们的行动所承认的那种等次。

在这个意义上，需要的价值的大小视需要的种类而定，而在同一类中，它又视已获得的满足的程度而定。

现在我们必须详细地来讨论后面这一点。这里，首先，我们将有机会来观察数量对价值的影响。而且，不单是财物的价值受数量的影响，就是需要的价值也受数量的影响。

第三章　戈申的需要饱和定律

人人晓得对食物的欲望随着需要的逐渐满足而减低，直至最后达到我们可以称之为“饱和点”的时候，在一定时间内欲望就完全消失，而且还可能变为它的反面，构成伤食或作呕。人人晓得许许多多其他的欲望也有类似的情况；满足减弱着强烈的欲望，最终把它消灭或使之转变。

有几个作者曾经各自独立地把上述观察引申为科学的语言，使它成为他们的价值理论的出发点；就这一点看他们是有功绩的。

我在序言中已经提到过这些人。其中戈申值得特别注意，因为他所写的那本叙述他自己的发现和他对经济学的一般看法的书有着较不平常的遭遇。他的《人类贸易定律以及由此产生的人类交易的流行规则的发展》一书于1854年在布伦斯威克出版，但是在德国这本书几乎完全绝迹，虽然它的作者曾经希望为它赢得哥白尼式的声誉。任何人读了这本书都会明白这是为什么，这是由于它的优点，以及它的缺点，两者同样是那么大得出奇。杰文斯，在其《政治经济学理论》一书第2版的序言中，和瓦尔拉在他发表在1885年《经济学家杂志》的一篇论文中，都曾对戈申这本书及作者本人作了若干详细的评述。戈申对经济学作出了很大的贡献。也正是由于有这种想法，我才把需要饱和定律叫做戈申定律，虽然我对这个定律的表述并不完全同他相一致。

对这个定律不需要作什么说明。戈申自己已用下列补充使它更加明白易懂。除了连续不断的满足使欲望逐渐减弱其效果之外，我们还发现在某种情况下有相反的趋势，也就是，通过重复和练习，欲望会成长起来——这是因为欲望就是这样得到发展的，它开始认识它自己，认识自己的目的和自己的手段，并使自己变得又精炼、又强烈。这样，在发展的过程中，欲望递减定律便碰到一个相反的趋势，这个定律便只能适用于那些完全发展了的需要。但是，即使承认这点，这个定律还是适用于一切需要而无所例外。

这个定律无疑是适用于那些周期地反复发生的比较粗俗的物质需要的，例如对食物的欲望。但是，这里，我们应该区别整个的需要和包含于其中的关于需要的各别感觉。

只要人还维持着他的健康，整个需要就自然维持着它的力量；

满足不但不减弱这种需要，反而，由于它经常有助于这种需要的发展，尤其由于它引起时常变换花样的欲望，满足还会刺激这种需要。至于需要的各别感觉，则不是这样。这些感觉在时间上和内容上都有着狭隘的局限性。任何人刚刚吃下一定数量的某种食物，便不会立即对另一份同样数量的食物产生同等强度的欲望。在需要的任何一个周期中间，同类和等量的一定数量的财物所带来的满足的每一次追加，要被估计得较前一次为低。

有许多物质的需要不是时续时断的，而是要求继续不断的满足。举例说，保暖的需要就是这样，人体要求经常保持一定的温度。在这里戈申定律仍然适用。对维持必要的最低温度所必需的行动——也就是说，保持身体温暖所必不可少的对衣着、燃料等等的支出——的要求是最强烈的；然而这种支出的倍增却并不同等程度地影响我们的幸福，从而我们要求这种追加的迫切性就大为减小。到最后，任何再进一步的增加都将只能引起反感。

对于较高级的需要——那些总是在各种生活必需品已经得到保证之后出现的需要，这一定律也同样有效。但是，在一般观察中，这一点并不怎么引人注意，而且，的确，表面现象还与之相反。富有者的需要便好像同贫穷者的需要刚刚相反。后者的需要是迫切的但受到狭隘的限制；而前者的需要似乎可有可无，但是这些需要一旦被唤起，却表现为多方面的和广泛的。所以多方面，是因为它们自始就是富于变化的，而且还总是愈来愈富于变化，因为一种需要会勾引出另一种来；其所以广泛，则是因为它们往往包括范围广阔的目标，其范围又随着文化程度的发展而日益扩大。这样看来很可能设想，这样的需要也许是无限的，而且是不会减少的。但是如果更仔细地加以考察，我们将发现，如果无变化地重复同样的享乐行为——完全相同，既无扩展，又无变化——假使这样，其结果也是无聊和厌恶。收藏家的贪心好像永无填饱之日，他的目标无疑地属于某一专门的范围，尽管它仅限于一类项目。收藏书籍或绘画的人需要一大笔财产，甚至这样还不见得就能够完全满足他的愿望。他所得到的每一本新书都足以刺激他的欲望，而不是削弱他的欲望；这并不是一种病态的奢侈行为，这是完全可以理解的，因为这使他更加接近于他的目标，即拥有一座完善的图书馆或者一座完善的画廊。

但是，假使提供给他的是他所已经有的雷同的作品，情况将会是怎样呢？正像戈申所指出过的，这种情况，而且只有这种情况，才算是一种不折不扣的重复——一种对同一冲动的重复满足的情况；这里，无疑问地，欲望要大为减弱，很可能完全化为乌有。这样看来，如果我们把我们的注意力严格地引导到合适的目标上，我们将发现，情况总是这样。甚至像对权力、智慧以至野心的追求，和贪求荣誉、渴望知识等等欲望，也免不了受同一规则的制约。这些欲望所追求的东西的总和，当其达到顶峰时，是无限的；任何人竭其毕生精力都不足以完全满足它们，即使是一次，更不用说反复几次了。但是构成这个全部总和的单个行为，如同个人的影响、权力的运用、知识的取得等等，却是可以重复的，可以使人感到厌烦的。整体的魅力在于它有力量来变换它所包含的项目。地球上还没有什么东西具有这样一种特性，能够使人一次又一次地反复加以欣赏并使自己沉溺于其中。从饥饿到爱情，一切感情，尽皆如此。

第四章　饱和的尺度

如果我们观察需要的满足过程，并把每一次满足行为所带来的价值标示出来，我们就会得到一种递减的尺度，其零点正好是完全满足或“饱和”，而其较高的一点则相当于满足的第一次行为。如果我们对于欲望和无欲望有一种共同而精确的计算方法，我们就会有可能把每一种需要的“饱和尺度”用数字来表示，从而使这些尺度互相比较。现在我们还远未能作这种计算。但是我们可以十分肯定地说，各个尺度之间是有巨大悬殊的。像每个人的经验所足以表明的那样，不但是这些尺度的较高的一点彼此有差别，其差别的程度还非常之大；而且，在这些尺度上，一次行为和下一次行为之间的度数也是彼此很有差别的。有许多需要几乎是从欲望的最高的一点猛跳到完全满足的一点——例如日常生活中的粗俗需要就是这样。又有一些别的需要，虽然最初对它们很少感觉到，在长时间内它们却一直继续着，丝毫感觉不出它们的力量有什么减弱——例如许多较高雅的需要就是这样。即使就个别需要而言，欲望的减低也常常是很不规则的——有时在尺度的开头减低得慢些，有时又在尺度的终点减低得慢些。决不要期望每一种尺度可以把欲望的能够加以区别的所有不同度数都表示出来。总的说来，假定有可能把欲望的强度区分为一百个不同的度数，我们也肯定找不到任何一种尺度会恰恰表示所有的一百个度数；每一种尺度总会少掉这一度或那一度，或甚至少掉好几个度数；我们甚或

找不到任何一种尺度会有规则地移动，譬加说每次十度。的确，个别尺度的形成都好像是很不规则的，我们会发现它们有这样一些数列，例如100，90，80，10，0；或是20，14，5，3，2，1，0等等。

上面这段说明，虽然既粗糙又不完善，却对以后的论述有很大的用处。我们将来在好些重要论点上还得回到这一点上面来。就是在这里，它也第一次启发我们怎样才能克服价值问题的一个基本困难，也就是从观察价值与有用性之间的矛盾所产生的困难。可以用几句话把这一点说得更明白些。在极其重要的某一类需要中，一种需要的感觉，其本身可能并不具有任何巨大的重要性。整个一类的重要性是用饱和的整个尺度来衡量的，特别是用它的最高度数来衡量的；可是欲望的每一种各别感觉的重要性却是按照业已达到的满足状况，以尺度上的某一特殊点而且可能是尺度上的低点来衡量的。对食物的需要，就其种类来衡量，较之对首饰或服装的需要更为重要；但是在这些需要的满足的最初阶段，假定对食物的欲望暂时得到了满足，对虚荣的各种感觉仍旧可能远较对食物的欲望为强。

财物的类别同需要的类别相适应，对于各类需要的重要性的判断也就会同对于各类财物的有用性的判断相适应。但是单件商品所要实现的这一类商品的有用性并不必比欲望的各别感觉所要实现的这一类欲望的重要性更多一些。一个快要吃完饭的人所吃的最后一道菜，虽然其本身也具有解除饥饿痛苦的性能，却只具有比较小的效用。假定某人拥有足够多的、有用性极大的财物，这些财物的某一部分就只能用于微不足道的用途；而且，肯定的，如果这些财物过分多余，供给超过需求的那一部分，对于他就任何用处也没有了。

在经济生活中，我们不仅要研究需要的类别和财物的类别，而且也要研究业已达到的主观满足状态或供给。因此，我们不能单凭各种财物的有用性来对财物下判断；我们还必须按照在个别场合下所能得到的用处的数量来下判断；因此，我们必须把财物的价值同它们的有用性区别开来，至少要像我们把我们对财物的使用同它们的有用性区别开来一样。

第五章　边际效用

即使在自然的赋予最为慷慨的场合，它所提供给人的也只有少数几种财物能够丰富到这样的程度，也就是使人能够满足一切需要感觉，甚至包括那种无关紧要的需要感觉。通常情况是，他自己所能利用的财物的供给总是那么贫乏，以致他一定得在尺度上尚未达到完全饱和的一点就放弃他的满足。这一点——假定尽最大可能利用财物的情况下所能得到的最小效用——无论对于估价行为还是对于经济生活，都具有特殊的重要性。下面就是不同作者所给予它的名词：戈申的“最后原子的价值”；杰文斯的“最后一度效用”或“终极效用”；瓦尔拉的“已满足的最后一个需要的强度（稀罕）”。门格尔没有使用特别的标志。“边际效用”一词则系我的建议（见《价值的来源》，第 128 页），随后为大家所普遍接受了。

凡是财物的供给过紧，远不足以满足每一种欲望的感觉时，就必须做到使不得已而放弃满足尽可能少为人们感觉到。当我们从满足最强烈的需要感觉开始，然后把享受的范围逐渐扩大到它的极限时，或者换句话说，当我们通过继续不断的满足，达到了享受的最低可能的边际点时，情形就是这样。经济行为要求把这种意义的边际效用摆在尽可能低的位置。达到这个目的所用的方法是：一方面，在数量上对财物作最大可能的利用；而另一方面，在使用财物的途径是在好几种互相竞争的场合，对怎样使用这些财物作最慎重的选择。财物使用上的这种竞争可能产生于下述两种情况：第一，财物能够兼具多方面不同的用处；第二，财物的供给是积累起来的，而其消费却要分配在好几段时间里。在第一种情况下，我们所关心的必然是在使用的不同形式之间进行选择，并使经济平衡保持平稳；在第二种情况下，则必然是把财物分配得能最好地满足整段时间的需要。

对于具有多方面的有用性的财物来说，各种需要的饱和尺度之间的差别是起着作用的。每一种不同的使用都有它自己的特殊饱和尺度，都有各自特殊的最高点和各自特殊的满足过程。正由于此，在一定场合，要决定边际效用的大小便成为一件很复杂的事情。它的原则最好用一个例子来说明，对于这类例子我们不必犯愁，因为具有多方面效用的财物多的是。最重要的财物从生产手段中便可找到。谁能数得清铁、木或煤所提供的服务究竟有多少种？谁又能数得清人类劳动所适于做的工作究竟有多少？但是，在所有财物中最富于多方面效用的还要算货币了。通过交换，货币几乎能够变成任何一种商品，从而几乎能够用来为任何一种需要的满足服务。我们再也不能从任何其他商品得到关于“边际效用”概念的这样清楚的表现了。所以我就用货币做例子，虽然货币的真正用处只在于作为一种媒介物，而且还要以交换的存在为前提，而交换这一现象，我们直到下一卷里才加以探讨。

最富有的人的货币收入也往往不足以应付他所可能想望的一切支出。所以，为使行为合乎经济，以便获得像戈申所说的最大可能的享受，我们就要这样来分配我们的支出以便“使它愈广泛愈好”，从对最迫切需要的满足直到最无关紧要的需要的满足。收入愈大，支出的范围就愈广，在我们必须放弃我们的满足以前所持续的时间也就愈长。但是，如果对支出的不同方面没有进行充分的权衡，最大可能的享受便达不到。为我们财富的一般状况所规定的分界线，无论在哪方面，都决不可逾越。在一类支出中的每一逾越，势必在另一类支出中补偿；由于后者在需要尺度上的度数较高，它所遭受的牺牲就还要大于从前者所获得的享受。在这个限度内才可能谈到所谓“家庭支出的水平”，即每一个家庭由其需求的独特数量和满足这种需求的手段的独特数量所规定的，并要求在其所有各类支出中严格遵守的一般生活状况。但是，要是像几乎所有从事于这个问题的作者所做过的那样——其中杰文斯较其他任何人尤为严重——相信有必要使支出的每一方面严格保持同样的满足程度、同样的水平、同样的边际效用，那却是错误的。那是同需要的性质完全相反的，因为各种需要并非具有彼此相等的饱和尺度，而是各具本身特有的饱和尺度的。要是对“家庭支出的水平”作这样的理解，就会要求收入的每一增加把其增加部分平均用于相应扩大每一方面的支出。事实上增加的收入通常总是花在少数几类支出方面，而其他支出依然如故；或者，如果增加的收入

大到足以允许对各方面状况作全面的改善，额外的开支也是按极不规则的方式来分配的。各种需要的饱和尺度彼此差别很大；某一种需要的感受力很大，而另一种需要的感受力却较小；也就是说，一种需要所能感受的强度可能为另一种需要所达不到，也可能为另一种所超过。可见，对具有多方面有用性的财物的经济使用原则并不是说，我们必须从每一种使用中获得同样的最低可能的边际效用，而是说，我们必须从一切使用中获得所能获得的尽可能低的边际效用，而不致在其他使用中损失较高的效用。

上面所讲的道理同样适用于用来应付整个时期的财物供给的经济管理。不应当使过早使用和浪费给将来造成不必要的重累。能够把享受平均分配于整段时间固然最好，但这往往办不到，因为财物的性质使它不便于保存下来，同时因为我们所研究的经济中，预防价值变动是一件没有把握的事情。使用的限度应当始终是这样：从整个来看，有希望达到最大数量的利用。[①]

这里给我们提出一个特殊问题：究竟是否要把现在的满足估计得跟将来的满足完全一样？时间上的优先是否就是重要性程度上的优先？认为应当把愈是遥远、愈属渺茫的将来的享受看做是价值愈小的享受，这样做是不是对？杰文斯对这个问题的回答是肯定的，而在他之后，其他许多人也是如此，其中有些人还作了极肯定的回答；然而据我看来，他们是错误的。因此，我们不得不更加周密地探讨这个问题，尽管这样做会稍为推迟我们目前问题——对价值的基本定律的推论——的完成。

① 参阅《价值的来源》，第 146 页；扎克斯的著作，第 371 页。

第六章　需要的将来满足的价值

如果我们没有为将来需要作好准备的力量，那么我们生活上的准备就只能很贫乏。就会没有新产品生产出来；那些已为我们所有的产品就会用光；明天的准备就只有靠运气和自然的恩赐了。正像我们应当对于将来需要具有敏感是件颇关重要的事一样，这种敏感性应当达到足够的程度也是件颇关重要的事。对于将来的必需的忧虑应当同在眼前急需的感觉面前不惜自我牺牲的感情一样地强有力。在现在的估价中，如果需要的将来满足不是按它们的全部将来价值，而是只按这种价值的一小部分表现出来，那么全部经济生活最后一定完全粉碎，就如同这些将来满足根本未被表现一样，只不过是经济萎缩的过程可能不那么迅速，而最后的结局离得稍远而已。

显然人是具有考虑到将来的需要感觉而行动的能力的，但是对人类天性进行观察的结果又明显地表明：比起他处在现在的需要感觉的影响之下来，人为将来的需要感觉而采取的行动就不是那么劲头很足的。当将来的需要进入现在领域时，先有一种心理上的反应，而这种心理反应又具有和需要本身全然不同的性质。它要高雅得多，它是更加内心的，而且，即使是一种纯粹肉体上的需要，也总是表现在心灵上的。例如，来日的饥饿并不表现为饥饿，而是表现为对维持生活的忧虑；欲望的目标是同一个，而对欲望的体验则不相同。我们所有的不是需要而是兴趣。这样，从较粗俗到较高雅的这种转变当中，岂不白费掉一些气力吗？对于将来需要的忧虑比起随之而来的实际嗜好来，力量是否总是一定要小些呢？

如果文明社会的人果然具有繁荣的经济状况所要求的那种预见，那么有一件事情是肯定的，即他们并非总是具备这种预见的。这种预见的获得是文明的功劳，恰似在道德冲突中，应付感情上的怒火是通过责任感才得到的一样。归根到底，今天的需要和明天的需要之间的经济矛盾实际上也是一种道德性质的矛盾；这种矛盾是感情冲动和理智之间的斗争的一种特殊形式。不文明的民族只能够在很小程度上预先考虑到将来的需要；事实上，其程度是如此之小，以至他们所处的悲惨境遇单凭这一点就能充分加以说明。这不单是由于缺乏先见之明，同样严重的，还缺乏一种心理上的激动和不安，像文明人知道那些需要行将到来而自己对之毫无准备时所感受的那样。一种沉重的麻木不仁使野蛮人的感觉变得迟钝。对于穷困的到来，他无动于衷，或者至多怀着无能为力的心情等待着。他并不认为这种穷困是可以避免的，然而，只要他有一种避免穷困的意志，他肯定是可以避免它的。

文明的民族究竟是否业已达到满意的发展的高度水准，看看他们的经济行为就可以很容易确定。在大多数场合他们究竟怎么样地行动呢？大多数人是为了眼前快乐而花费他们的财富呢，还是为了将来的需要而把财富储蓄起来呢？无可怀疑地，总的说来，聪明的当家人是多于败家子的。当然，完全不犯经济上的错误的人是没有的；永远不曾把某些东西过早地消费掉以至到后来想望得要死时却毫无所有的人，也是没有的。但是，总的说来，为了将来和老年应当节约财富和收入，却是一个经济原则，一个跟任何基本经济原则一样为人们所遵守的经济原则。只要有可能，财物的每一批供给都应当按这样一种方法分配于打算让它应付的那一段时间的各种需要上面：无论这些需要发生的时间是早一些还是晚一些，所有较重要的需要感觉都可以得到满足，只有那些较不重要的，又是这批供给所不能应付的感觉才可以放过一旁。这一规则的例外为数是那样少，以致一种关于把它作为不变的原则并追究其进一步产生的效果的理论探讨，可以帮助说明我们的经济，不仅说明它应该怎样，而且也说明它实际是怎样。

为避免误解，我将试着把我的意思说明得更确切一些。一般地说，我并不想否认，因为一件事情要在将来发生，对这件事情的印象就有日益削弱的效果。在经济学中通常也确有这种情况。但是，在我看来，文明社会里的每一个好当家人，甚至每一个普通人，都学会了怎样就某一方面来控制人性上的这个弱点——也就是说，把按时取得的收入分配于各种按时发生的预期需要；还是同这一点有关的，试图取得定期的收入，通过劳动力的运用来保证取得定期收入的条件，以及维持财富的母金。对后一方面，特别要求深谋远虑，无怪乎这种要求在这里所起的作用较之在任何其他方面更大了。

而且，调节良好和繁荣的经济状况决不要求每一种将来的感觉都得在现在全部实现。需要加以考虑的只是那些必须为其作好准备的将来感觉，并且只在它们要求作好准备的限度内加以考虑。头等重要的是下面这些需要，即必须用现在的消费财物供给来应付和必须用当时就可利用的收入来应付的需要，因而，在经济管理上，又是必然同现在的欲望发生矛盾的那些需要。除此之外，我们还可以加上多得数不清的、必须通过适当使用现有的母财富来应付的需要。我们对于这两组需要的概念，尤其对于后一组需要的概念，采取特别简单的形式，这种形式很容易给人们一种印象，好像这些需要完全被置于脑后了。这些需要是按整体来加以理解并按时间阶段来加以归类的；我们只是看到了用来满足这些需要的财物，才意识到这些需要的存在。例如，对遥远的将来以及后代的需要的预见在禁止耗费财富母金的告诫中才看到，虽然这种告诫所指的只是构成财富的财物；同时各种需要本身又好像愈来愈退到想象力所不要求，也无须要求加以照亮的黑暗之中了。[①]

第七章 财物的价值

原先，只是有关人的事情对人才有重要性。想到自己、关心自己，这是出自天性。另一方面，对于各种事物，人原来是漠不关心的，人之对各种事物发生兴趣，只是由于他发现这些事物关系到人类的利益和命运。这种兴趣采取各种不同的形式：诸如当看到较低级的动物遭受恰似人所遭受的痛苦时就产生的怜悯之心；当对自然界中的生物的观察激起对一切生命均有联系的怀疑时，就产

① 许多经济学家都想用现在和将来感觉之间在价值上的差别来说明利息，尤其是生产资本的利息。我觉得这是一个错误。来自生产资本的利息是安排得最妥善的经济交易中的一种现象，是那些用尽可能高的预见来管理的经济交易中的一种现象。它一点也不是一种管理不善的经济的征象。详请参阅本书第 4 卷。

生了宗教感情或诗人的感情；最后，当把各种事物看做是人类福利的手段和条件时，就产生了经济估价。这是我们的兴趣所采取的最冷漠的形式，因为它把各种事物仅仅看作达到人类目的的手段；但是，这同时又是包罗最广的形式，因为它包罗最大部分的事物，它所涉及的不仅是事物的存在，而且还涉及事物的所有权。

然而，我们对于各种事物天生的漠不关心仍是那样大，以至必须有一种特别的强制，一种不容分说的挑战，才使我们把这些事物看成是具有重要性的东西，看成是具有价值的东西。光凭观察到事物对我们"有用处"，这种用处对我们有重要性或有价值，并不就造成这种强制。在我们利用财物来达到自己的目的，同时确信这种财物绝对过分多余可以取用不尽的时候，我们就只是使用它们而已，我们对它们的关心并不比关心大海里的泥沙更多。不论它们是增加还是减少——始终假定它们是经常过分多余的——我们只是想，"这有什么关系？这些财物我们总是够用而且比够用还多得多！"在天堂里除了满足以外什么东西也不会有价值——不管事物也罢，财物也罢；因为在那里一个人可以应有尽有，不会缺少任何东西。

另一方面，要是财物并非确实过分多余，由于自私自利打算的诱惑，兴趣便行发生，这种兴趣并且传到那些我们注意到自己正在使用并且不愿失去的财物上面去。一般说来，人们就这样盼望起事物来，就像利己主义者盼望别人一样。我们这里所说的还不仅是真正必需的情况、极端需要的情况，在那种情况下一个人对其仅有的一点点东西也用百倍警惕的目光来捍卫着；我们所说的也不仅是极其稀少或珍奇的东西，譬如一件举世无双的艺术作品，一旦丢失就会无法用别的来代替。我们所指的还有那些人们虽然颇为丰足但仍需要节约的情况，我们所指的甚至还有极端富有的情况——总是假定并不是确实天然过分多余的——在这些情况下，就许多方面看，一个人样样都有，然而，还是一样，“样样”都需要不断的捍卫、管理和更新。在这种情况下，一个人的占有的任何一点点变动，都并非全然无足轻重。这种占有的每一点增加都带来享受的某些增加；每一点损失——即使是最轻微的损失——又都使预期的继续不断的享受受到扰乱、中断或破坏。幸福和烦恼决定于我们的占有；财物的命运意味着人们的命运。人类利益和财物之间在概念上有着一种密切的联系。各种财物，其本身固然是中性的，却从其使用所具有的价值中获得价值。

凡是世上确实过分多余和天然过分多余的财物就叫做自由财物；一切其他财物则为经济财物。这样，只有经济财物才能具有价值。根据门格尔的定义，财物的价值是，“具体财物或一定数量的财物因下列事实而对我们所具的重要性：我们意识到我们需要的满足全看我们对这些财物有无处理它们的权利。”

应当看到自由财物的任何部分都没有获得价值：不论是过分多余的因而也不能为人所使用的那部分，还是已经被使用的那部分，都没有价值。就从某一山泉里流出来的丰富的泉水而言，灌进瓶子的那部分既没有价值，漫出去的那部分也没有价值。财物的价值，虽然其根源可以溯诸用处，却并不完全反映其效用；在好些场合，用处很大而却仍旧没有创造出价值——也就是说，没有创造出财物的价值来。所以，想说明价值的理论家决不能仅使自己满足于说明效用量的变化，还必须进一步探究并检验使效用量变为价值量所依据的那些定律。人们可以怀疑——在本书后面我们将看到被进一步证实的这种怀疑——由于在许多场合，价值即使是导源于效用，但价值的这种根源是如此之小，以至它同样远没有始终包含全部的效用量。如果我们的怀疑确被证实的话，那么，在个别场合，要是使某一种财物的用处远远离开它的一般有用性，它的价值就一定要更远地离开那个一般有用性。就在这里，我们得到了第二种看法，依据这种看法我们可以说明由经验指出来的价值和有用性之间的矛盾并使其易于理解。

第八章　对单件商品的估价

对于财物的估价或者个别地、单独地进行，或者同其他财物一道来进行。后一种估价形式主要是用下列三种方式之一来实行的：一件财物可以和属于同一批财物或同一次供给的别的相似财物一起来估价；或者和能够用来生产这一财物的财物一起来估价；或者和能够通过购买来加在它上面的那些财物一起来估价。在这三种情况中，第一种情况是基本的，其他两种情况都可以追溯到这种基本情况。因此，在价值的基本理论中我们所要研究的只是第一种情况。

单独地估价各种财物是极其罕见的。这可能是由于这样或那样的原因把某些财物孤立起来，也可能是由于某种特殊性质使这些财物只能个别地获得所造成的结果。在第一种情况下，这些财物当其处于孤立的期间是无法代替的；在第二种情况下，它们则是完全无法代替的；而在所有两种情况下，只要通过对它们作合理的估价，就必然把预期得自它们的效用的全部价值归给它们。对于少了它就不能达到目的的那种手段必须估价得像目的本身一样高。如果财物本来适于几种用途，但是由于这些用途又是互相排斥的，因而实际上它只能服务于其中的一个，那么，它的价值就是由最重要的那种用途决定的。只有野蛮人才会对在美洛斯岛发现的著名的维纳斯雕像用制造它的材料的效用来估价。一个饿汉对于他的最后一口饭完全按其充分的救命价值来估价——假定对他说来救他的命是很重要的话。

有时大批供给的财物也被当做一个不可分割的整体，从而当做一件财物来估价。例如，一个卖主可以把要么就整个买去要么就根本别买定为出售某种大批供给的财物的一个条件。如果环境迫使买主同意这种条件，在他那方面就一定要把这批供给当做一个整体来估计它的价值。他必须计算他所期望得到的有用服务的总和，从构成这批供给的财物所能提供的最高效用直到由这批供给的数量及对它的需求的数量所规定的边际效用；所有这些服务的总和便为他提供了价值。这里价值反映着以使用财物当作目标的全部效用。

假定某一社会被迫从某个外国整批地购买它所需要的谷物，如果上述条件被提了出来，政府就必须进行一种几乎是无限大的估价。这种估价需要考虑，要是没有这种购买，这个社会的大部分人就可能死于饥饿；还需要计算，由于避免这个最巨大的不幸和由于保住人民健康及元气所能获得的一切好处。

此外还得考虑一切较不重要的有益结果，这些结果实际上是得到了的，虽然它们的边际效果微不足道。显然对于实际获得的收成的估价远远落于任何类似这样一种估价的后面。既然收成的实际效果并非较不重要，既然收成的确能避免饥饿和困苦并能维持公民的元气；那么，理由又是什么呢？在估价时为什么不把收成的全部用处都估进去呢？很明显，理由是我们并非被迫按整批来购买全部的收成，并对它估价。它是辗转来自千万双繁忙的手，通过千百种不同的运输工具，经过千百个仓库；而且还经过千百次的购买才到了那些需要它的人的手里，并由他们在千百种不同的行为中消费掉。关于**从整个来看**的效果问题从无人提出过；我们一向必须应付的只是各个部分的效果，这种效果，同整个效果比较起来，就变得很小了。这使我们看到一个估价的定律，按这个定律归给单个部分、从而最后归给所有各部分之和的价值量，同换一种方式归之于各部联成一个整体的价值量相差得如此之远，就像一捆棍子中所有单根棍子的抵抗力和整捆棍子的抵抗力相差得很远一样。

我们现在就要来探究这个定律。可以把这个定律叫做价值的一般定律，因为它几乎适用于每一个场合。几乎一切供给，我们所有的和所用的、所买进和卖出的、所消费掉和生产出的，都是一部分一部分地取得和使用的。把财物的供给按整体作为经济的用处及估价的目标，是少见的事——在这个整体中失掉一件就必然要失掉每一件。通常，每一批财物或每一次供给总是作为各个部分的总和来到我们手中的，其中每个部分都有各自不同的归宿，并且可以分别地加以处理。

第九章　对整批财物的估价。边际效用定律是价值的一般定律

假设一个穷人每天得到两块面包，可是一块已足以解除绝对饥饿的痛苦；那么，这两块面包中的一块对于他又有什么样的价值呢？举例说，假如有一个什么东西也没有的更穷的人，向他讨一块面包，他在答应这个请求时所作的是什么样的牺牲呢？反之，结果是同样的，他如果拒绝这个请求，所保留下来的又是什么样的用处或效用呢？回答是很容易的。他如果给人这块面包就要失掉对绝对饥饿一旦减轻后所感觉的那一度数的需要所作的供应；反之，他如果保留这块面包就会得到这种供应。我们可以把需要的这一度数叫做第二度。

因此，两件完全相同的财物之一在价值上等于那一类财物的效用尺度上的第二度价值。按同样条件，三件财物之一便具有第三度的价值；四件之一便具有第四度的价值；简单地说，在一批同类财物中，不拘那一件财物一般地具有最后一个效用或边际效用的价值。需要保持不变，供给愈大，边际效用和价值就愈小，反之亦然；而另一方面，需要愈大，边际效用和价值就愈高，反之亦然。[①]

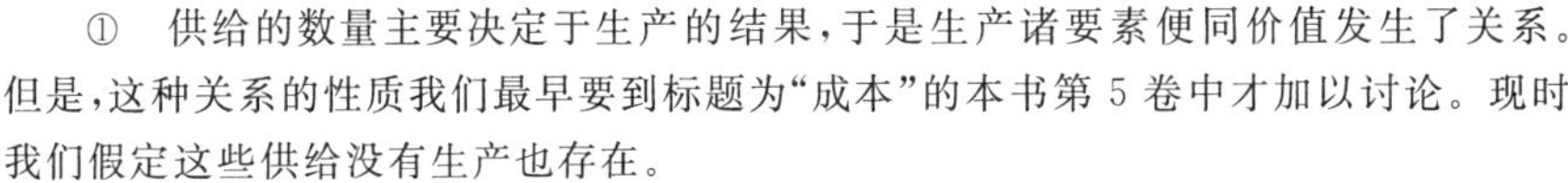

① 供给的数量主要决定于生产的结果，于是生产诸要素便同价值发生了关系。但是，这种关系的性质我们最早要到标题为“成本”的本书第 5 卷中才加以讨论。现时我们假定这些供给没有生产也存在。

可是，这还不够。不仅两件财物之一具有第二度效用的价值，而且两件中每一件都具有这一价值，随便挑选哪一件都是这样。在我们前述例子里，两块面包中无论哪一块——在其所有者两者并有的条件下——都不会有那种属于消除绝对饥饿的价值，因为，只要两者都为他所有，他就永远不会陷到这种窘境。他可以放弃两块中的一块——随便哪一块，只要他保留下另一块就行——而并不失掉他用来解除饥饿的供应。但是如果这两块中每一块在价值上都等于第二度的效用，两块合在一起就等于这个价值的两倍。三块合在一起就具有三倍第三度效用的价值，四块就有四倍第四度效用的价值。一句话，一批同类财物的供给的价值等于其边际效用乘其件数之积。

简单地说，譬如有一批收成，为数达 1 000 000 夸特，又譬如，社会对这批收成的使用必须这样节省，即除非消费行为所产生的满足等于 10 就不敢消费这些谷物，那么，这批收成的价值就要按 1 000 000×10 来计算。另一批 2 000 000 夸特的收成，要是其消费行为只需要产生比方说 4 的满足，它的价值就等于 2 000 000×4。1 000 000 吨铁，要是其边际效用为 1，它的价值就是 1 000 000；而边际效用为 50 的 100 000 两金子，其价值则为 5 000 000 了。

正如从自由财物所得到的用处并不代表任何价值一样，从经济财物的供给所得到的用处也不完全按其价值表示出来，其理由也相同。对于自由财物，我们根本无须关心它们的用处，只要这些财物还是过分多余，我们总是可以使用它们的；对于经济财物，我们所关心的也只是边际效用，只要供给的数量维持不变，所有较高的效用就都有了保证。在前一场合，我们通常无须为我们的需要作好准备而挂虑；在后一场合，我们也无须为我们需要的主要部分的准备挂虑——而且供给愈大，挂虑愈少——我们所要关心的，只是维持适当的使用边际。

前面所说的价值定律之所以存在，一方面是由于需要尺度的特殊构成，另一方面是由于财物被持有的特殊状况。如果财物不是成批出现或表现为由许多件相同的财物构成的供给，而只是一件件出现并且每件都以不同的形式出现，那这个定律就不适用。但是，只要财物果然成批出现，这个定律就一定适用。对于完全相同的事物（当然假定它们是属于同一个人，而且用来满足同样的需求）怎么能作不同的估价呢？即使有那么一个人怀着过虑的心情果然把若干件财物另放一旁，作为应付极端急需的准备，他可能认为这样它们就具有一种特殊的价值，但他只要再一细想，就必然会发现，那留作准备的财物同其余一切财物并无任何区别，而且会发现，只要另一批财物还保留着，即使有某些偶然事故破坏了这个准备中的财物，也不会有发生这种窘迫情况的危险。

这个价值定律把价值的概念同效用的概念以一种为事实所完全证实了的方式结合在一起。当经验告诉我们铁没有金子值钱，一次丰收可能比一次歉收价值还小的时候，我们的定律就能给以说明。这个定律主要澄清了所有那些看来好像把价值和效用的概念彼此分开的矛盾；现在留下给我们的只是把成本这个事实同边际效用定律结合在一起了。这个工作我们随后就要进行。对于价值的基本理论，我们现在还没有穷其究竟。首先我们还只是从外部解决了价值同效用之间的矛盾。在某些条件下铁**一定**比金子价值小，丰收**一定**比歉收价值小；但是这里面还包含有什么隐藏的意义吗？一个人无论怎样无条件地赞成我们的定律并为我们的逻辑所说服，仍然不能否认这个定律的内在意义还是模糊不清的。一方面这个定律表面上似乎违背常理，另一方面在它内部甚至好像还充满自相矛盾。价值的基本理论的最后工作就是澄清这种似乎违背常理的现象并解释明白这种自相矛盾。只有完成了这项工作，我们对于价值现象的基本性质才能得到一个明晰的看法。①

① 到这里我们业已触及我们所考察的问题的关键之处。经验每天告诉我们相同的财物获得相同的价格；而大多数理论家又都同意这些价格是由一个边际定律所规定（纵使他们可能用不同的名称来称呼相同的事物）。这里包含，建立在价格基础上的交换价值对于所有相同的财物都是相等的，并且服从于一个边际定律。但是，我们却更进了一步，我们说，一般地并且在一切形式上价值对于所有相同的财物都一定是相等的，还一定服从于一个边际定律，即使在用处的形式上，即使在没有交换的场合，例如在根据社会主义条件组织起来的社会里，也是如此。连杰文斯、戈申和瓦尔拉也还没有走到这一步，还没有作这样的主张。在这些作者看来，一批供给的不同部分或其中的每一件财物，其效用是不相同的，它根据各个部分或每一件财物所实际提供的用处大小而异。我并不希望读者对此深有所感，更不能希望他一下子就把问题的这样一个不熟悉方面的认识转变过来。但是我相信下面介绍的价值理论会具有说服力，这一理论是建立在前述论点之上的，它对价值的所有不同方面，就我的判断所及，都将加以考察和说明。

还有一点我现在还愿意提请大家特别予以注意。价格不仅调节着买方的付款数量，而且调节着卖方的生产的数量，即决定卖方的生产水平。所有为市场而生产的财物是在把相同的财物看作彼此相等，并使它们服从于一个边际定律的估价之下生产出来的，而下列活动就都同这种估价有关：核计必要的成本、储存所有的存货、一切企业对它们的资产负债表的平衡以及计算一切利润和损失。即使一个社会主义社会果然废弃了交换——即买方对卖方的支付——这种社会也不会因此就必须放弃估价财物的这种计算尺度。它可能继续按同样的数字来估价相同的财物并使它们全都服从于一个边际定律。于是我们难道不可以有权来问，有什么理由它必须停止这种做法呢？的确，要改变人类经济自从通过贸易开始扩大以来（如果不在这以前）就一直采用的估价方法，就必须举出更有力的估价方法来证实。最后，我们还要追问是否终于有可能不再按这种方法来估价财物。把相等的事物估价得不相等究竟有没有可能？我们究竟能不能把虽是有用然而不重要的东西看做是重要的呢？

第十章　价值的似乎违背常理的现象

假定一个人有一件财物，使用这件财物所提供的效用等于10；假设他的持有量逐渐增加到11件财物，而在这增加的过程中边际效用却按比例地递减到0。于是整批财物在每一点上的价值将如下所示：

当他所有的财物为	1	2	3	4	5	6	7	8	9	10	11	件时，
其价值为	1×10	2×9	3×8	4×7	5×6	6×5	7×4	8×3	9×2	10×1	11×0	个价值单位。
即 等 于	10	18	24	28	30	30	28	24	18	10	0	

这里可以看出，随着供给的增加，边际效用，从而单件财物的价值作有规则的减少。这无须再作进一步的说明。每增加一件财物随着带来递减的效用增加量，从而，也必然只带来递减的价值增加量。可是当我们考虑整批财物的价值时情况就不是这样；这种价值的发展从10升到30以后又反转来从30降到10再降到0。从日常经济生活就价值的这一方面所给予我们的印象的观点来判断，这个尺度似乎完全违背常理，通常我们把价值看做是财物的一

在这一点上门格尔的价值理论跟他的对手们有根本的区别。他认为相等定律和边际定律不仅指价格而且也指价值而言。按我的意见，这一点就使他的理论胜过所有其他人的理论，并为他赢得第一个为价值理论奠定完善基础的声誉。我们所列举过的其他作者都只就需要定律和价格定律进行考察。只有门格尔才同时包括对价值定律的考察。他对问题的看法最为广泛，因而他的看法非但能帮助我们对目前的经济有最清晰的了解，并使我们能够想象出将来经济的形式可能是怎样。

种简单而又绝对令人想望的特征，是数学上可以用正数表示的量。当上述数列的开头表明价值随着整批财物的增加而增加时，其结果是同这种观点相一致的；但是，愈到数列的末端，当整批财物的每一次增加便是价值的相应减少，一直到最后达到过分多余的一点，价值完全消失时，这又同上面的观点完全相反。这种矛盾从何而来呢？应当怎样来解释它呢？这个数列的前半部似乎证明了价值多少是个令人想望的，是正面的东西，但数列的后半部却又表示价值是一个负数，是一种负担或祸害了。那么到底哪一面是对的？又怎样才能使两者终于协调一致呢？

只要我们放弃价值是一个简单的正数这种先入为主的见解，这就很容易解释了。价值（作为边际价值）起因于两个因素的结合，一个是正的，另一个是负的。它是一个复合的量，或者更确切地说，它是一个余数。只要我们分清价值构成中这两个因素之间的区别，我们刚才列举过的数列就可以自行作出最简单不过的解释；而那个表面上的不规则，那个原先对于想要求得一个简单级数的人来说必然是一种不可克服的困难，现在却完全消失了。

价值构成中的这两种因素在以前的论述中都已作了说明。

正的因素就是在使用财物中所得到的享受。每一件新得到的财物所提供的增加的用处都是受欢迎的。最先得到的财物带来效用的增加是最大的，因为它满足了最急需阶段的欲望；随后得到的每一件财物便只有较小的效用，因为它所满足的是业已比较满足了的欲望。如果财物的增加越过需要的边际，那就对价值构成中的正的因素无所补益。这时增加的财物就没有用处；它们就不会给任何人带来享受。

仍用前引数字，价值中正的因素的增加量将如下述：

若财物为	1	2	3	4	5	6	7	8	9	10	11件，
则增加量为	10	9	8	7	6	5	4	3	2	1	0个价值单位。

而就整批财物计算，这种正的因素的总量则如下述：

若财物为

1	2	3	4	5	6	7	8	9	10	11件时，

则总享受为

10	19	27	34	40	45	49	52	54	55	55个价值单位。
10＋9	19＋8	27＋7	34＋6	40＋5	45＋4	49＋3	52＋2	54＋1	55＋0	

负的因素起因于人们天生对待财物的漠不关心。我们只是在迫不得已的时候，才把自己的兴趣从财物的用处转移到财物本身上去；而且，在转移的过程中，我们还要克服一种自然的阻力，这种阻力的大小，随环境而异。需要愈大，我们对财物的占有和保存就愈迫切，在这种场合，阻力就愈小。一旦我们的需要达到极端，阻力就完全消灭，因为在这里我们把自己的命运同财物的命运等同起来了。财物的损失就变成我们自己的不幸。反之，一旦无论什么东西都过分多余，阻力就会极大；这时我们能够享受为我们提供享受的东西而不必对它表示感激或对它感兴趣。从最极端的需要到绰绰有余之间阻力是逐渐增大的；我们给予财物以相当的兴趣，这种兴趣是由我们从这些财物为我们提供服务中所感到的兴趣得来的。但是我们并不把这种兴趣全部给予这些财物；我们作了一定的保留。也就是说，我们对一批财物中的所有单件财物都只按其边际效用的价值来考虑。超过它们的边际效用以外的剩余价值，则从财物身上扣除下来。那么，这就是这种阻力的大小的数字表现：价值构成中的负的因素等于被扣除的剩余价值。仍然引用

前述数字，我们看到，要是我们只有一件财物，它的价值构成中便没有什么被扣除的东西；它的用处的全部价值就不折不扣地全都转移到财物上去。反之，若有两件财物，则从价值中就要扣除1，因为二者之一只能按它的边际效用9来估价，而二者的效用加在一起只为10＋9。要是三件财物，其中就有一件价值只有8，它们的效用合起来就等于10＋9＋8，从而扣除掉的剩余的价值就是3。按照同样方法计算下去，我们便会发现价值构成中的负数有如下述：

若一批财物为	1	2	3	4	5	6	7	8	9	10	11件，
其负数便为	0	1	3	6	10	15	21	28	36	45	55个价值单位。

如果把正数和负数摆在一起，我们便得到下列结果：

财物为	1	2	3	4	5	6	7	8	9	10	11件。
正数(＋)	10	19	27	34	40	45	49	52	54	55	55个价值单位。
负数(－)	0	1	3	6	10	15	21	28	36	45	55个价值单位。
余数(＋)	10	18	24	28	30	30	28	24	18	10	0个价值单位。

于是，我们就得到和前面用边际效用乘数量所得的结果完全相同的尺度。

现在可以看出，这个尺度的表面上的不规则性实际上正是它的条件的严格规则性所造成的结果。

只要正的因素占优势，一批财物的价值就一定随着它的件数的增加而增加；换句话说，只要新得到的财物的效用所提供的价值增加量大于通过价值减少量——价值减少量的增大影响到业已包含在这批财物中的每一件财物——所损失的价值，这批财物的价值就一定随着它的件数的增加而增加。这是价值运动的上升部分，或者我们可以把它叫做价值的“上升阶段”。

反之，每当负的因素占上风，一批财物的价值就一定随着财物件数的增加而减少。这是价值运动的下降部分，或者叫做价值的“下降阶段”。

虽然看来很奇怪，价值在其发展过程中却一定要两度达到零点：一次是在我们什么都没有的时候；另一次是在我们应有尽有的时候。如果我们什么都没有，那就没有东西可资估价；如果我们应有尽有，那就恰恰因为过分多余，对估价行为就没有主观的诱因。唯有当我们多少有些什么的时候——不论多一些还是少一些——价值现象才会出现；它存在于两个零点之间，虽然这两个零点具有那么不同的重要性。跟着第一件财物为我们所有时，价值就出现了，它渐次增加一直到某一最高点，从这一点起又渐次减少一直到出现过分多余时，兴趣重新又从财物上完全消失了。

事实上，人类经济几乎全部运动在上升部分之中。就大多数的东西来看，我们距离过分多余是那么远以至几乎财物的每一次增加都表现为价值总额有相应的增加。单件财物虽然由于整批财物增加而价值下降，但是通常我们发现各个单件上的价值损失每每为整体上的价值增益所超过。因此我们才习惯于用按财富的构成部分的价值总和来衡量财富，并认为如果财产或收入的价值下降，就是一种不幸。所以，当我们有时不得不注意到虽然财物和享受的数量已经增加，虽然财富和福利有所增益，而它们的价值却告减少的时候，便觉得似乎有些违背常理了。这种现象有如：特别有利的气候造成了过分丰富的收成，或是富饶得出乎意料的某一具有新生产力的地层的发现，或是由于技术方法的进步所引起的收益的突然巨大增加，或是原因在于生产者方面的某种错误——他对赢利的贪婪或对需求的错误的和夸大的估计使他过大地扩大他的生产。但是经济的各个部门之被转移到价值运动中的下降部分,始终是由于某种不寻常的意外事件。要说我们整个经济体系竟会永远受这么有利的条件的支配,生产竟会这样接近于过分多余,以至价值的上升运动将不再是占统治地位的运动,那却是不可能的。但是,自然所赋予的少数自由财物的例子决不能使我们怀疑:一旦出现过分多余时价值便行消失;而这一点对于我们的下列主张确是最好的证明:一旦逼近过分多余时,价值必然开始减少。即使经验表明价值尺度上还有许多间隙,然而经验还是提供给我们足够的事实,使我们能从头到尾追溯价值尺度的理想进程。

第十一章　价值的矛盾和价值的功用

由于观察的结果是,在压倒多数的场合,财产的价值随着经济繁荣而增加,就可以把例外的情况全然忘掉,或是把它们当作非本质的或不重要的干扰而抛在一旁。下面这种看法已经普遍流行:价值是经济生活中的最高原则,我们的全部经济活动一定要参照价值来调节。有人说过,人们必须这样来行动以便整个说来,能够获得最大数量的价值。

这种看法如果是正确的,我们的经济生活就要受这样一种力量的指导,它在某种程度上对经济行为的目标起着反对的作用,其程度达到,在某一点以外——即在价值的上升阶段以外——阻止经济目的的实现。人们很有理由可以说,价值定律中存在着矛盾:

价值不仅像蒲鲁东所断言的那样，指的是交换价值，而且还包括一切形式的价值。此外，不仅从赚钱和销售的观点看，而且从私人经济看——甚至对根本不能出售什么东西的独居孤岛的鲁滨逊说来——为了创造价值和增大价值，每个人最好是把过分多余变成缺少，再把缺少变成更厉害的缺少。但是，谁也不愿意按这种方式来行动。因此，说价值指导着我们的经济，就不正确了。一切经济的最高原则是效用。价值同效用发生冲突时，效用就一定制胜；在价值的本性中并没有什么能够使自己占上风的东西。价值所包含的效用是不完全的，其伴随的特点是：包含在价值中的效用总数是同财物这个观念紧密地联系着的。不过上述现象并不能阻止任何人去参加这种交易，在这种交易中，从所取得的财物中所能得到的效用的全部增加会表明是有利可图的。倘若我果真能够，无论通过什么方法，使各种财物所提供的服务对自己都是经常的过分多余，那么，以后无须把我的兴趣从财物所提供的服务转到财物本身的想法，就不会使我在取得这种过分多余上有片刻的迟疑。或者，假定我们期望从某一交易得到大量的效用，而这一交易又同时使我对财物失去一定的兴趣，这后一种情况也丝毫不会制止我去完成这种文易。

既然如此，在这些情况下，价值在经济生活中的功用还剩下什么呢？还有一个极为重要的功用。价值和效用二者发生冲突的场合，即一个的增加就是另一个的减少的场合，毕竟是少见的。经验告诉我们经济生活几乎总是在“上升阶段”上运动着的，而在这个阶段上价值和效用的增减趋势却是相同的。凡在一批财物的效用随着这批财物的增加而增加的时候，价值也增加；而当一批财物的效用随着这批财物的减少而减少的时候，价值也减少。较大的价值几乎总是同较大的效用相适应的，而较小的价值同较小的效用相适应；因此，从效用考虑认为满意的交易，从价值考虑也是满意的。可见，价值的功用就在于，凡在价值和效用二者表现相同趋势的场合，价值就代表着效用。我们不计算效用，只计算价值。价值是计算效用的形式，这种形式使计算容易得无可比拟。估计一批财物的效用的确很困难，而估计它的价值却很容易。也就是说，一批财物的价值能够用这批财物的数量和边际效用的简单乘积来表示；价值就是边际效用的乘数。相反，效用却只能用像这批财物所包含的件数那么多和那样不同的数量的总和来表示。例如，一批一百万夸特的收成的效用只能用对这批收成所产生的一切利益所作的几乎是无穷尽的描述来表示，这包括，从这批收成的最大效果直到那些在当时情况下为经济上所能容许的最不重要的使用的效果。可是这同一收成的价值却可以简单容易地用全部数量乘边际使用的效用来确定。用数学方法表示，假设有一批 50 件的财物，其中强度最大的用处，即第一件财物的用处，达到 100，随每一件财物的增加，其用处在强度上有规则地递减，于是表示这批财物的效用的公式便为：100＋99＋98……51。但是价值公式只是：50×51。[①]

---

① 价值公式是简化了的效用公式。省略的只是下列部分，即高于边际效用的那个剩余效用部分；这一部分一方面给计算带来更多困难，另一方面，作为经济行为的一个充足动力实际上是不必要的。以价值(在上升阶段上)为其动力的经济行为，不仅受到大略的估量和限制，而且受到全面而又精确的估量和限制。当把较大的价值作为目标的时候，所得到的效用也总是较大的。

用价值来计算以代替用效用来计算可以使经济计算简化，这已随着经济状况的发展而愈益明显。当效用公式日益变得更加令人厌烦而又更不明确的时候，价值公式却变得更加广泛和统一化，

对这一点作更详细的分析可能很有意思。经济财物在两种情形下成为估价的对象：第一，当我们想要取得财物并计算取得的数量的时候；第二，当我们想要跟财物分手以便把它们用于某一指定目的并计算它们因此而提供的服务的数量时候。可见，一方面，我们必须计算财物的成果，另一方面，又必须计算财物的支出。可以顺便说到，要不是心目中存有这样一些目的，人们是决不会来估价财物的——人们对财物从来不是为了估价而估价。最多，人们为了应付不时之需才预先对财物作出估价，但是价值从来也没有起过理论上那么轻而易举地为它规定的作用，价值从来并不只是作为估价财富的手段。财富可以用各种方法来估价，视它所要服务的目的而异。实际上人们所奉行的估价规则导源于这一事实，即这些规则服务于经济生活的目的，不论这些目的可能是什么。价值是同它的经济环境相适应的，也只有通过这种环境才能理解它。

首先，关于财物的成果的计算。凡是能够增加价值的财物取得都是有利的。在可以随意选择的两个取得当中，一个人所要选择的一定是那个提供较大的价值量的取得，因为这个取得也提供较大的效用。由于有意识地毁坏财物而使价值增加是无利的，而且，从效用来考虑——凡是效用同价值有抵触的场合，对效用的考虑总是较强——还是不许可的。减少价值量的财物取得，因为是循着价值的“下降阶段”进行，所以仍是有利的。

由需要增加所造成的价值增加，在财物总量上并未发生任何变动，决不能把它说成是一种经济的成果。它并不是由任何经济的行为所创造。但是，一旦创造出来之后它自然地影响经济生活等等，这是因为它改变了作为支出的财物的价值。

其次，关于财物的“支出”的计算——不论这种支出是用于购买其他财物，还是用于生产或者用于单纯满足个人需要。在每次把财物用于一定的目的时，对于这种使用所包含的牺牲的价值必须加以估计，并用它同预期的成果互相比较。如果我们撇开“下降阶段”的情况不计，价值的牺牲愈大，效用的牺牲也就愈大，只有在取得一种更高的成果时才能证明这样做是必要的，也才能使牺牲得到补偿。就消费来说，这一点是很难表明的。把财物用于满足个人需要，也必须以财物的价值为指导。可是边际价值又怎样能为这个目的服务呢？这难道不是要求：只有边际需要才应加以满足？一旦我们放弃这种陈旧的、根深蒂固然而却是错误的信条，不再相信这样的消费是一种合乎经济的行为，困难就会迎刃而解了。这样的消费绝非来自什么合乎经济的考虑。只有节约消费才是合乎经济的(参阅《价值的来源》，第133页)。但是，我们倘若以边际效用为指导，就恰好符合于节约的要求。换句话说，价值并不支配消费：它只禁止不合乎经济的消费，这种消费不能保证不断的满足直到可能得到的最低效用的消费。边际价值中所表现的只是这种禁止，别无其他；降到这个边际以下的任何财物使用都是不能

尤其在加进成本问题之后。这一点我们以后要讨论到。在货币成为交换媒介的场合，人们为了贸易的目的，对所有东西都同样按其货币价值来计算；所有的效用，尽管变化无穷，都用货币价值来计算，每个货币的价值彼此全都相等，而出现在计算中的货币价值则为同一单位的倍数。

正是这种按价值计算效用的可能性，使我们第一次有可能订出精确的经济计划，并且预见到这些计划的必然受到的限制。这样，价值便成为经济生活中的支配力量。

容许的。需要就其本身说是积极的东西，又是必须得到满足的；通过这一事实，经济上的满足是用各种要求和拒绝的结合来达到的。谁拥有 1 000 件 10 个单位的价值，谁就可以允许自己享受所有强度为 10 或 10 以上的享受。谁拥有 2 000 件 8 个单位的价值，谁就可以进一步允许自己享受所有强度至少为 8 的享受。前者可以有 1 000 次的强度至少为 10 度的享受；后者可以有 2 000 次的强度至少为 8 度的享受。这就是消费财物供给价值的那一种估计的真正意义。我们通常给予这种估计以更为具体的公式，即前者拥有 1 000×10=10 000 个价值单位；后者拥有 2 000×8=16 000 个价值单位。

关于价值的计算，请参阅我的《价值的来源》，第 180 页，和庞巴维克的《价值论》，第 46 页。关于价值的功用，还可参阅本书第 2 卷第 4 章及第 5 章和第 5 卷第 13 章。

第二卷

交换价值和自然价值

第一章　价格

交换产生着一种现象，它渊源于价值，又以最有力的方式对价值起着反作用；这种现象就是价格。我们这里的任务既不是研究价格，也不是研究决定于价格的各种价值形式。如同本书随后将表现得相当明白的，我们的任务毋宁是描述自然价值，即我们在一个没有交换或价格来管理经济生活的高级发展阶段的社会中所能看到的那种价值。但是，简单地把交换以及与之有关的各种价值形式撇开不管，还是不行的。在描述一些其实际的或可能的现实性极可怀疑的社会状况时，如果对我们所熟悉的生活并无多少应用的余地，这种描述就没有多大意义。要应用于我们所熟悉的生活，我们必须相当了解价格和交换价值，以便有可能进行比较。至少必须把价格和交换价值的一般轮廓给指出来，作为背景，以便使我们所要描绘的自然价值的比较清晰的图画能在这背景上面鲜明地呈现出来，这样做我们就有可能来判断这两者的基本特征究竟是相反还是一致。

为了这个目的，只要讲一下价格形成的下面一例就够了，在这里价格形成的特有原则可以看得十分清楚。这同时也就是在有组织的劳动分工条件下的正常价格形成。一方面，我们看到无数的卖主，这些人的目标是出售他们为市场而生产出来的，而且他们自己不可能使用掉的货物；另一方面，我们又看到无数的买主，他们像卖主在销售中互相竞争一样，在购买中互相竞争。门格尔的价格理论，以及庞巴维克在《价值论》一书中进一步大加发挥的价格理论，都可以用来作为我们说明的起点。我们当前的任务不容许我们对现有的有关价格问题的丰富文献作更进一步的考察。

假设某人希望取得一件东西，不管他的欲望是多么强烈，他也不肯照人家所讨的随便什么价格来付款。这里存在着一种最高限度，超过这个限度他宁愿退出市场也不愿进一步提高他的出价。这一最高限度取决于两种估价：第一，所要取得的财物的使用价值（这一价值决定于前面几章所阐明的定律）；第二，必须付出的货币总额的交换价值（对这一价值如何估计将在下章讨论）。他的交换价值等于所想望财物的使用价值的货币总额，决定着最高出价。出价再高就要蒙受损失，因为所付出的价值要大于所收入的价值。这一规则毫无例外地同样适用于所有愿意购买的人。每一个想购买财物的人都把这两种估价摆在自己面前，都在自己心目中建立起这种等式或等值，然后抱着超出这种等值就不要的决心来到市场。但是，这个规则虽然对一切当事人都是一样的，其应用结果在个别情况下却很不一致。因为参加计算的数量彼此差别很大。一个人所买的财物的使用价值，依个别需要的不同程度——这一程度可能决定于自然倾向、偶然情况或业已达到的满足程度——和一个人所已有的供给数量而异。另一方面，货币的交换价值则主要依一个人的财富总额而异（参阅下章关于这个问题的论述）。当人们考虑到可能有的经济情况的极大差别的时候，就可以看到：两种价值的等式或等值从一个买主到另一个买主不能不有很大的差别。为最强烈的欲望所驱使而同时又是最富有的人，可能出最高的价钱，因为对他说来最高的实际价值是用最大的货币额来表示

的。这跟穷人的出价有极大的不同。在穷人方面，相同的欲望程度是只用最微不足道的货币额来代表的。在某种场合，这又跟那些欲望很小的人的出价有极大的不同，他们只愿以很小的金额来达到这种欲望的满足。

如果我们从最高的等值开始，即从最富有而又渴望取得这些财物的人的等值开始，依次递降到最低的等值，我们就会得到最高出价的递降尺度。举例来说，我们假定一百个买主所出的最高价格，其范围为从 5 英镑递降到 1 先令：为了简便起见，我们还首先假定每个买主只想买一件单个财物。

这里我们能够清楚地看到，必然决定着价格竞争的力量究竟是什么。一个精明的卖主有时可能成功地诱使一个没有经验的买主支付超出他的最高限度的价格；但是，在通常情况下，卖主最多只能使买主的出价达到他们的最高限度。一个诚实的但是谋求自身利益并纯粹根据自身利益来行事的卖主，他的企图就是要在所有买主中间找到那些能够出价最高的人，而且，要是有可能，迫使他们达到他们的购买力的边际。反之，那些想要购买的人则企图用他们的购买力边际内尽可能低的价钱来购买。所以，买主之间的竞争有利于卖主，而卖主之间的竞争又有利于买主。我们现在就来看看每一方面有多大可能来达到自己的目的。仍像以前一样，我们假定卖主不得不把他们带到市场上去的财物全数脱手，他们并无把这些财物的任何部分保留下来供自己使用的意图；因为这些财物是为了出售而生产出来的，对于卖主个人并无用处。

假设只有一件财物投入市场，如果所有的人对自身利益都同样敏感，很明显，这件财物必然落入那个有最高购买力的买主手

中，即落入那个我们假定其货币等值为 5 英镑的人手中。他处于使自己有可能排除所有参加竞争的买主的地位；如果他明白自己的利益所在，他就定会这样做。自然，他必须下定决心支付多于 99 先令的价格，因为这是他的最危险的竞争对手，即那个购买力仅次于他的人所可能出的价格。可是，就他自己方面说，由于他不可能出比 100 先令更高的价格，于是价格就定在 99 先令和 100 先令之间。

再假设，投到市场去的财物是两件，其中一件一定落入参加竞争的买主队伍中的第一人之手，另一件则落入第二人之手。后者所付的价格，如果定得正确的话，一定在 99 先令和 98 先令之间，也就是说，在后者自己的等值和次一竞争者的等值之间；他出的价钱一定要超过他下面的这个竞争者，如果他不愿为取得自己想得到的财物跟这个人发生争论的话。但是，那个我们称之为第一个买主的人，在这种情况下必然不肯再付比这更高的价格。现在他出的价格，已无必要再超过 99 先令；他只要跟第二个买主一起出价超过第三个买主所出的 98 先令就够了。无论什么人从公开市场上向竞争着的卖主购买同样的财物，都只要付别人所付的同等价格。不论他本人的购买力有多大，他也无须把这种购买力用到它的极限；可以肯定，总有一个卖主愿意让他按市场上一般买主所出的同一最低价格来取得这件财物。

如果市场上有三件财物，这些财物就定要落到头三个买主的手中，所有这三件财物的价格都要定在 98 先令和 97 先令之间，即定在第三个和第四个买主的货币等值之间。要是有十件财物，对所有买主定下的价格便在 91 先令和 90 先令之间；为了把所有的财物全部卖掉，卖主们必须使价格低于91先令，而为了排除别的竞争者，买主们又必须使价格高于90先令。有五十件财物时，价格将定在51先令和50先令之间，即相当于第50个和第51个买主的等值；有七十件财物时，价格将定在31先令和30先令之间，相当于第70个和第71个买主的等值。简言之，必须拿来出售的一批财物数量愈大，价格就定要跌得愈低，因为这样才能允许为数更多而能力较小的买主参加进来，而建立起来的市场价格对整个市场来说是一个相同的价格。我们如果把最弱的买主叫做边际买主（沿用庞巴维克的名词），要是整批财物想要全数售出，就仍然一定得允许这样的买主来购买；于是价格定律将是这样：无论什么时候，价格都必须定在边际买主的等值和在他下面的一个买主的等值之间，这下一个买主也就是被排除掉的买主中间具有最大购买力的那个买主。在商品大量涌入市场并且销售量很大时，不同买主——更正确地我们应当把这些买主看作各类买主——的等值之间的差别程度是不大的。就这种情况来说，还可以把价格定律更简单地——也是十分正确地——写成：价格决定于当时的边际买主或边际一类买主的货币等值。价格定在很接近于这个等值的一个数字上，而且实际上稍稍低于这个等值。

乍看上去，使我们觉得价格定律跟价值定律是有密切关系的。由许多件财物构成的一批财物的价值，是作为一个边际价值根据单件财物的边际效用来决定的；按单件分别出售的一批财物的价格，也是作为一个边际数额根据单件财物的边际买主的购买力来决定的。在这两种场合，起决定作用的是：一方面是这批财物的数量——数量增加就要使边际移动并使起决定作用的数额缩小，数量减少则使起决定作用的数额增大;另一方面是,具有不同等次的需要。但是,在价格方面,除了需要的度数之外,还有一个起决定作用的因素,这在价值方面是不存在的。这个因素就是买主方面对货币的估价,亦即买主的财产和收入。但在着手考察这个因素的极端重要作用之前,我们还必须使自己确信我们刚刚说明过的价格定律,同样适用于买主不只想买一件单个财物而是想买几件或一件以上财物的场合。只有在这种场合,价格定律对我们才是真正有兴趣的。

在这一点上我们没有必要浪费太多的时间。这样一个买主心目中会有一个按刚才所讲的办法来决定的最高出价。用一定数量货币估价的有待购人的财物的总使用价值指明了这个最高限度;而根据这个想要购买的人的主观估价,这个一定数量货币的交换价值同这个使用价值是相等的。所计算的件数愈多,作为一个整体计算的最高限度就愈大,而单件财物的最高限度则愈小,因为在这种情况下每一件的使用价值按比例说要小些(由于整个说来支出增加的结果,货币的交换价值也就上升得愈高)。例如,如果某人本来想以每件 1 先令的价格购买 10 件财物,但受卖主的怂恿改买 20 件,他就只能对每件财物付给较小的价格,因为买的越多,财物带来的效用就越小,同时较大的支出又使人更加感到负担。但是任何一个买主无论什么时候都只能同意对同样一件物品付同一个价格(这是我们的最有力的命题),而那个同一的价格就是当时的"边际的一件财物"的等值,譬如说当财物为 10 件时即第 10 件财物的等值,为 20 件时即第 20 件财物的等值——自然我们总是假定市场是一个公开的市场,而买主可以随自己欢喜,愿意多买一

些就多买一些，少买一些就少买一些。在任何一个公开市场上，某一件财物如果要求一个超过于边际财物的货币估价的价格，买主最好还是避免购买这件财物，否则他就必须支付超过于它的价值的价格。在估计可以随意分开的一批财物的使用价值时，同样的考虑使得每一件财物无例外地按其边际效用来估价，这也使得在根据意愿来购买一批可多可少的财物时，对每一件财物无例外地只要付给以边际效用的等值。从这里我们看到，我们所阐明的价值定律对于价格定律有着直接的影响，要没有前者对后者就无法理解。①

如果这一点确定了下来，那就没有更多可说的了。买主在每一次扩大他的购买额时，都要计算他的最高限度。我们如果把所有买主的计算加在一起，就会得出按每一个可以料到的价格可能出售的财物数量。在财物维持着高价的场合，能卖出去的只是很小的数量，而且是卖给那些最有“能力”的买主以满足他们最迫切的需求。而在价格低廉的场合，就会有较大的数量卖出去，其中一部分卖给最富有的买主以满足他们较不迫切的需求，另一部分则卖给别的“能力”较小的买主。但是，在一个固定价格下面，人们所需求的和可以卖出去的就只有一个固定的数量。就卖主那方面

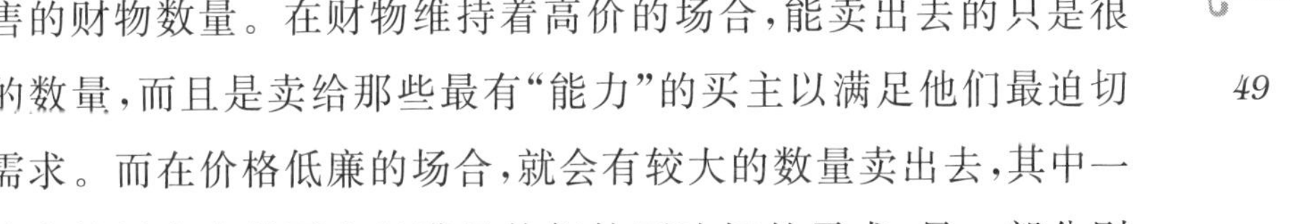

① 这里我们为本书第1卷第9章的论述找到一个从经验中得来的证明，即：（就同一所有者说）一批财物的各个单件只要它们彼此相同，就具有相同的使用价值，并且全都根据边际效用的数量来估价。同一个买主不会同意对同一个时间内购买的同样的财物付给不同的价格；他不会付给一件财物以高过于另一件的价格，他也不会付给任何一件财物以高过于边际等值的价钱。这表明他对这些则物作同等的估价，全都根据同一边际数量来估价。否则的话，就不会有什么理由阻止买主付给财物以不同的价格，甚至可能对许多件财物付给高过于边际等值的价钱——实际上可能付给除了边际的一件以外的所有各件财物以高过于边际等值的价钱。

说，如果这时他们带着一定数量必须全部脱手的财物来到市场，他们就会发现价格是已经决定了的。恰恰按那个价格这一数量的财物才为人们所需求。

这里我们再一次看到同样的决定因素：业已拥有的供给数量、需要或欲望的度数和买主的购买力。但是后二者具有这样的特点，即决定这二者的不单是边际买主或边际的一类买主的货币等值，而是边际买主或边际的一类买主对于边际财物的货币等值。

要是卖主并不想跟他们的全部供给分手，而想留下一部分财物供自己使用，或是等到日后市场情况发生某些变化时再出卖；要是买卖双方不是自由竞争而是存在有某种垄断，或者销售不是对所有的人公开进行而是在小范围内或完全隔离的条件下私下地进行；在这些场合下我们的价格定律就只能不完全地起作用，或者只能在大为削弱的状态下起作用。同时，价格形成的特殊因素——即把买主的购买力放在尺度上——总是存在着并保持其重要性，至多只是在买主方面存在垄断的场合才有例外。购买财物的价格并非单单根据这些财物所提供给买主的效用（即边际效用）的数量，而是还根据边际买主所投到这种效用上面的购买力数量。

从这个命题产生了许多重要的结果，我现在只提出其中的一个。“因此最高价格只能为那些财物所获得，这些财物世上只有很小的数量，并且是最富有阶级的欲望的目标；这类财物的价格要一直涨到除了最有钱的阶级之外所有的人全被排除于买主的圈子以外，甚至连中产阶级中那些处于最舒适的环境之下的人们也被排除在外。那些由于质量低劣仅为较穷的阶级所想望的财物，则得到非常低的价格；那些质量较好而数量却那么丰富，以至不得不在很大程度上也允许较穷的阶级参加到买主圈子里去的财物也是如此。那些由中产阶级构成买主的多数的财物得到中等价格；那些财力很小的人或是完全被排除在买主之外，或是只有当他们能够满足对这种财物的欲望的最强烈感觉时候，才加入竞争的行列。一个社会里各大阶级经济状况的变化，自然会引起财物价格的变化。财富上的不平等愈大，价格上的差别也就愈大。当巨额财产增多的时候，奢侈品的价格就要上涨，反之当巨额财产减少的时候就会下跌。”①（引自《价值的来源》，第 26 页）

第二章　主观意义上的交换价值

财物可以买卖这个事实在彼此互相交换的一切个人经济中给予价值估价以新的有力的冲动。从独居孤岛的人的家计中所见到的只是各种东西的使用价值；反之，在彼此互相交易的一切个人经济中，就还得考虑交换价值。我们如果对交换价值产生的不同情

① 由于承认了这个原理，我们第一次能够完全理解曾经占据那么多理论家注意力的那个值得注意的现象：那些没有它们也能过得很好的财物，像钻石等的价值，居然比那些生活上不可缺少的必需品的价值大得那么多。例如，金子的价值居然比铁的价值大得那么多。在价值的基本理论中已经指出，一种完全无关紧要的财物的使用价值一定大于一种远为有用的财物的使用价值，只要前者由于稀少的缘故，其边际效用在尺度上比较高，而后者由于过分多余的缘故，其边际效用在尺度上却跌得很低。在某些情况下价格上的差异，因而在交换价值的估计上的差异，甚至较之对使用价值的估计中所表明的差异，还要大些。钻石和金子的价格特别高，因为它们是奢侈品，是按最富有阶级的购买力来估价和付款的；而粗俗的食品和铁的价格却很低，因为它们是普通财物——就这些财物来说，决定性的因素是穷人的购买力和估价。

况分别予以考察，就能对价值的性质、它同使用价值的关系以及它对个人经济所提供的服务作出最好的说明。

对于所有持有货币的人来说，货币总是按其交换价值来估计的。货币的用处在于人们能够花费它——在于付出货币能买进别的财物，[①]人们指望这些财物来满足那些否则就没有事先准备的需要感觉。货币的交换价值就是预计能用它来获得的财物的使用价值。所以，适用于后者的定律也适用于前者；决定着交换价值的，是在边际效用上表示出来的需求和供给。对于个人来说，决定着货币的价值的不同因素有下面几个：个人所支配的货币总额；在当时的市场情况和价格下面所能获得的财物的性质和数量；这些财物所能提供的效用，还有从所取得的其他财产中已经获得的效用；以及，最后，需求的数量和迫切程度。[②] 单位货币的价值总是从其按所有者境况合乎经济地用于支付最不重要的花费中获得的；为人们所拥有的每笔更大金额的货币以及全部货币总额，都含有和单位货币数字一样多的这种边际单位价值。不同的人对同一金额的货币的价值作大不相同的估计，是不可避免的。对这些估计有极大影响的情况是财富和收入的总额。[③] 穷人看一个便士比富人看一个先令还更值钱。每个人必须了解这是多么重要：为了恰当安排自己的经济事务，他对货币对他所具有的价值应当有一

① 或者，简单地说，购买财物——货币和财物通常被看成是彼此对立的东西。

② 例如，就我说来，一个先令的价值取决于：(1)我所必须花费的先令数目；(2)我在铺子里用一个先令能买到什么东西、能买到多少；(3)我得到这值一先令的财物能做什么用，这又决定于：(甲)我已经拥有多少同样的财物，和(乙)我天生的或随后学得的消费或使用这种财物的能力。——英译本编者注

③ 见杰文斯前引书，第152页。

个确切的观念。关于这一点，谁也不是全无所知，就每个好的当家人来说，这种知识几乎是永远铭记在心的。

除了货币之外，所有主对于为了出售而制造或持有的财物，都是按这种交换价值来估计的——不论出售是由于这些财物不适合所有者个人的需要因而他本人不能使用它们，还是因为，即使所有者有可能使用这些财物，而它们所能提供的效用同出售的进款对比似乎太微不足道。[①] 估价的最近的根据是预期的货币进款，或是那笔货币的交换价值；而最后的根据则是预期从货币进款的交换价值中所取得的使用价值。这里对价值的估计又一次把我们引回到使用价值，而边际效用定律又一次起着作用。同样的财物在同一市场上为所有卖主带来同一价格；但是，那些全部年收入都依靠销售这些财物的人，同那些即使一年到头也销售不掉这些财物而享受仍然丝毫不会受到损害的人，对那件财物所作的估价，两相比较，却有多么大的不同！

最后，有许多财物虽然其所有者丝毫也不打算出售它们，也按它们的交换价值进行估计。我们可以采用庞巴维克在他的《价值论》一书（第 37 页）所举的例子作为说明，庞巴维克是考察这种特殊事例的第一个人。一个穷人对他的外衣所作的估价是根据他期望从这件外衣获得可以御寒的好处；他清楚地懂得，要是他失掉这件外衣，他就不得不忍受严冬酷寒的袭击，因为他没有足够的钱再

① 自然，作者的意思并不是说，对市场进行供应的生产者或商人的脑子里从未考虑过他的财物对于他个人可能有用处。这些财物对于他的用处就在于“交换”。维塞尔不过是在证明这样一个逻辑，要不是个人用处真的小于交换用处，那么，即使拿来去销售的财物也不会按它们的交换价值来估计。——英译本编者注

另买一件。对于一个境况比较好的人来说，失掉外衣仍然是一个损失；可是在这种场合，这种损失却能够或可以花代价另做一件来弥补。可见，富人并不是依据外衣的效用来估价他的外衣，而是依据取得外衣所花的费用来估价它的。按他的估价，这笔费用低于它的效用，而他又总是能够把他从失掉外衣所受到的损害减到同这种费用一样大。这种通过交换价值进行估价的事例，是数不清的。凡是丢掉或被窃而又能再买一件来替换的家用财物都是这样估价的。这里我们看到，估价的最近根据是能够按这种价格进行购买的市场价格，而其最后根据则又是使用价值，也就是从购买价格的估价中所预期的使用价值。①

总起来说，我们这里所说明的交换价值，就是基于所有者出售财物的意图，或者基于通过购买来更新的可能性而归给财物的那种价值。说得更简单一点，交换价值就是根据一种预期的交换行为而赋予财物的那种价值。这种意义上的交换价值，和使用价值具有同一性质；前者来源于后者，并且是后者的一种发展形式。这两种价值形式都遵循着同样的一般定律；两者都是主观的；两者的数量又都随个人境况而异。一件物品的价格决不会完全表现它对其所有者所具有的交换价值。这还决定于货币对他具有的“个人等式”。

在任何个人经济中少了主观的交换价值，就不能不在这种经济的全部交换关系中造成最大混乱。为了使我们可以把依据使用价值来估计的财物同依据交换价值来估计的财物拿来互相对比，

① 关于产生于价格矛盾中的动机变化，可参阅庞巴维克的《价值论》一书，第515页。顺便我还可以指出，我的《价值的来源》一书，第185页，也曾简单地提到前面所讲过的事例。

所有经济中少了货币的“个人等式”，都是不行的。要是没有货币的“个人等式”，那就不能合乎逻辑地进行支出、购买和销售。穷人既不能作为穷人进入市场，富人也不能作为富人进入市场。每一项交换行为都取决于货币的“个人等式”，于是，不仅个人经济的调节要由它来决定，而且全部交换也要由它来决定。

最奇怪的是，这样普遍实行、这样极其重要的事实，竟然直到晚近，还几乎完全为理论界所忽视。门格尔最先给这个事实作出明确的理论阐述并把这个事实采纳到自己的理论体系之中；他对经济学所作的许多贡献中，这是很重要的一项。

第三章　客观意义上的交换价值

没有人能够把他自己对于货币以及对于财物的货币价值所作的个人估价同他自己分离开来，而应用到别人身上。没有人能够说服一个商人答应自己以一半的价格来购买一种商品，仅仅向他证明，自己付这一半的价格比有些人付双倍价格还要难。也没有一个商人能够按双倍的市场价格出售一件商品，仅仅因为他能够证明：为了使他能够满足他的最迫切的需要，双倍的进款是他所必需的。作为一个节约他自己资财的个人，每个人对于货币对他所具的价值需要有一个精确的主观上的估计，以便决定自己对于外界事物可以采取什么样的态度。但是这种个人态度对于一个经济和另一个经济之间的大规模经济交换以及最后在任何经济同他自己的经济间进行的交换中的财物流动，并不能产生什么效果，除非他能够成功地影响财物的价格。在交换中起绝对决定作用的正是价格。财物总是落到那些支付最高价格的人手中，而且，最重要的是，花在生产上的支出，其数量是受预期从销售财物所得到的价格来调节的。那些能按最高价格出售的财物吸引着最多的生产手段。在经济交换中财物的等次——它们的外部经济力量——绝对地决定于这些财物的价格，不管个人对于它们的内在重要性会作出怎样的判断。

通常当我们说到财物价值的时候，我们是指财物价格所给予财物的经济上的等次。按惯用语言来说，市场价格为 100 英镑的一件财物，对每个人来说，其价值总比一件价格只为 10 英镑的财物高 10 倍。在常用词汇里，最贵重的财物也就是最有价值的财物。但是我们必须给这种说法加上一条限制，即：赋予财物以价值的，只是那些在通常情况下所付给它们的价格。各种例外的价格、高抬的价格和“削价”的价格，全都不能形成价值的基础；因此，按普通说法，价格波动巨大的财物便没有固定的“实在”价值。

事实上在经济交换中划定财物的等次，少不了要用一些特别的标志的，可是除了价值之外又不可能找到别的任何标志。这不单是因为，我们由于常用的语言习惯，根据既成事实而不得不采用这种标志，而主要是因为它本身具有存在的理由。主观价值为个人经济所做的事情——计算每一笔支出和每一笔收益，决定所能容许的消费量和生产可以扩大的限度——对一般经济就是用这种给财物排等次来做的，因为这种等次是依其对客观价格的关系来决定的。它是支出和收益的尺度，这种尺度又决定着分配和生产。但是必须着重指出的是，价值一词当其从对需要的主观关系转变为对价格的客观关系时,它的原来意义就发生某些变化。主观价值代表着一种特殊的感觉,感到为了满足某种需要全靠自己占有一件则物,这就是个人对财物所感到的特殊程度的兴趣。反之,客观价值却只代表一定的价格,代表预期从买卖中取得或买卖中所要求的一定数额的支付。前者的尺度是欲望的不同强度,后者的尺度则是货币的数量,价格的大小。

当然个人兴趣的内在估价总是无例外地同客观价值相联系的,但这些估价究竟还是主观的,对一个人说是大一些,对另一个人说又小一些。即使客观价值或价格是经济竞争的结果,是经济社会中所有不同成员的个人估价的结果,它也决不是财物的经济估价的表现。价格是一件社会的事实,但是它并不表示社会对财物所作的估计。[①] 付给奢侈品的价钱比付给必需品的高得多,但

① 这种把价格作为社会对财物所作的估计的常用概念,每使肤浅的判断为其简便所吸引。一件市价为100英镑的财物甲不仅比市价为10英镑的财物乙贵10倍,而且它还是绝对地、对每个人都一样地比财物乙价值高10倍。按照我们的概念,事情复杂得多得多,我们从此得到下列几个命题。第一,付给甲的货币10倍于乙,即甲的价格为乙的10倍。第二,甲的客观交换价值也比乙大10倍,这一事实的最重大后果是,花在甲的生产中的成本也可能——如果有实现的可能——10倍于乙。第三,但是,价格和客观价值的这种比例关系决不同两件财物在它们的经济重要性或主观估价上的相对地位相符合。单是价格并不能形成对财物的经济重要性进行估计的基础。我们一定要更进一步,找出这些财物对于需要的关系。但是对于需要的这种关系,只能个别地来实现和计算。假定两件财物为同一个人所有(或为需要和供应的情况完全相同的人们所有),甲的重要性当然要10倍于乙。但是同样也可能出现,甲对于一个所有者的重要性恰恰和乙对于另一个所有者的重要性相同;实际上还可能出现,尽管甲有较大的交换价值,它对于其所有者——假定是一个富人——的价值甚至还比乙对于其所有者的价值更小,假定乙的所有者是一个穷人的话。如果甲类财物有许多件,乙类财物也有许多件,各个不同所有者的个人估价就会有很大的分歧,很难希望取得一个一致的判断。于是,怎样才能把这些有分歧的个人估价统一成为一个社会估价,这个问题是不能像那些轻率断言价格代表价值的社会估价的人们所想象的那样容易地加以回答的。

谁能肯定奢侈品因此就具有更大的社会重要性呢？在市场上，正是那些就有关财物价格达成协议的人——他们是受环境的力量所迫才达成这种协议的——还要各自保留关于各种财物对他私人的重要性的个人判断；而政府，即那个最早被要求来作出社会判断的机关，却普遍被认为是在承认财物的价格是它们的社会重要性的尺度这一点上离开得最远的。不错，政府所从事的，通常只是执行这样一些经济任务，即从它们的货币收入着眼是不值得去作的任务，如果从它们的效用着眼还是值得去作的话。

此后在本书里出现的“交换价值”一词，我都总是指“客观意义上的交换价值”。这里没有必要再另外表述“交换价值”的定律；我们已经懂得这个定律，虽然只是一般地了解它。这就是价格定律。[①]

关于客观交换价值对主观交换价值的关系，请再参阅我的《价值的来源》的第10及第21页，庞巴维克的《价值论》一书的引言及其他部分；以及扎克斯的著作第48章和第49章。

① 交换价值，就其应用而言，无疑地是价值的最重要形式，因为它支配着最大的领域，通常就是产业经济的领域。政治经济学，除阐述价值理论的那一章用不着再说，几乎全部与交换价值有关。因此，理论著作把交换价值当作自己的目标，就没有什么奇怪了。但是，应用它是一回事，说明它又是另一回事。就说明而论，第一重要的还是主观价值，因为只有通过主观价值才能达到交换价值。主观价值是价值的原有的、完备的形式；不和主观价值联系起来，单凭交换价值本身，是不完备的、不可理解的。如果我们不能说明货币和价格本身是怎样被估价的，那么所谓一件物品值这个货币价格、另外一件又值那个货币价格，所指的又是什么呢？那些把自己局限于考察交换价值，或是，换句话说，局限于考察价格的理论家，也许会成功地发现反映价值量变化的某些经验定律，可是他们却永远不能揭露价值的实质和发现它的实际尺度。关于这些问题，如果只是考察交换价值，就只能在所谓价值存在于交换关系中间这样一个公式中找答案，也就是，只能说：一件东西能够换得的别的东西越多，就越有价值。为什么被交换的东西原来就有价值？为什么各种东西通常对我们多少总有些价值？那种价值又怎样来计算？对于这些问题，这些理论家永远无法说明，也并不希望说明。人们

第四章　交换价值的矛盾

交换价值——像已经说明过的，即客观的交换价值——也表现像主观价值一样的变动。随着要出卖的财物数量的每一增加（需求维持不变），单件财物所得到的收益就要下降，而收益总额仍然增加。这也就是价值的“上升阶段”。但是，达到某一点时候，连收益总额也要下降；这也就是价值的“下降阶段”。最后，一旦有了普遍的过分多余，那就无论什么价格也得不到了。

引起这种变动的原因在交换价值场合甚至更强。它不仅是由需要的天然限制所引起，因为这些需要不能扩展到饱和点以外，而

把价值相对地看做是彼此互相比较的两件有价值的东西的比例。绝对地、单凭价值本身是无法理解价值的。这样一个概念是重要的，即：一件东西就其本身说不能是价值的对象，必须先有第二件东西存在才能估价第一件东西。

理论还刚刚使自己逐渐摆脱这种误解、这种兜圈子把戏。凡是企图建立绝对的理论的场合——譬如劳动理论，或是把价值解释作有用性的理论——通常就有某种逻辑上的跳跃把这种理论同相对的概念重新联结起来。它是通过对交换价值作出过分的估计被迫达到这一点的，看来它是无法摆脱交换价值的。这种理论的一个突出例子是李嘉图的价值理论。事实上还是把价值看成是相对的。德文的著作长久以来就在若干方面具有优点：它对交换价值作过较深刻的批判，并且企图从多方面加以补充；但是它仍然没能提出最后的解决办法。在价值理论的晚近革新者中间，杰文斯在用严格性和准确性将价值的两个概念彼此分开方面极为突出；但是他仍旧未能建立一个主观价值理论（见第一卷第九章最后一个脚注），也未能确定这两种价值的职能。反之，门格尔虽然有一个完整的主观价值理论，但没有打算发展客观价值。

在《价值的来源》一书中，我自己所进行的研究几乎完全集中于主观价值方面。因此即使是有利的批评也不免说我不承认客观价值。有人说我特别承认价值的客观概念的必要性，这种责难却未受重视。对主观价值和客观价值的关系描述得最好的是庞巴维克和扎克斯，后者特别对两者在经济生活中的不同职能的区别，作了描述。

且还为许多买主的购买力的实际限制所引起，这些买主缺乏足够的财力来把他们的需要一直满足到饱和点。若是就需要而言，还能找到买主的财物在市场上却常常找不到销路，其结果价格的上限常常较主观价值的上限更快达到。

然而，要不是社会所依存的经济制度赋给交换价值一种普通商业经济中的效力——它远远超过个人经济中主观价值的效力，那就谈不到主观价值的矛盾，也谈不到交换价值的矛盾了。在每个自给自足的私人经济中，效用是最高的原则；但是，在商业界里，只要社会的财物供应还掌握在那些想要从中牟利并为自己的服务取得报酬的企业者手中，成为最高原则的就是交换价值而不是效用。私人企业者通常并不关心为社会提供最大的效用；他的目标毋宁是为自己获得最高的价值，这种价值同时也就是他的最高效用。在企业者的经济中，效用证实它自身是首要的原则；但是，恰恰由于这一点，在交换价值同社会效用发生矛盾的时候，取得胜利的却正是交换价值——至少在企业者有力量按照自身利益来行动的场合是这样。

因此，当蒲鲁东肯定交换价值的矛盾的时候，他是对的，虽然他可能还没有正确地系统阐述他的论点。每个企业者都会看到，当他成功地把不能出售的自由财物变成能够出售的经济上稀缺的财物时，对他是有利的。而且，当他成功地减少出售的数量从而提高收益的时候，对他也是有利的，正像增加出售的数量从而降低收益时就对他不利一样。

但是，蒲鲁东从这上面所得出的结论——即这种不一致只能通过社会的社会主义组织来解决——却仍然是不对的。

大体说，矛盾并不存在于价值变动的“上升阶段”上。而且，极大多数的价值的实际形式是在这个“上升阶段”上找到的。更进一步，矛盾只是在企业者能够支配社会的场合才存在。在自由竞争下面，社会效用是——像它所应该是的——经济生活的首要原则。这里每一个参加竞争的企业者，都不得不尽力把他的经营范围扩大到最大限度。对整个供给来说，个别生产者所增加的供给是微不足道的，对降低价格不能起多大的作用，反之它却使个人必须出卖的数量有很大增加。每个人就是这样进行计算的，同时，生产就是依靠这种计算被扩大到最大可能限度的。我们现代经济史有许多例子充分证明竞争能够迫使价格很快达到交换价值的下降阶段。

当然，在有些场合，社会为了公众利益必须经营生产，或是让个人为公众经营生产，以免发生损害。但是这些例子非常之少，远不足成为要求社会的社会主义组织的理由。交换价值的矛盾并没有必要完全推翻社会的自由经济制度；它只要求政府方面用适当的干预来补充自由经济制度。

第五章　交换价值在一般经济中的功用

如果我们考虑到形成交换价值的因素，我们就不能不得出结论：说它自相矛盾还不是对交换价值的最激烈的非难。完全撇开这一点不谈，交换价值形成的定律仍然是：即使在最有利的情况下——比方说，即使没有干扰的因素，即使不猜疑到有强制、欺诈和错误的情形，交易是我们所常说的自由的和公平的交易——人们也只认为交换价值在经济生活中的功用是不完善的，并带来社会觉得是非常有害的后果。

必须预先说明，由于交换价值对于一般经济或产业经济更多一项任务，它对这种经济的功用，比起主观价值对自给经济的功用要大一些。就后者言，价值只须就物的方面计算支出和收益之间的相互关系；就前者言，价值还必须就人的方面计算这一关系。交换价值在物的方面或在经济—技术方面的功用，主要同生产有联系。它在这里起着支配的作用。它提供生产和成本开支的尺度。只是在比较了所生产的数量的价值和所开支的成本的价值之后所能允许的范围内，才应该按照财物价值的等次来生产财物，才应该耗费其他财物作为这些财物的成本。另一方面，主要在对参加交换的人们中间进行所取得的产品的分配时，才发生交换价值在人的方面的功用。在这个场合，价值是个人所得的尺度。在主要经济过程中，必须把一笔在价值上跟每一个参加者的支出数量相等的收益分派给他，不管上述支出是财富的支出还是劳动的耗费。

凡是整批地或大量地送到市场上去的财物，其交换价值都是按边际价值来计算的。也就是说，把一批财物中每一件都估价得与边际价值相等，而把整批财物估价为单件财物的倍数，即单件价值乘财物数量之积。就这一点说交换价值就像边际价值通常所做的那样，为经济计算作出正确无误的帮助。交换价值对这种计算的实用性是无可争辩的。因此，这里就用不着再详细重复本书第一卷第十一章中关于这个问题的一般情况所讲过的东西了。

但是，为了恰当地评价交换价值在经济生活中的功用，还必须记住，交换价值在这里并不含有恰似使用价值在自给经济中所含有的同样因素。后者仅仅取决于效用;而前者还取决于购买力(参阅第2卷第1章)。使用价值衡量效用;而交换价值则衡量效用和购买力的结合。使用价值较大的货物(在"上升阶段"上),其效用也总是较为丰富;交换价值较大的货物却不一定是这样。在后一场合,较高的价值可能来源于较高的效用,但也可能来源于买主的较大财富,以及驱使他们把自己的财富投到激烈竞争的天平上的那种强大诱力。

就交换价值在物的方面的功用,以及它在人的方面的功用看,交换价值形成的这一特殊方法是很重要的。其后果之一是,生产不仅按简单需要来安排,而且还按财富来安排。生产出来的不是那些可能有最大效用的东西,而是人们要付最高价钱的东西。财富上的差别愈大,生产上的矛盾也愈显著。它给浪荡公子和饕餮之徒提供奢侈品,而对贫穷不幸的人的需要却充耳不闻。因此正是财富的分配决定怎样去进行生产,并引起最不经济的消费,这种消费把原来可能用来医治贫穷的创伤的东西浪费在不必要和该受谴责的享受上面了。[①]

对于在交换价值定律制约范围内的分配定律作较为详细的考察,也许是很有趣的。对于富人连带着对于滥用财物的偏袒,实际上比单单财富这个事实所能引起人们的猜疑还厉害得多。富人不仅在占有更多的、用以购买财物的财力方面,较穷人更为有利,而且绝大部分在利用自己的财力上处于更有利的地位方面,尤远较穷人更为有利。在价格战中,决定权是在最弱的买主方面的,这些

① 关于交换价值对分配的作用,参阅庞巴维克的《价值论》,第510页。

买主通常又是最穷的人；价格就是同他的估价相适应的。因此，他们必须完全按照他们的估价来购买这些财物，而他们的较强的竞争者所付的同等的价格，却是低于其本身的估价的。乞丐和百万富翁吃同样的面包，付同样的价格；乞丐所付的价格是依据自己的饥饿的程度，百万富翁所付的价格也依据这同一饥饿程度，也就是说，依据乞丐的饥饿程度。百万富翁假定真是饿了并且被迫出最高价格来买面包，他所可能愿意付的价格，决不在问题之列。只有当富人互相竞购奢侈品以供自己享受的时候，他们按照他们自己的能力来付款一节才依他们自己的个人标准来衡量。

但是富人从购买必需品项下所省下来的财力愈大，他们用来扩大和增加他们对奢侈品所出的价格的财力也就愈大，从而消费所给予生产的刺激也就愈不足。

个人经济中的价值定律是严厉的，但是这种严厉无疑是必要而又有益的。价值定律禁止满足超出某一边际点之外；就是说当对所有的东西——包括将来在内——全都仔细权衡之后，要是超出这一点目前所拥有的财力就会不够用。对于这种禁止的任何违反都会招来惩罚；就是说，要是眼前轻率地满足了微小的需要，其代价将是，以后远为迫切的欲望必然得不到满足。价格定律遵循价值定律，也要求购买不应超出一个边际点，但是它却不表示出同样不成问题的重大的必要性；从而便把这种禁止的自然而又合理的严格性变成好像是个人的、不合理的苛刻。在经济界中，出不起边际买主所付的价格的人被排斥于竞争之外，就好像在个人家庭里，极不足道的欲望被排斥于满足之外一样。如同在家庭里有边际欲望一样，在经济生活中也有边际的实体，任何低于这个水平的东西只有通过施舍才许可存在。然而,在个人家庭里,边际线是天然划成的,可是在经济生活中,边际线却通常还受财富分配状态的影响。明摆着富裕阶级过着舒适、奢侈的生活,价格定律却硬要限制穷人,好像世上根本没有多余的东西,自然本身就不许可更多的满足似的。

上面所讲的都是可以用来反对交换价值定律的非难。要是我们答复不了这些非难,它们就会很快地给这个定律作出结论。但是,对这些非难及其答复的考察并不属于价值理论的范围,而是属于更广泛的经济理论与经济定律的范围;而在这一卷中,甚至不打算详尽研究整个价值理论。我只希望说明形成交换价值的因素以便清楚地表明我所想要使人了解的所谓"自然价值"一词。现在我们业已走到这一步,我已可以立即向读者说明这个名词了。这件事情本身对我们并不新鲜;我们在本书第一卷价值的基本理论中所考察的价值就是自然价值。

第六章　自然价值

即使在一个按共产主义原则管理经济事务的社会或国家里,财物也不会没有价值。那里像别的地方一样,还会有各种需要;要全部满足这些需要,可利用的资财还会感到不足;人心对于私有财产还会恋恋不舍。凡属不是自由的财物,还会被认为不仅是有用处,而且是有价值。这些财物在价值上还会依据它的现有数量对需求的关系排定等次,而这种关系最终还会用边际效用来表现自己。社会供给和社会需求,或者说各种财物数量和效用在社会上的互相比较,还要决定着价值。我们所已阐明的估价的基本定律对于整个社会还会全部有效,而且其效力不受任何限制。

这种导源于财物数量和效用之间的社会关系的价值,或者说像是在共产主义国家里存在的价值,我们今后就把它叫做“自然价值”。[1] 我选用这个名称时,完全意识到在处理人类事务中诉诸“自然”一语所具有的双重意义。自然价值一词,就其简单、纯粹和独创性来说,是那样的吸引人,同时又是那样的同一切实际经验相矛盾,以至使人怀疑它会不会终究只是梦样的东西。我们之把共产主义国家想象为完善的国家,也是如此。那里一切都按尽善尽美的办法来管理;那里在政府官吏方面不会有滥用职权的事情,在每个市民方面也不会有自私的只顾自己的情况;那里也从不会出现差误以及任何其他种类的阻力。自然价值也就是那个为一个完全有组织、最高度合理的社会所承认的东西。[2]

① 我建议称之为“自然价值”的东西,过去曾经叫做社会使用价值。“使用价值”(Gebrauchswerth)一词会带来很多的误解,以至我们使用它的时候不能不冒危险。人们通常把使用价值理解为有用性或某种同有用性密切相关的特性,而不是把它理解为实在价值。此外,把使用价值同生产联系起来使用的还很少,而我却希望既要讨论消费财物的直接使用价值,又要照样讨论生产财物和成本的价值。

② 这样一个社会究竟能不能存在,将来到底会不会存在,这是同我们丝毫无关的问题。我们自己只要想象有这种社会就行了。如果我们能够忘掉私有财产以及由人类的缺陷所造成的全部麻烦,那就会很好地帮助我们体会,我们现有的经济将是什么样子。大多数理论家,特别是那些属于古典学派的人物,也曾暗地里作出类似的抽象。特别是那种把价格变成价值的社会判断的观点,实际上等于完全不顾购买力所造成的各种差别以及从自然价值中把价格分离出来所造成的各种差别。许多理论家都是这样来写共产主义制度下的价值理论而没有注意及此,他们这样做也就不能写出目前社会制度下的价值理论。我们只要把假定规定得非常明白,并且避免重犯类似错误,就可以按我们的看法比他们更多地对价值进行研究了。

我们在价值的基本理论中所发现的定律就是价值的自然定律，因为那些定律的形成要以下列简化了的假定为条件，即假定不必要求先把财物生产出来再交给人们支配。我们如果抽掉这个假定，就会得到生产中的价值的自然定律。现在我们的任务就是来找出这些定律。我们要问一问自己，在一个共产主义国家里，到底哪些生产手段看来会得到价值，是否只是劳动得到价值，还是土地和资本也得到价值；它们又按什么尺度来得到价值；土地是否有一种自然地租，资本是否有一种自然利息，以及在各种生产情况下的其他种种问题，直到成本价值及其自然尺度问题。

自然价值与交换价值的关系是很清楚的。自然价值是形成交换价值的一个因素。但是，自然价值并非简单地、彻底地加入到交换价值里面去。自然价值一方面受到人类的缺陷，受差误、欺骗、强制、机遇等等的干扰，另一方面又受社会的现行制度、私有财产的存在和贫富之间的差别等等的干扰——由于后者的缘故，又有第二种因素，也就是购买力，混进交换价值的形成里面去。对于自然价值来说，财物只是简单地依据它们的边际效用来估计；对于交换价值来说，财物却要依据边际效用和购买力的结合来估计。按自然价值，奢侈品被估计得远比按交换价值为低，而必需品则相对地被估计得比按交换价值高得多。即使认为交换价值是完善的，交换价值仍然是自然价值的一幅漫画——如果我们可以这样称呼它的话；它扰乱了它的经济对称，把小的增大，把大的缩小。

自然价值成为形成交换价值的一个因素这一事实使我们的研究触及现实，并使它具有经验上的重要性。为一个极其合理而又完全统一的国家所承认的价值同为今日社会所承认的价值并非全

然没有关系的。每个人都想为他自己对价值作出一个合理的判断，但是这并不总是他所能胜任的；而且，当他在交换中同别人接触的时候，最终的结果就完全变样，变成我所说的漫画。自然价值有许多数不清的比较正确的近似值。每个人在他自己的经济圈子里都找得到这种近似值；甚至当一个个圈子凑在一起的时候，这些个人估价也不会完全找不到，而只是有了某些改样。在交换价值现象中自然来源究竟占多大范围，而在现有的社会状态下，自然价值的形成力量又因此究竟有多大；对这些问题进行周密研究是很有趣的。我相信研究的结果会表明，这种力量比通常假定的要大得多。土地的地租形成价值的说法也许是在我们目前经济中受到攻击最多的说法。现在我相信我们的考察会表明，即使在共产主义国家里，土地还是一定有地租的。在某些情况下，这样的国家还必须计算来自土地的收益，而且从某些土地所得到的收益还必须计算得比从另一些土地所得到的收益大——这样一种计算所依据的情况跟今天决定地租的存在和地租的高低的那些情况基本上是相同的。唯一的差别在于：现在的情况是，地租归土地的私人所有者所有，而在共产主义国家里，地租要落到整个统一的社会手中。在这样的国家里，地租不会再构成私人财产，但在社会总收入中要单独加以计算，而计算的主要理由则是为了找出每块土地所贡献给总收益的份额，并由此来判断要取得这个份额所要花费或必须花费的支出究竟是多少。换句话说，在这样的国家里，支配着生产的经济技术上的功用还会保留着，而在人的方面地租所起的、作为个人收入的来源的作用，则要消失。要是我们的考察能够成功地证实这一事实以及类似的其他事实，谁也不能否认这种考察有助于我们对现有经济状态作更明白的理解。它将表明现有价值形式中有哪些部分不仅为了满足私利而存在，而且同时还对社会经济具有一种技术上的功用；从而将表明，哪些部分一定永远不要放弃，否则在经济方面就没有计算的能力，也无法支配。

因此，对于那些希望理解目前的经济的人，以及对于那些希望发展一个新的经济的人，对自然价值的考察同样是有用处的。现有制度的辩护者，以及那些争取开创一个新的理想国家的人，可以不存偏见、不必放弃自己的原则而在这个研究中团结在一起。自然价值是一种中立现象，对自然价值的考察，无论会产生什么结果，都能证明它本身对社会主义既无所赞成也无所反对。如果土地的地租和资本的利息都是价值的自然现象，它们在社会主义国家里也就占有自己的位置，而无须使这个国家解体，重新为资本家和地主扫清道路。价值的每一种自然形式都可以保留自己的物质职能，而用不着同任何私人收入的特权联系在一起。

自然价值根本不能作为反对社会主义的武器，以至连社会主义者也很难用更好的证据来为社会主义辩护。除了批判交换价值暴露它同自然尺度的分歧以外，没有什么比这更严厉的批判了，虽然这一批判实际上并不能对社会主义本质提供什么证明。但是，众所周知，社会主义者也有另外的价值理论。我们将看到这种理论一再和以自然价值为基础的主张相矛盾。虽然我们不讲什么反对社会主义的话，而只希望始终守在自然价值的中立圈子之内，可是我们还不得不一再讲同社会主义者相反的话。

我们如果对社会主义者的价值理论先作一个总的考察，那对于随后的论述也许会有益处的。

第七章 社会主义者的价值理论

社会主义作者，不管他们从像今天这样的价值中找到多少可反对的东西，关于价值的未来却说的实在太少。关于价值在社会主义国家里将要起什么样的作用，他们所给我们的知识实在贫乏。卡尔·马克思，在解释这种缄默时说过："人对他的劳动和对他的劳动产品的社会关系，在这里是极其简单的。"按社会主义者的意思，好像价值类似人体的器官，在有病的时候，我们痛苦地感到它的存在，可是在健康的时候，我们就很少注意到它。甚至连彻底懂得这些器官的病理的医生，也讲不出它们究竟担负着什么重大的职能。

社会主义者教导说，价值的唯一来源是劳动。在社会主义国家里价值的对象只有两个：劳动和劳动所生产的消费财物。土地和资本并不是价值的对象。价值以效用为前提，但并不导源于效用。价值是劳动所创造，而劳动的耗费自然把人的兴趣吸引到它的上面。价值的尺度是劳动时间，或者甚至是在劳动中所费的力气。价值的社会功用中，只有分配财物方面的功用被保留下来，而且就是这种功用也有一个限度。生产出来的消费财物是按照他们的劳动价值来估计，是在劳动者之间按他们所已提供的劳动服务数量来分配的。生产用的土地和资本是国家的独占财产，既不是分配的对象，也不是分配的标准。价值的其他功用，即作为社会经济，特别是生产的支配力量，则根本得不到承认。得到他们承认的只是效用或使用价值的功用；但是他们所说的“使用价值”，并不是按我们所给它规定的那种意义上的价值来理解，而只是纯粹的简单的效用，从而也只是并不具有由需要和供应相互比较所产生的特殊计算能力的效用。

概括地说，这就是关于财物估价的未来的社会主义纲领；当然，这并非用作者原来的文字来表述的。据我的意见，在整个历史过程中，对社会制度所设想的变化从来还没有比今日经济生活中所想望的变化更为重要了；对于转变的计划也从来没有像今天所想的更不完善了。把一个封建王朝变成一个现代政府，或是把一个君主国变成一个共和国，或是把贵族政治变成民主政治，是不能和这种变化相提并论的；因为一个经济革命的企图不仅会影响那些对政治问题感兴趣的少数人，还会影响全体人民——而且恰恰在他们最强烈地意识到他们自身利益的所在，影响着他们。对政治自由、平等、友爱等等的梦想，甚至在尘世上对上帝的天国的宗教梦想，不管这些梦想是多么异想天开地捏造出来的，他们所暴露的有关他们所要追求的目标的知识，从来也没有像社会主义者的价值理论所暴露的那样不完善。那些梦想至少还可借口说，它们迎合人性的感情，这种感情可能高飞云霄，还可能助长最激越的希望。然而价值却是属于最无热情的思想的东西。在这方面谁要是让幻想代替理智讲话，谁就是错误的，学者这样做是错误的，社会改革家和鼓动家要是这样做，那就更加错误了。未来的经济形态一天也不可能按照这样解释的价值来管理；实际上，为了引用它而最先作出的初步安排，就会证明它是毫无用处的。

但是，在一定程度上，社会主义者的对手恰恰为社会主义者作

了辩护。劳动价值的概念，以及社会主义者理论中的许多其他概念，首创于资产阶级经济学者中间，工人政党领袖发现这些概念在理论上已被发展得很完善，剩下的只是为了社会主义的政党的利益而把这些概念付诸实际应用了。要他们不去利用如此称手的便利是很难的。如果大家承认只有劳动创造价值，看来就无法否认只有劳动者才应该享受价值的主张。社会主义者通过无条件接受那个理论(为他们的大部分对手所接受的理论，这一部分，在种种情况下，还可以看做是最不可轻视的部分)，在理论斗争中无疑地得到了一种重要的战术上的好处。如果一切巨大的利益冲突只要通过社会主义的政党的发言人在其论战中所采用的辩论就能使其结束，那在理论发展的某一时期社会主义的胜利可能就实现了。但是，当然，辩论中已经够好的东西在事实面前还可能完全破产，因为任何巧辩终不能左右事实的；而且社会主义者用一个理论击败自己的对手之后，还需要再捏造另一个理论来支持自己的立场。

在社会主义者的价值理论里，几乎所有的东西都是错误的。关于价值的来源的论点是错误的，价值本来源于效用而非源于劳动。供给和需求的关系——迫使我们把效用归给财物，以及价值量的波动最终决定于供求的波动的那个因素——被忽视了。价值所涉及的对象没有被全部包括进去，因为在这些对象当中，本应把生产用的土地和资本两者一并作为计算成本的要素而包括在内的，就是单凭它们本身，也应如此。价值在经济生活中的功用也只被理解了一半，因为这种功用的最主要部分，即在物的方面对经济的支配，被忽视了。

既然我们业已熟悉了基本现象，刚才所讲的这一切都有必要在生产的情况下加以论证。我们尤其必须表明，在自然经济制度下，劳动是按它的效用来估价，土地和资本具有价值，土地的地租以及资本的利息都要计算在成本里面，等等。如果忽视了这些，生产就要变得一团混乱了。

第 三 卷

来自生产的收益的自然归属

第一篇　归属的一般原则

第一章　收益价值

生产财物，和消费财物一样，提供着效用。土地、资本和劳动都提供着效用，因为它们都生产供消费用的有用之物。后者直接服务于需要的满足，而前者则间接服务于这种满足。种子、树木、土壤、棉纱、煤炭、机器——这些东西诚然还不像水果和衣服那样，是成熟的或制成的财物，但是它们恰恰也是实在的财物。它们含有预期的或潜在的效用。

生产财物，土地、劳动和资本，只要它们的数量不是过分多余，由于它们有效用，就必然获得价值。空气的原子——同充斥空间数不清的其他物质在一起——固然有用却没有价值，因为别的空气原子随时都在代替和补充它的地位。反之，按经济人的判断，所有那些生产要素由于它们有有用效果，因而必然获得价值；这些要素，不管有多么多，都还没有多到足以使人对于这些要素的损失——即使是很小的损失——既无动于衷，又不蒙受损害。生产并不轻视自由财物；它并不忽视富饶的土地——纵使土地会扩张到超过所有的需要——原始森林的树木或无偿的水利；相反地，它还尽其所能到处搜寻这些资源，并且优先利用它们，因为它们的服务是最完善的，又是源源不断提供着的。虽然如此，还必须说，生产对自由财物还是很少注意——实际上简直不注意。它对这些自由财物根本不予考虑。它只是使用它们，而不把价值归给它们。它甚至不计算这些财物所提供的服务。单是效用并不产生价值；价值从效用里出现以前，同样重要的还必须具备供给有限的条件。效用是价值的泉源，而且始终是价值的泉源，但是为了使这泉源流动，必须有某种特殊的动力，这种动力使人们注意到有观察和留心它的必要。

不过，通常并不从效用中来探索生产财物价值的泉源。估计一块田地的价值，我并不考虑从这块田地的收成中所能得到的是什么样需要的满足。我满足于计算这块田地可能出产什么收成、多少收成；然后按照这些收成靠本身的效用而获致的价值来估计这些收成。对我来说，这个价值就是我据以确定这块田地的价值的基础。因此，对生产财物进行估价的行为本来应该回溯到需要上面，通常却只把它进行到可以在那上面清楚地确立生产财物同其产品价值之间的关系那一点就算了，因为在产品价值里已经体现着需要的计算了。在这个范围内可以说：生产财物的价值是由它们的产品价值或是由收益的价值所决定的。生产价值就是收益价值。我们从生产财物身上所能获得的，以财物表示的收益，不仅具有效用，而且具有价值；就是这种理由使生产财物获得它们的价值。

按照生产所依以计划和实现的状态，从同样财物中有可能获得种类和数量差别极大的收益。经济原则要求获得最大可能的收益，也就是说，获得具有在这种情况下所能得到的最大价值的收益。正是这种“最大可能的收益”的价值应该作为对生产财物的估价的基础。[1]也许永远不可能事先把这一点决定得绝对地准确，但是某种预先估计一定是有的。因此，构成生产价值的基础的，实际上不是收益价值本身，而是预期的收益价值，也就是预计收益的预计价值。

所料想的收益愈大，生产价值也就愈大。预期来自某种股票的分红愈大，这种股票所具有的价值也就愈高。总的说来，股票和分红的这类例证，是能够用来说明生产价值的最好例证。每一项生产手段、每一件工具、每一块土地或每一件原料、每一项劳务，都代表着一种经营的一个份额——如果可以这样说的话。这个份额为这种经营的成果作出了贡献，并从而得到归给它的一份成果，这个份额的价值就必然决定于这个成果的数量。[2]

① 而生产单位的价值又是按照边际定律来决定的，也就是按照这些收益中的最小收益来决定的。参阅本书第 3 卷第 8 章。

② 古典学派政治经济学事实上只考察产品的价值，或者，更正确地说，只考察所生产出来的消费财物的价值。就生产要素而言，古典学派政治经济学一方面把生产要素看作收入（地租、利息、工资以及可能还有企业者收入）的来源；另一方面，又把它们看作构成生产成本的要素，同时认为产品价值主要由它们来决定。

但当我们拿明白地或含蓄地支配着价值理论新作者的企图同上述看法相比较的时候，我们发现应用价值概念的现象，其范围异乎寻常地扩大了。生产要素——晚近作者更妥善地称之为“生产财物”——自始至终被理解为价值的对象；成本直接是价值现象；甚至对收入也必须这样来理解。比这更进一步，连效用价值和生产财物价值之间的关系也被颠倒过来了——把前者看做决定因素，把后者看作被决定因素。在目前，我们必须首先研究可以用来作为整个理论的出发点的命题；这一命题就是，生产财物从它自身所创造的产品的价值中获得自身的价值。戈申、杰文斯、门格尔和瓦尔拉全都同意这一点。据我看来，又是门格尔对这个问题作了最明白、最全面的阐述。他把在生产的连结中的全部财物分成（戈申也这样做，虽然远不如他那么完善）若干等级，而把价值顺着这些级次传递下去。第一级或最低一级的财物是由那些直接从需要那里获得价值的效用所构成。这样获得的价值首先传递给第二级财物，即传递给那些直接用来生产第一级财物的东西；例如，面包师在制造面包时所用的面粉和劳动。然后价值又从第二级财物传给第三级财物（例如，面粉厂的小麦和劳动）；依此类推，一步一步地一直达到最高一级，或如庞巴维克所称呼的，最远的一级。

第二章　归属的问题

任何生产手段，不管它多么有效率，也不能单靠自己的力量产生出收益来；它总是需要别的生产手段的帮助。而且生产技术愈发展，参加合作的生产手段也就愈多。往往就是最简单的产品，也需要最复杂的生产方法，因为这些产品的生产比任何别的产品都更宜于使用机器，因而更宜于大规模生产。生产财物从它们的收益价值获得本身价值的命题只适用于对参加合作的全体生产要素的估价，而不适用于对这些要素进行个别估价。要进行个别估价，我们还需要一种能够把整个收益分割成单个部分的规则。

当土地、资本和劳动一道起作用的时候，我们必须能够从它们的共同产品中把土地的份额、资本的份额和劳动的份额分别开来。不仅如此，我们还必须能够计算每一块土地、每一笔资本和每一个劳动者所提供的服务。光知道落到机器、煤炭和原料三者合在一起的收益，又有什么用处呢？必须区别每一种要素对整个成果所作的贡献，正好像必须把石匠凿石头的贡献跟艺术家把石头雕成雕像的贡献区别开一样。

如果我们可能从经济实践中作出判断，我们就应该说这样一种分割规则是有的。实际上，并没有限定人们说，收益应归给合在一起的全部生产要素；每个人或多或少总会正确地懂得和运用分割收益的技术。一个精明的工商业者一定了解，而且的确了解一个普通工人和一个熟练工人可能分别为他生产多少收益，一部机器能带来多少利润，归到原料名下的是多少，这块土地和那块土地各能生产多少收益。如果他不知道这一点，如果他只能整个地或归总地比较自己的支出和成果，万一发现收益少于支出，他就不晓得做什么好了。究竟他必须完全放弃自己的生产呢？还是只要改变一下经营管理？究竟他必须更多地节省劳动或资本、机器或原料呢？还是相反地，必须更多地使用这些东西？只有具备某些能够分别地查明每种生产要素的作用的适当方法，他才能够清楚地判断这些问题。下列事实证明这样一种方法是有的：人们作出了我们刚才所讲的那种性质的经济决定，并且作决定的时候还像对一般价值问题作出其他决定时怀着同样大的信心，产生同样有利的结果。这种计算方法的存在还为下一事实所更加肯定地证实：有那么许多人——事实上，所有处于同样情况下的人——常常用同样方法作出这种性质的决定。为什么，某一个时刻，某一个制造业部门的全体企业者，突然都用机器代替手工劳动？而先前他们并未发现使用机器是有利的。为什么一个国家的农业比另一个国家"集约"耕种得那么厉害？这决不是偶然性和轻率所造成的结果。左右这些改变的是生产计算。这些计算用算术证明，削减一种生产要素并从而省去它在收益中的份额而用另一种生产要素来代替，是有利的。生产越完善，生产计算就越精确，分配收益的技术也就越得到高度的发展。"模范的经济"对一切都计算。就是最粗鲁的农民和最粗野的野蛮人也进行计算，尽管这些计算既不精确又很草率。关于出于天性的冲动和自信的事情，这些人也在那上面运用自己的经验，虽然运用得还很不完善。住在偏僻山区的农民也会盘算，这块田地比那块更有价值；然而，他如果不懂得怎

样区别田地的收益和参加合作的劳动力、工具及原料的收益的技术，他就做不到这一点。上面所讲的这些，正是人们面对经济生活上的问题时，从自己天性中自然产生出来的规则。甚至连一个共产主义国家也无疑地会力图把这些规则应用于计算每种生产要素的生产成果。一个十分发达的国家，就会把这些计算做得极为精确，以便制定当时效果最大的生产计划。

奇怪的是，在那些曾经力图把经济活动过程纳入统一的理论的作者中间，却只有很少的人试着去发现这种规则，而这种规则却肯定是实际经济行为所遵循的一种最重要的规则。姑且撇开实际交易不说，对于人们受环境驱使而实际去做的事情，如果我们想作一种纯理论、纯科学的说明，在我们必须克服的许多困难中间，第一个最难于克服的困难可能就是给自己提出商业往来所实际遇到的问题。一切理论总是从它所必须解决的问题的最不重要部分开始，只是最后才完成它的真正使命。

第二个困难是正确地来论述问题。设法克服了上述第一个障碍的少数作者，几乎全都在第二个障碍上面碰到麻烦。他们大部分把问题提得太高，这样就把对于普通人本来是简单、自然的东西变成神秘、诡谲的谜。他们当然可以说，关于这个谜，不可能得出答案。他们试图发现，从物质上考虑，每项生产要素究竟生产出哪一部分共同产品，或者说每项要素究竟是哪一部分生产成果的物质原因。但是，这一点是发现不了的；最多在产品是各种材料表面上合在一起的复合物的场合才有可能；而且即使这样，也只是就材料而言，至于使材料变成复合物的能力，还是不行——这种能力的作用已传到整体的所有构成部分，而不和任何一个构成部分混在一起。这样看来，我们只能得到这样的命题，即生产成果是所有生产要素与原因的共同产品，这些要素必须结合起来起作用，否则根本就起不了作用——就像神话里的四个兄弟一样，他们只有用他们的联合努力才搭救了公主。我们如果希望找到运用于实际生活中的收益分配的原则，就一定要用完全不同的方式来提出问题，就一定要按实际生活的提法来提出问题，就一定要把问题提得很简单。

任何现象，不管是什么现象，其原因都能够用极不同的方式来解释。哲学家从一个角度观察这些原因，农民又从完全不同的另一个角度观察它们；可是两者都可能判断得很正确，而且，只要他们的判断是正确的，就都可能正确地应用他们的想法。他们意见上的不同在于他们从不同的观点进行判断。前者探索那些可以用人类理智来理解的最终原因；后者则把自己的注意力局限于最近的和直接的原因，而把所有离得很远的原因的作用看做是想当然的事。要是一方使用另一方的经验就要失败；农民的格言既不能解决哲学上的问题，哲学概念在农民经济中也不占地位；可是双方的见解却各有各的充分用处。在任何工业条件下，人们对于自己所遇到的现象的原因，都有自己的判断，判断的水平总是受各人所持的观点的严格限制。在这个观点之外任何东西也得不到适当的考虑，或者说判断决不会有什么结果。最终只能是一些多余的批评性的意见，而它们对于所想达到的目标毫无帮助。我们如果希望得到一个实用的判断，就一定不要忘记自己的目标，并从有关方面的观点来观察问题。打算阐明经济生活中的概念的理论，最重要的是，必须不超出它所研究的问题的范围，它必须限制自己，不

把太深的意义加给有限的主题，以免实际上曲解了它。

在主题方面同我们这门科学有密切关系的一门科学——法律学，在这一点上可能给我们值得赞许的教训。一件谋杀案必须有凶手、受害者、凶器以及机会等等条件。除了这些条件之外，这件案件还受到无数情况的影响；要弄清这些情况往往要追溯杀人犯过去很长远的历史，甚至追溯从这个人出生到长大成人所处的社会的长远历史。社会学家、历史学家、博爱主义者和立法者有很多事情可以考虑，但这些对于谋杀的罪行只有间接联系。可是不管这些人会考虑得多么远，总还有一些思想糊涂的人会比这些人考虑得更远，无限度地（ad infinitum）顺着引起这个事件的一系列原因穷追下去，例如，像追究案犯本人的历史一样，还追究用来犯案的凶器的历史。反之，法官，在其有限的职责范围内，就只关心法律上的罪责[①]，就把自己局限于探究应负法律上责任的原因——事实上，也就是有受法律处分的危险的那个人。犯罪后果的全部责任当然都要归到那个人身上，虽然单凭他自己——没有凶器以及一切其他条件——他永不可能犯下这个罪行的。罪责当然依据实际的因果关系。罪责不可能落到置身于造成犯罪结果的一系列原因之外的任何人身上；只要有任何证据能证明被告果然置身事外，就会使他免于判罪。然而因果关系若是一旦成立，归案犯负责的就远比他实际做过的、或他所可能做过的要多得多。只有对判决的愚蠢解释才会对此提出异议。所谓“这个人做过这件事”并不

① 罪责与归属在英文中同为“imputation”，作者似有意用这种一字二义来阐明自己的论点。——中译者

意味着“单是这个人做了这件事”，而是指“在所有起作用的原因或因素中，单是这个人在法律上应对这件事负责任”。

关于来自生产的收益的分割，我们同样不是去说明全部的因果关系，而是去说明适当限制的归属问题，所不同的是，我们是从经济观点而不是从法律观点来说明。观察大地所结的果实会使有宗教思想的人联想起宇宙万物的创造主。而同一观察却引导一个科学研究者去探究生长果实的可以认识的原因。浮士德式的人物穷究有关生命的隐藏力量的知识。而农场主，作为农场主，所想的却又完全不同。他认真地而又不动感情地把收成归因于实际生产出这些收成的所有原因中有限的少数原因。他盘算：“为了获得这笔收益，我在经济上必须注意哪些事情呢?”他就依据这种盘算得出相应的结果。他于是从全部起作用的原因中剔除一切属于遥远过去的原因。接着又从现时原因中剔除一切可能没有用处的原因，或是认为没有什么用处的原因。再从他所承认的、有用的原因中，撇开一切不属于经济范畴的原因。最后，再从这后一类原因中剔除掉一切由于目前过分多余而不必加以注意的原因。正如我们所易于理解的，他丝毫也不相信剩下的原因就是造成他的收益的唯一原因。但同时他恰当地把收益单独归功于或归属于这个原因，而把所有其他要素的作用看作是有保证的。他的判断虽然有局限性，却既不是虚构的，甚至也不是不精确的。他的判断包罗了他所必须考虑到的一切原因，要是他想使他的劳动得到良好结果的话。

在经济计算中，如果要把生产总成果的各个部分的来源追溯到各个生产手段，我们就要把我们已作的推理继续下去：我们不是

把生产总成果的来源追溯到它的许多广泛的原因，而是仅仅追溯到它的纯经济的生产手段。比起我们过去对待整体来，我们对待构成部分还要把范围缩得更小；我们要从纯经济要素中间找出把这一部分实际归属于它的要素，虽然，肯定地，这个要素只有同其他要素结合起来，才能生产出这部分成果。这里，又是，既不是虚构，甚至也不是不精确。相反的，只要这种方法能够成功地在收益的归属上建立起来一种保证最成功地使用各个单项要素的财物估价与生产计划，那就是实用智慧的高峰。

只要用下面这个简单事例就能证明这种意义上的归属既是可行的、又是实用的。假设有两块田地，一块肥沃，另一块贫瘠，两者用同样的资本和劳动来经营，却得到不同的收益。较好的田地的超额收益究竟要归功于哪一项要素呢？归功于种子，还是归功于肥料、犁杖或劳动呢？然而这些要素在两块田地上是相同的。那么岂不是毋宁要归功于田地本身以及它的较大程度的肥力了吗？谁也不能怀疑，也没有谁能够反对：要没有种子、犁杖和劳动，就不会有超额收益。而就事物的本来面目来看，超额收益的取得还是更多依靠占有较好的土地，事实上，恰恰多到超额收益所达到的程度。

具有很大重要性的是，我们应当试从理论上来阐述不仅有关土地，而且有关所有生产手段的收益归属的规则。如果我们做不到这一点，对生产财物的估价就仍然是一个谜；而现存的制度——各种收益的实际归属就是在这个制度下面形成了在全体公民中间分配国民收入的基础——就被非难为是任意的，如果不至更坏地被非难为是强制的和不公平的。甚至无法证明，付给某些劳动者的工资同付给另一些劳动者的工资存在着差别是否合理。要是没有用以调解雇主和工人之间争议的规则，那就也没有什么规则可以用来计算发明家和执行这种发明的普通工人的等级差别了。这样，要是有人试图——即使利用大致估价的方法——对天才、忠诚、艺术、权力和技术等等(简言之，对所有那些从远古以来在经济事务中以及在其他事务中就一直受到尊重的、对社会成员所做的最有益和最有用的贡献，社会应予感谢的美德和优点)表示尊重，也会变成纯粹是任意的了。

第三章　社会主义者对归属问题的看法 劳动者有权利取得全部收益

社会主义者的理论对于可以算作生产手段的事物的范围作了那样大的限制，以至把归属问题也显著地缩小了。

社会主义者不承认土地、资本和劳动三个生产要素；他们只承认唯一的生产力，即劳动。他们说，只有人类劳动才有创造力；只有人类劳动才真正能够生产。当然，要取得生产的效果，还需要土地和资本。可是这二者同劳动相比，仅处于从属地位，并且仅仅充当生产的辅助手段。不过在现存的制度下，地生和资本家，由于他们对物质的辅助生产手段有独占的所有权，因而处于一种可以强迫劳动者给予他们一大部分劳动产品的地位，因为他们只肯在这种条件下出借他们的财产，让劳动者来使用。根据这个理由，土地和资本便变成有闲阶级个人收入的来源，但是这样做是不公平的；

从土地和资本有收入的事实来推论它们有生产力是一个很大的错误。当所有主拒绝把这些辅助手段的使用权让给劳动者的时候，像洛贝尔图斯所说的，他们在劳动道路上设置了障碍；当他们让出了这种使用权的时候，他们仅仅是挪开他们自己所设置的障碍，他们不过是撤销他们自己的专横命令。始终是劳动者在生产。土地和资本只是生产的条件，而不是生产的原因。一切收益完全是劳动收益。

事实上，当洛贝尔图斯说，不能从个人的收入得出物质的收益的结论，这句话是完全对的。如果想正确地判断收益分配问题，就一定要把收益分配问题跟收入分配问题完全分别开。但是如果要把这个问题完全分别开，那么在它的应用上也必须如此。现在让我们完全不考虑关于人的争论。让我们完全撇开什么人应当获有产品的问题；且不问后果如何，让我们只是致力于找出这些产品的生产应当归功于哪一些要素，这些产品应当归属于哪一些要素。当寻求归属的自然定律的时候，让我们想象一下共产主义国家是什么样子。这里全部产品都归劳动的公民享受。于是问题变成：它究竟因此把全部产品看做是这个国家的劳动的成果呢，还是也把产品归属于它所拥有的土地和资本呢？

很清楚这一点决定于计算这种归属所本着的立场如何。如果问题是道义上的归属，那么肯定地除了劳动者以外再举不出别人了。土地和资本对于它们带来的生产果实没有什么功劳；它们是人们手中的死工具；土地和资本要由人来负责使用。显然，凡是有助于实现成果的人——无论用哪一种方法——都要算在劳动者之中，包括担任管理的人和执行任务的人。如果我们所说的归属是指这个名词的最高意义的话，无可怀疑，最大的功劳实际上不应归于操作者的努力。那些管理执行任务的劳动者的人所提供的服务，必然大于操作者的努力；这些人不仅对劳动者提供计划、组织和精力，而且还为劳动者提供原材料、设计机器，并把要同他一道工作的劳动者集合在一起。跟这样的能力相比较，执行任务的劳动者本身所处的地位，就和物质生产手段跟他本人相比所处的地位相同。从道义上考虑，各种物质手段是劳动者的助手；而劳动者本身又是他的领导者的助手。

这种道义上的归属对于收入的按人支配可能很重要，而对于收益的物的分割——我们现在要说的就只是这种分割——却是无关紧要的。这里的问题是：如果要取得收益，我们实际上要依靠哪些要素？每一个如实地理解经济生活的人都会十分直爽地回答：要取得收益就要依靠劳动和生产用的财富。正像追加的勤劳会提高收益一样，财产的增加也一定会提高收益。谁也不认为收益要依靠那些像活动在田野上空的空气原子，或者像原始森林中的树木那样丰富的自然的生产财物。可是谁都认为收益要依靠那些虽然可能很丰富但目前还是稀少的财物，依靠那些人们还要节约并设法使其增加的财物。这样的财产难道在这里会没有价值？如果有价值，那为什么这种价值既不是由于这种财产所得到的收益，又不是按照它们所得到的收益的大小来计算呢？只要人们还把自己拥有土地和资本看做富有，他们就会证明要把由土地和资本协助生产出来的一部分成果归属于它们，就会把总收益的其余部分归属于劳动。社会主义者如果希望看到自己国家的财富尽可能富足，那就必须尽可能彻底地驳倒自己的理论，即只有劳动创造财富

的理论。[①]

一切生产手段，只要承认它有价值，就要承认它是对生产有实际影响的原因。土地和资本，只要它们不是充分得始终保证过分多余，就属于这些生产手段。谁也不能认真地怀疑这一点。唯一能够怀疑的事情只是，允许土地和资本作为个人私有财产而存在，从而把来自土地和资本的收益全部转移给个人，对社会是否公平和有利。关于这个问题，是不那么容易作出答案的。我们直到现在还没有就这个问题作出任何答案，甚至也不打算作这类答案。我们只不过就产品和生产手段之间的物质关系作些说明，无论如何也不预先讨论个人权利分等次问题。

第四章　早先解决归属问题的尝试

曾经试图对我们目前所注意的问题进行彻底研究的唯一作者是门格尔。门格尔是从他对价值理论的基本看法开始进行研究的。假设我拥有一批消费财物，要发现其中某一单件财物的价值，最明白的方法是假定我失掉这件财物。这样，我就发现依靠这件财物我会得到什么样的享受——前面已经讲过，就是边际享受——从而立即就能发现这件财物的价值的来源及其数量。现在门格尔把决定价值的这一方法应用到更为复杂的场合，在这种场

① 在本书第5卷第10章，我们从社会主义者的理论本身还会进一步发现一个远为明白的供状，供认劳动并非价值形成的唯一要素。并请读者参阅第3卷第17章。

合，人们必须决定参加合作的几件生产财物中间的某一单件财物的价值。在这里他也问：在整个一组可利用的财物中间（土地、种子、农具、劳动、耕牛、肥料等等），失掉某一单件，或失掉这一件的某一部分——例如，失掉一匹辕马或一堆肥料，会有什么结果。由此而发生的总收益的减少量会告诉他如果他拥有这件财物可以指望得到多少收益，同时也告诉他这件财物的价值的根据。

使用这一方法，门格尔得出某些很值得注意，也很重要的结论。没有任何生产财物能够单凭它本身起作用；要取得任何成就，每件财物都需要其他财物的合作；而且，用门格尔的说法，凡属互相需要、互相补充的生产财物，都是“互补财物”。同时，这些财物所参加的结合，并不像人们所料想得到的结合那么严格。如果有一单件财物脱离一组生产财物，通常，剩下的财物的效率并不因此而完全破坏。常常发生这种情况：这组生产财物仍可能自成一组。而且还可以有效地加以使用，根本用不着替补失掉的财物，虽则收益多少有所减少。例如，即使没有肥料，或者没有精耕所需要的全部肥料，土地也生产若干收益。也出现这种情况：从别的某一组财物里拿出一件财物来替补失掉的财物，也可以把损失弥补起来，即使得不到完全相同的效果；自然，那后一组财物的收益必然同样会减小一点。或者也可能出现这种情况：剩下的财物如果仍照原来意图来分组，就没有效力，或效力太小；可是它仍然可以同别组财物合并起来，从而提高其收益，虽然提高幅度也可能不等于原先失掉的收益的全部数额。举例说，原先打算投在某块土地上面，后来由于那块土地荒废而不作原来使用的农业资本和劳动，可以转投到工业用途。

可见，财物的互相补充的性质并不像人们最初想象的那么严格。为使自身真正有用处，每一件财物都需要别的财物的合作，但是财物之间的结合并不是很严格的。生产结合的收益只有一部分一定要依靠某一项生产要素，而整个收益并非如此（除了少数例外，而它们是无须加以考虑的）。

门格尔所作的研究，无论就其论证的逻辑联系，还是就其观察的技巧以及对这个观察的生动说明来说，都是卓越的。他的研究给别的理论家所不能正视、更不能使其明朗化的这样一个漆黑一团的问题，带来曙光。但在同时，连门格尔也没有把整个解决办法搞得十分完善。只要举一个例子就可以把这一点弄清楚了。

假设有三项生产要素，按尽可能合理的生产计划加以使用，三者结合起来有希望生产出价值等于 10 个价值单位的产品。如果换个方式使用这三项要素，把这些要素同别组财物结合起来，它们肯定地会提高别组财物的收益；但是要说能够提高 10 个单位，那就违反我们的假定，即上述所谓最合理的生产计划；不然的话，所选定的第一个结合归根结底就不是最好的了。我们所讨论的要素总是能够按无限多的方式来分组，可是应该执行的却始终只有一个计划，也就是最好的计划；要是放弃这个最好的计划而代以另外的计划，成果就一定较小，即使小的程度是微不足道的。

再假设，这三项要素是按最好计划以外的某种计划来使用——应当记住，所谓按最好计划，就是要求把这些要素相互结合在一个特定的分组里面。比方说，把各项要素分别使用到某些其他各组之后，这三组中每一组的收益各提高 3 个单位，从而这三项要素相应地生产等于 9 个价值单位的收益。

那么，在这种场合，按照门格尔的原则，各个单项要素的价值究竟应该怎样来计算呢？按照在失掉这项要素的场合所发生的收益减少来计算。在这种场合，收益减少等于 10 个单位——等于这时被拆散的最好结合的全部收益，但其中有 6 个单位可以通过剩下两项要素的新使用而恢复起来。于是，损失最后等于 4 个单位，并且这个数字对于三件财物中的任何一件都毫无差别。于是，三者合在一起的价值便等于 12 个单位。然而这是不可能的，因为就是使用得最有利的时候，这些财物也只能产生 10 个单位的收益。

这种结果上的错误是来自方法上的错误。人们计算一件财物的价值时所依据的正常的、有决定性的假定，并不是假定失掉它，而是假定不受干扰地占有它，以及它在实现其目的时所提供的用处。假定失掉它，在某些情况下，可以用来更清楚地表明占有它有什么好处。当我想象，要是我失掉一件东西会发生什么后果的时候，我就看得更清楚：由于我占有这件东西我会有些什么好处。但这种假定只是在一定情况下才适用，也就是，就一批种类相同的财物来说，如果想象我把一件财物从其余财物那里拿开，那么，被拿开的就只是这一件财物而不是别的一件。这个假定不适用于参加合作的一批性质不同的生产财物的场合，在这种场合，如果想象我拿开其中的一件，那我就要使别的财物也失去它们的一部分生产上的效果了。

在任何一种生产结合中，所有要素的全部效果只有当这些要素始终不受干扰地结合在一起的时候才能实现；因此，要是我一开始就假定把这结合打散，然后再问那里还剩下些什么，那就不可能

发现我从这种未受干扰的占有中取得和享受什么价值了。必须正面提出问题：当这些财物归我支配的时候，我从这些财物中实际得到些什么？决定价值的是那些居于第一位的生产使用，即最满意的并且会首先选定的使用，而不是那些居于第二位的、只是在原来结合受到某些干扰的异常场合才会被采取的使用。显而易见，所处环境完全相同、对于生产的最妥善安排的判断又都一致的两个人，一定会丝毫不差地把同样价值归给他们的生产用的财产，虽然其中一个人如果在第一个计划失败时有较好的退路。但是，按照门格尔的说法，在后一场合，就需要对价值作不同的估价，实际上较高的估价就是最少退路的人的估价，因为第一个计划的不应失败，对他来说更为重要。

如果需要解决的问题是，当把一组结合里的要素放到别的结合里面的时候，这些要素所保证的收益的分割，那单假定失掉财物就够了；反之，要是需要解决的还有，计算第一个选定的结合超过所有其他结合的超过额，那这种假定就没有用处了。这一超过额一直是收益的未分割余额，就这个余额说，归属问题并未解决，而是又提出来要求解决。[①]

改正门格尔理论中的错误只需要作很微小的变动。一切精思熟虑的连续的推理用自己的谬误来教育别人，因为这些谬误也具有科学见解的初步要求，也就是明晰性；门格尔的理论本身就含有

① 门格尔把这种未分割余额算在各个不同要素里面而不是把它加到整个数额上面，于是所得出的价值就过高了。在我们上述例子里，超过额等于1(10—9)个单位。门格尔把这个超过额重复计算了三次而不是只算一次，这样就多算了两个单位，并把本来只有10个单位价值的收益变成好像有12个单位的价值了。

关于怎样就可以改正这种错误的启示。起决定作用的要素并不是由于失掉一件财物而损失的那部分收益，而是占有财物所取得的那部分收益。①

① 对解决办法的其他尝试也不过是一些建议而已。只有庞巴维克在他的著作中，对"要计算参加合作的几项要素中各项要素在生产共同产品中所占的份额"有更详细的论述(《价值论》，第56页)；可是它宣称只是指出也许可能从中找到解决问题的办法的方向。庞巴维克，在首先讲到"互补性"的某些较不重要的情况时候，稳固地建立了这样一个基本原理，即一组要素中的任何一个要素——这种要素首先，有可能单独地使用于本组以外；其次，可以用(从某种组外来源取得的)性质相同的其他财物来替补——都不能得到高于它的"替补价值"的价值。所谓替补价值指的是"那些提供被替补的财物的生产部门所减少的效用的价值"。例如，用来盖房子的砖就具有这样一种性质。要是某几车砖损坏了，这并不会妨碍房子的建筑，因为只要用另外几车来替补它们就行了。庞巴维克把这个命题应用到存在着生产上的互补性的场合，把互补的生产财物的总数分成两类。其中一类，即占绝大多数的一类，包括那些像可买卖的货物一样，可以"随意替补"的财物。例如"雇佣劳动者的服务、原料、燃料、工具等等"。另一类，即占少数的一类，包括那些"不能替朴的或难以替补的生产要素，例如，农民所耕种的那块土地、矿山、铁路装置、工厂，以及具有高度个人才能的企业者本身的活动"。在每一种场合，属于第一类的财物，其价值是通过有可能使用它们的其他使用来决定的；就这一点看，这个价值是固定的。从总收益中首先减掉这个价值，剩下的价值才落到"一个或几个不能替补的成分"身上；就是这样，"农民把它归给他的土地，矿山所有人把它归给他的矿山，制造业主把它归给他的工厂，商人把它归给他的能力。"

许多作者或多或少清楚地论述了类似的看法；在《价值的来源》一书中，我自己就指出过一个类似的解决办法。也许我们不会太错，要是我们认为那么许多作者不去研究这个分配问题的理由是：由于他们假定这个意义上的分配问题在理论上同实践上一样地容易解决。但是，当几个"不可替补"的财物碰到一起的时候，又怎样来解决呢？矿山和它的主人(作为雇主)的活动，不是合在一起吗？许多——的确很多——可替补的财物，不是也时常结合在一起吗？理论上，这些东西的价值——实践上这种价值总是能够参照它们的次一等的使用和估价来确定——必须首先从结合中分离出来，因为次一等的使用本身也总是要求同各种互补财物结合的。然而，要是不知道分配规则，这一点又怎么做得到呢？

即使庞巴维克的这些观察不能解决归属问题，它们对于归属理论仍然含有重要的和值得重视的贡献，因为，要不承认他所注意的特点，那归属理论就决不能完成。关于这一点，请参阅本书第3卷第12章，关于"成本财物和独占财物"的考察。

第五章　解决归属问题的原则　生产贡献

假设一个猎人的生命决定于用来杀伤就要扑到他身上的老虎的最后一颗子弹。要是他打不中，一切都完结。这里来复枪同子弹合在一起有一个可以精确计算的价值。二者合起来看，其价值等于这次射击成功的价值，不多也不少。反之，单独地看，就没有办法计算各自的价值。它们是两个未知数，但只有一个等式。让我们把这两个未知数叫做 x 和 y，并把成功的结果作为 100；能够说明它们的价值的东西就都列在 $x+y=100$ 这个等式里面。

再假设，有一个艺术家铸造一件锡镴器皿，这件器皿由于式样精美博得很高的赞赏。更进一步，假设这个艺术家是唯一能够真正制造艺术作品的艺术家，而他的作品又是唯一出名的艺术作品。更假设，除了那块他所用过的锡镴，再也没有别的同样合适的材料，既没有金子、银子、木头、黏土，甚至也没有另外一块锡镴。于是要从这件器皿的价值中辨别劳动的价值和材料的价值，就绝对不可能了。设计和制作这件器皿的艺术家的技巧，称手而又保持他所塑造的式样的材料的适用性，可以同样地看做无法代替的成功条件。在现行经济状况下，我们所以知道怎样评价这个艺术家，怎样估价这种材料，必须感谢那种使交换影响下的一切行为同孤独的猎人的冒险行为相区别的情况——这种情况也就是指，这些行为不是孤立的，而是和许多别的同类行为一道发生的，而且能够拿来同别的同类行为相比较。就是这块被艺术家用来创造有很高艺术价值的器皿的锡镴，同时又可以用来制造价值低微的日常使用的物品。从这一点我们断言锡镴本身只能有很低微的价值，并且断言艺术作品的高价值只有一小部分是属于锡镴的，而更大得多的份额却必须为艺术家所有。我们如果注意到艺术家的每一件作品都得到很高的评价，就会更坚信这种意见。但是，要是同时我们也注意到，艺术家还用那样一些材料，像金子、宝石等来从事创作，并且注意到，就材料方面说，这些材料同样地把很高的价值赋给所有用这些材料来制成的产品，我们便不得不断言，不管艺术家的天才怎样，他的产品价值的较大部分并不总是属于艺术家，并且断言一旦他使用这些材料，就一定得把很重要的——如果不是更重要得多的——一部分价值归给这些材料。肯定地，单单考虑艺术家的能力本身或是单单考虑材料本身，我们都永不能成功；从而，我们也不能成功地计算它们独立发挥的效果。每一项生产要素如要发挥效果，就必须同其他生产要素结合起来，并把它的作用加入到其他要素的作用里边去。但是用来同它结合在一起的要素又可以变换，这件事实使我们有可能辨别各项要素的特有效果，就好像只有它独自在起作用一样。

一旦我们搜集并计算这个问题的所有重要情况，如产品的数量、产品的价值以及当时使用的生产手段等等，我们就不仅有可能大致地区分这些效果，而且有可能把这些效果用精确的数字列出来。如果我们正确地考虑到这些情况，我们就能得出许多等式，从而我们就能够对各项生产手段所起的作用作出可靠的计算。如果把它们的全部内容列成最简短的典型公式，我们所有的就不仅是一个 $x+y=100$ 的等式，而是，举例来说，下面几个等式：

$$x+y=100$$

$$2x+3z=290$$

$$4y+5z=590$$

这里，$x=40$，$y=60$，$z=70$。

各个等式的数目要根据整个生产领域之内所实行的各个生产结合的数目而定。在这些等式中，一方是结合在一起的生产要素，另一方是这些要素共同取得（或预期）的收益，二者是互相对等的数量。假使我们把所有等式加在一起，生产用的财富的总额就同总收益价值相对等。这个总额必须全部无剩余地、按照等式价值的标准归给各个生产要素。于是总成绩中就有一定份额算在每一个生产要素头上；如果不想推翻生产用的财富同收益之间的对等关系，就不能任意地把这个份额列得高一些或低一些。

收益中这样归到个别生产要素名下的份额，通常简单地把它叫做生产要素的“收益”——劳动的收益、土地的收益、资本的收益。我则称之为“生产贡献”（参阅《价值的来源》，第 177 页），为的是使人们可以经常搞清楚，我们所说的究竟是整个的收益，还是这个收益中分属于单项要素的份额。因此，生产贡献就是生产总收益中所包含的个别生产要素所起的作用的那部分收益。所有生产贡献之和恰好分尽总收益的价值。

用不着说，事实上，很少能够把计算作得这么精确，也决不能做得这么全面。不错，把等式全都列出来了，并且把每一种场合的生产支出也都按照可能获得的最大收益的标准加以估计了。但在列举等式的时候，常常只作到很小程度的精确性，而且从来也没有全部掌握所有等式的总和，这样也就不能把这个总和在各个要素之间分割尽净。不过我们仍不断在试图核定加法和除法的结果；只是，不是进行直接计算，而是试图按多少是间接推测的方式，用试验方法来达到我们的目的。这种方法就是：在个别场合所得到的价值，只要这些价值看来是合适的，就把它们应用到别的场合，然后一个一个地加以修正，直到最后达到恰当分割的目的。更由于从我们所熟悉的经过证实的各种价值中间，我们业已掌握分割问题的关键，只需要依据随时出现的变化加以调节就能广泛应用，这样就使上述方法变得更为无比地容易。任何时候也不必要一下子计算全体生产财物，需要重新加以计算的只是其中一些个别财物的生产贡献，甚至连这些个别财物也可以从旧有的价值中为本身找到良好的根据。需要作出新计算的只是那些可以获得的收益以及价值有升有降的生产部门。这种计算又为所讨论的要素带来新的具有较有利的或较不利的总价值的等式。生产也就根据前者或后者加以扩大或限制，而生产要素则或从其他生产部门吸引过来，或被其他生产部门吸引过去，直到重新发现最有利的生产计划为止。从一时转移这个生产要素，一时又转移那个生产要素和注视每个结合对收益价值的影响当中所得到的经验，便使我们获得有关各个要素在总收益中结合在一起的数量的充分材料。①

① 我们如果想成功地计算生产贡献，就一定要有足够大量的等式。至少，有多少个未知数，就必须有多少等式。目前这个条件肯定是具备了的。那么，有多少个未知数呢？恰恰像交换中所区别得开的生产财物的类别那么多。毫无疑问，这个数字是很大的。当理论家简单地讲到土地、资本和劳动时，他们在这些组的每一组里面，包括为数巨大的远不属于同一性质的各类财物。劳动的价值一定不能作为一件东西来计算；对于人们所能从中加以区别的所有种类不同、性质各异的劳动，必须分别计算。在计算农业土地的价值时候，同一个地区里，就有那么多不同的并能区别得开类型的土地，

第六章　解决归属问题的原则(续)
生产贡献与合作

关于解决办法,我们和门格尔之间的分歧有如下述:

门格尔所假定的经济常轨与实际调节经济生活的经济常轨是不同的。在揭示我们所拥有的生产财物所得到的是哪种收益的时候,门格尔试图表明要是我们不再占有这些财物,便会发生什么结果。举例说,按照门格尔的说法,对于农场主来说,一匹辕马的价值是这样计算的:要是这个农场主失掉这匹马并且被迫不用马继续经营时,所引起的收益的减少。我们可以把门格尔所计算的单件生产财物的那部分收益,叫做"依靠它的合作而得的份额"。

像课在农业耕种者阶级和农业所有者阶级身上的完全正确的土地税在登记时所要加以区别的那样。至于资本以及它的数不清的种种形式,就用不着说了。但是,不管可以把交换划分得多细,生产结合的类别无疑地甚至比生产财物的类别还要多得多。像生铁和煤炭(甚至属于一种特殊来源或品质的)这样的财物所能参加的结合的类别就数不清,对于非熟练劳动或普通工人的劳动,也可以这样看。同一块田地可以用轮耕方法种上极其不同的庄稼。于是发生这样一种情况:单是一个组里面的同一种类财物在数量上的变动就足以产生新的等式。在所有使用于生产中的许多种类财物中间,要找出一种,无论就数量上还是就种类上看,始终都是按照同一不可变更的固定公式跟别的财物结合在一起的财物,是很困难的。不同程度的财富、知识、技能、地方条件等等,含有这样的意义,即:即使只可能作单独一种使用的那些种类财物——也就是说,只适于生产单单一种产品的财物——也一定同时并为同一目的,参加到多种多样的结合中去。这个规则如果有例外,这些例外也只是极个别的。但是,这样的财物的生产贡献还是能够计算的——始终假定在同一组中没有两个这样的要素并存着。要是这样,那的确,我们所建立起来的原则就不再起作用,因为要是这样,我们就有两个未知数,而等式却只有一个。

反之,我们的出发点却是把经济常轨假定得像生产财物所有者所期望的那样。我们所探索的是:如果我所占有的生产财物果然全都按照我们的愿望和计划来使用,那会发生什么效果。我们就是这样来计算我们所谓每项生产要素的"生产贡献"的。

全部"生产贡献"之和恰好同全部产品的价值之和相等;反之,如同我们所指出过的,所谓"依靠合作而得的份额"之和却大于全部产品价值之和。换句话说,"生产贡献"实质上小于"依靠合作而得的份额"。例如,辕马为农场所产生的收益,我们所算的就比门格尔所算的低,因为我们只是按照所有主被迫不用马来耕作时所要发生的收益减少的一部分来估计这种收益。按照门格尔的说法,结果是,失掉辕马的农场主只失掉这头牲畜本身的价值;反之,按照我们的概念——它对数目相同的损失作不同的计算——农场主不仅损失这头牲畜的价值,而且,在这之外,他的损失还包括,他所剩下的生产用的财富在价值上所受到的干扰。

门格尔的方法无疑地是比较简单、比较明白的方法。我们觉得有必要在一项要素的"贡献"和"合作"之间加以划分的区别,却好像是矛盾的和多余的。事实上,较之这个问题实际上就包含有的困难,我们并没有给它再引进更多的困难。"贡献"和"合作",无论用哪一种可能为大家所熟悉的名词来称呼它们,在现实经济生活中,它们之间是处处有区别的,而且是必须加以区别的。每一项生产要素不仅为其本身的价值提供根据,而且也为生产中所有其他要素的价值提供根据;这是一个普遍承认的事实。如果从某个企业中弄走某一项生产要素,整个企业就一定遭受显著的损失。如果原料缺乏,人的劳动和机器都会损失若干服务能力;反之亦

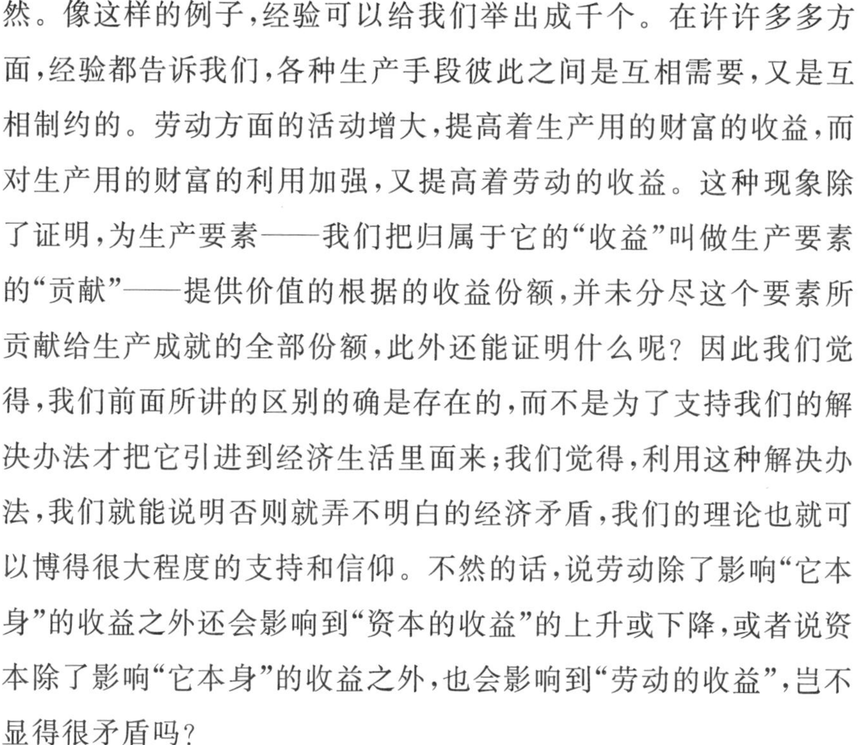

然。像这样的例子，经验可以给我们举出成千个。在许许多多方面，经验都告诉我们，各种生产手段彼此之间是互相需要，又是互相制约的。劳动方面的活动增大，提高着生产用的财富的收益，而对生产用的财富的利用加强，又提高着劳动的收益。这种现象除了证明，为生产要素——我们把归属于它的“收益”叫做生产要素的“贡献”——提供价值的根据的收益份额，并未分尽这个要素所贡献给生产成就的全部份额，此外还能证明什么呢？因此我们觉得，我们前面所讲的区别的确是存在的，而不是为了支持我们的解决办法才把它引进到经济生活里面来；我们觉得，利用这种解决办法，我们就能说明否则就弄不明白的经济矛盾，我们的理论也就可以博得很大程度的支持和信仰。不然的话，说劳动除了影响“它本身”的收益之外还会影响到“资本的收益”的上升或下降，或者说资本除了影响“它本身”的收益之外，也会影响到“劳动的收益”，岂不显得很矛盾吗？

第七章　解决归属问题的原则（续）
归属在经济上的功用

由于“生产贡献”的归属，每一种生产财物无例外地使自己取得比它靠本身力量所能取得的**较大**的效果。没有一种生产财物，即使其中最有力量的生产财物，劳动，能够单凭它自己就生产出任何东西来；每一种生产财物都需要别的财物的合作，单凭自己是起不了作用的。另一方面，又由于这种归属，每一种生产财物无例外地使自己取得比从对互补财物的依赖程度所能预期的效果**更小**的效果。我们如果从一组生产要素中拿走任何一项不管多么不重要的要素,只要它是一项必需的经济要素,就不仅要失掉它本身的收益,而且也夺去别项要素的一部分效果。这一点既适用于劳动对资本的关系,同样也适用于资本对劳动的关系。因此,所谓除了劳动什么东西也不能生产果实,因而,必须把全部收益归属于劳动,这种陈腐不堪的论点是虚伪的。只有那些误解日常惯用的归属规则的人才会采用这种论点。设想劳动可以在没有土地和资本的条件下起作用,是再荒唐不过的了。

生产贡献的归属就是这样把中等份额分派给每件生产财物的。[①] 按这种中等数额来计算生产贡献,从而也用它来计算价值,是可靠的常识。这是一种唯一实用、唯一有效的计算,这种计算用它的效用来证明它合乎逻辑。生产财物的价值应当成为生产的支配力量。现在,如果按照我们的标准,这种计算是以这些财物的生产贡献作根据,那它就成为这种支配力量,而且是最完善的支配力量。反之,如果我们离开这个原则,那这种计算就只能成为不完善的支配力量,或者根本不能成为支配力量。像我们所看到的,所有生产贡献之和等于最大可能的总收益的价值;要是我们要求各项要素提供跟归属于它的生产贡献相等的服务,那这种最大可能的

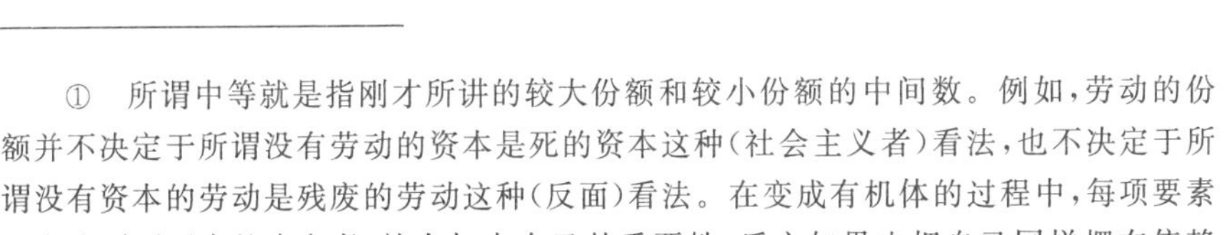

① 所谓中等就是指刚才所讲的较大份额和较小份额的中间数。例如,劳动的份额并不决定于所谓没有劳动的资本是死的资本这种(社会主义者)看法,也不决定于所谓没有资本的劳动是残废的劳动这种(反面)看法。在变成有机体的过程中,每项要素一变成别项要素的决定者,就会加大自己的重要性,反之如果也把自己同样摆在依赖别项要素的地位,就要失去重要性。——英译本编者注

收益就真的能够达到。要是什么东西也不拿来归属于生产手段，我们就会失去参考生产手段的价值来支配它们的使用的全部可能性。要是我们把大于或小于它们的实际“贡献”的东西归属于它们，我们的支配就会出偏差，因为这将使我们在使用生产手段时不是限制得太严，就是把尺度放得太宽。

也许可以让我把这种看法发挥得更详尽一些。

如果我们不把收益里面的任何份额归给劳动，也不把它归给土地和资本，那我们在使用所有这些要素的时候，就只好一点也不利用它们的价值作指导。再如果我们把全部收益归属于劳动而一点也不归属于各种物质手段，那生产就会被生产价值引入歧途。就会宣告土地和资本是没有价值的，根本用不着去考虑它们；反过来就会把劳动估计得过高，其结果，就会对劳动作过严的限制。过高估价得最厉害的是那种劳动，它获得最强大的物质帮助因而产生了确实是最大的收益。同大量资本合作，产生总收益为100的劳动，会比那种数量相等而性质不同，只同十分之一的资本合作而产生收益为99的劳动，被估价得更高。不用很多外界帮助而进行工作的艺术劳动会只得到很低的估价，而充分得到外界帮助的劳动，即使是不熟练的、机械的劳动，反会得到很高的估价。对于前者，好像浪费些也无妨；对于后者，反而应该要节约。这样，整个生产领域就会完全陷于颠倒混乱了。

按照土地、资本和劳动各自的生产贡献的尺度，把收益分别归属于它们，这是一种自然经济法则；它适用于一切形式的经济生活——在共产主义国家和在今天的国家里都一样。也许，把全部产品给予劳动者作为个人收入可能是一个公正的要求；但是，无论

如何，甚至果然有这种事情发生，为了使我们可以有一个进一步使用各种生产手段的标准，把产品按收益的各种来源所提供的生产贡献归到各种来源名下，却是一个经济要求。

用不着多说，这个定律在应用上是受限制的。要是把数量太大的生产财物归在一起作为一个单位——就像理论家们所常做的，把各种劳动说成“劳动”、各种资本说成“资本”、各种各样的土地说成“土地”——那就不会再有解决办法所必需的等式的数目。对于“土地、资本和劳动”，可以说的就只是：它们合在一起，可以生产一切，单凭自己，什么也生产不了。在现实生活中，在许多场合我们也常常按这种概括方式来考察各种事物。但是，纵使这种场合可能比实际情况更常见，仍然有必要来考察个别归属问题。虽然生产是按预备、采用和保护所要求的这种概括方式和状态下进行的，在指挥生产的时候，归根到底，详细的计算还是有必要的。把成果计算得最精确的人，甚至对最小的数量也要斤斤计较的人，只要这种成果是依靠计算来决定，就会取得最大的总成果。反之，只按总数、只从外部和表面来估计事物的人，就只能取得最可怜的成果。如果说我们对各种原因进行愈来愈细致的剖析和分类，普遍地成为人类进步的标志和原则，那么在广大经济生活领域中，必然也是如此。如果社会主义就是抛弃生产归属，它就要带来比最最野蛮的时期所经历过的还坏的生活条件。连野蛮人也懂得哪些东西归功于他的网具，哪些东西归功于他的弓箭；要是他连这些也不懂，他的处境就会更坏。可喜的是，指导野蛮人行动的同一本能也为全人类所有，无论哪一种理论从来不能使人们忽视用实际上是利己主义所要求的方法来计算生产力的效果。

另一方面，个别归属又并不排除考虑全体生产的必要性。像前面所讲过的，生产劳动的预备和采用往往需要很大规模的、概括的标准；在这种场合，单单评定各种生产贡献是不够的。这些生产贡献是和生产继续进行中所发生的各个成果相一致的。但是，如果生产不继续进行，又会怎样呢？如果某些财物缺乏，而这种缺乏又妨碍生产，限制生产或甚至弄得生产无法进行，那又怎样呢？可见，我们从一件财物所取得的成果确实远远超过它的生产贡献的数量。可见，很明显：一件财物不单创造“它本身的收益”，除此之外还规定其他财物的收益。财物的缺乏或损失的干扰力量——即“贡献”和“合作”之间的差别——愈大，失掉的财物数量也愈大。可见，凡是有损失，特别是范围很广的损失的任何危险，个别归属就不充分；这种归属把损害算得太低，它的唯一标准的幅度太小了。在这种场合就有必要全面了解有关生产赖以决定的全盘条件，以及所有生产要素相互合作的全部重要性。

个别归属和对全体生产的考察这两件事，虽然可能导致对同一财物作不同的估价，却并不因此而互相矛盾，也并不因此而互相抵消。只能把每种估价用于它自己的目的。个别归属是用来计算在生产进行中一个国家资源的各个部分的经济使用；而对全体生产的考虑则是用来保证生产的完成。例如，一个国家的劳动力必须分别地按照它们的生产贡献的精确数量来估价和使用；而同时，又必须特别注意应付那些常常突然威胁某些组的劳动力——实际上是某些类的劳动力——的危险。同样，一个国家的各种形式的资本也必须分别地按照它们的生产贡献的尺度来估价和使用；同时，又必须注意，全体资本和主要生产部门中的资本面临可能的危险和打击的时候保持不变并有所增加。因此,对全体生产的考虑必须以保证生产的主要根据和生产要素的谐和关系不受任何干扰为目的。

在今天经济生活中,个别归属主要交给公民个人负责,而对全体生产的考虑则主要由政府来执行。前者专门属于私人经济估价的范围,后者专门属于公共经济估价的范围。我们在这里只指出二者的区别,更严密的研究则留待本书最后一卷进行。

第八章　解决归属问题的原则(续)
归属和边际定律

在可利用的生产财物不是个别的而是成批的场合,生产贡献的归属是遵循边际定律的。在这种情况下拿来归属于每一单件财物或其单位分量的是,通过使用这一单件或这单位分量在经济上能够指望的最小生产贡献——我已把这种贡献叫做“边际贡献”(见《价值的来源》,第 177 页),或者,从另一个观点来看,也可以叫做“边际产品”。庞巴维克也曾注意到这样一个事实:就某些生产财物来说,交换价值的这个定律早就为人们所承认;他说,“屠能以及他以后的一切经济学派教导过,利率决定于最后使用的一笔资本的生产力,而工资率则决定于企业所雇佣的最后一个劳动者的收益”(《价值》,第 502 页)。现在,这里只是在有限的范围内得到承认的东西,却作为自然的估价定律,普遍地适用于一切生产财物,适用于一切形式的价值。

不言而喻，适用于被生产出来的消费财物的边际定律，也适用于生产这些财物的财物。我们知道，在每一批消费财物中，每一单位财物都从边际效用那里获得自己的价值；这样，产品预期可以得到的价值已经被调整到边际水平，由此而得来的生产财物的价值，必然也自始就被放在边际价值的基础之上了。假使一个共产主义国家想要生产一百万支同一类型的新来复枪，它在生产前的计算中，就要把每一支来复枪看作价值相等的东西；这样，从一开始，就不可能有这样的事情：指定来制造这些来复枪的一批金属竟获得不同于其他任何一批同量同质的金属的价值。如果从 1 000 单位生产财物生产出 10 000 单位产品，每单位产品的边际价值为 5（总价值可用 10 000×5＝50 000 这个公式来表示），那么，整批生产财物所获得的价值为 50 000，每一个单位的价值就同等地被估价为 50 了。

这里，边际定律之应用于生产财物是通过产品的媒介间接地做到的；与此同时，我们还必须考虑第二种应用，直接的应用。有可能按许多不同方式来使用的生产财物，是用来创造各种不同产品的。各种产品，就其本身来说，其价值都被调整到各自的边际效用水平，但是我们不必期望所有各种不同产品的边际数量在互相比较的时候应该完全一致——事实上，这完全是一种偶然。（在本书第一卷第四章中）我们早已指出，我们只能在有限的意义上谈到所谓家庭经济的共同水平；也只能在同样有限的意义上谈到所谓生产的共同水平。成批生产财物必须始终按这样一种方法来使用，即使它生产那些能够得到需要的最大可能满足的产品。特别是，对预定给各个生产部门使用的生产财物——或者，完全是一回事,对所要生产的财物的品种和数量的选定,或对各类生产或各个生产部门的劳动与资本的投资——的权衡和决定,必须始终以提供需要的最大可能满足为目的。但是,这一点决不意味,各种产品必须普遍地具有同样的边际效用。有许多产品只满足微小程度的需要,这里饱和点是很快就达到的;又有些产品却满足那些接受能力很大的需要,这里满足的尺度从欲望的最大强度向下推移的时候所表现的只是最微小的差别。举一个尽可能有力的例子来看,把金子用于镶牙和把它用于奢侈的目的,对这二者作一个比较。这两个满足尺度丝毫也不会互相一致,也决不可能使这两种使用始终维持恰恰相同的边际数量。只要注意不用那些如果用来生产别的财物就可能带来较高的边际效用的生产财物,来生产边际效用较小的财物,那一切经济要求就全能实现。所以,各类生产的边际数量彼此有所不同,是常常会发生的,在各种生产手段有可能作许多不同的使用的场合,这更会经常发生。

例如,假设从一批生铁中生产出来三种产品,我们可以把这些产品分别叫做甲、乙和丙;再假设,就甲种产品说,一单位生铁所得到的价值为10——相当于经济上所能得到的边际效用10;就乙种产品说,一单位生铁所得到的价值为9——相当于边际效用9;就丙种产品说,所得到的价值为8——相当于边际效用8。这里我们看到一种情况:在产品阶段上,并没有把价值完全调整到边际水平,而均等化却必然首先直接发生在生产财物阶段上。均等化最后必然发生,这是无可怀疑的。把三分之一的生铁估价得高于另外的三分之一,是完全不可能的。的确,假定这些生铁全是一种质量的,就不可能有什么办法来断定这批生铁的那一具体部分应该比其余部分更优越。一旦把某一数量的生铁用来生产出边际效用等于 8 的产品，那就不能把整批生铁的任何一个单位按更高的收益来估价。在这样一种情况下，就必须把边际收益 8 归属于每一单位，整批生铁的价值也就等于边际价值 8 乘这批生铁所包含的单位数目的乘积。[①]

边际定律一部分直接、一部分间接地适用于生产财物这一事实，首先使价值有可能积极地作为我们依以计算效用的形式，和我们用来支配效用的手段，来完成它的特殊经济功用。同成批的消费财物相比较，成批的生产财物数量更大、更为集中、质量更纯。在个人家庭里，并没有什么大批的东西，但是生产他所拥有的一切东西的要素却几乎都是成批地积累着的——这些要素在生产者手中有时甚至是极大批的——因而适用于价值的简化计算，这里每批财物的经济数量是用财物数量和边际价值的乘积来表示。这样，通过成本定律（见第 154 页脚注），大多数产品也适用于这种简化形式的计算。

我们经常看到生产者按这种简单方法来计算他们的仓库、原料、厂房和存货；也就是，先找出数量和单位价格，然后用二者相乘所得的数量作为总价值。单凭这个经验本身就充分证明边际定律在今日经济中广泛通行的程度。不仅价格是由边际定律所决定，

① 这是边际定律的最有意义的应用的例子之一，我们以后将一再回到这个例子，特别在本书第五卷考察成本问题的时候。为了帮助我们理解成本定律，我们可以在这里预先交代一下，生产的边际价值就其本身说，对产品价值有拉成水平的作用。在上述例子里，甲种和乙种产品所分别具有的边际效用 10 和 9 的价值，要被同样压低到生产上的边际数量 8。

而且,利用价格,完全依价格进行计算的整个生产领域也都是以边际估价为基础。这样,难道不值得去研究像这样的边际估价的应用到底有什么意义吗?难道认识到靠人类本性的自然驱使,从远古以来就一直实行的、估价财物的朴素形式,简单而又适当得达到惊人的地步,还不满意吗?

第九章 归属的各个因素 (一)供给

那些一直被引用来作为引起生产财物价值变化的原因的事物,首先是通过改变归属于生产财物的生产贡献数量来影响这种变化。现在我们就依次来讨论这些问题,也许这是本书最麻烦的部分。

首先我们必须谈一谈有效供给问题。任何一定种类的生产手段的有效供给愈大,生产出来的财物就可能而且必然愈不重要——一直假定其他方面的条件没有发生干扰性的变化。如果开采出来的生铁较多,就可能而且必然制出边际效用较小的铁制品。这种结果照理应该归功于原料,即生铁,并用它的边际生产服务的较低估价来表示。不能把它归属于在生产中间同生铁一道合作的其他要素,譬如劳动,因为任何其他要素的条件都没有发生变化。在收益的所有等式中,减低的只是那些带有生铁的等式,而那些带有耗费在其他原料上面的劳动的等式则维持不变;其结果,对前者的计算较低,而对后者则否。所以,是生铁而不是劳动被归属了较小份额的收益。要是我们依旧像先前一样计算一切,或者把减小了的收益归属于劳动，计算就不能达到自己的目的；在计算时就会好像可以像先前一样耗费掉一切东西，好像可以更自由地使用劳动。这些都是不能容许的。

在全部生产财物中，必须把最小的生产贡献归属于那些同需求比较起来，供给极为丰富的财物。这些财物可以最自由地加以使用，直到把它们用于最无关紧要的用途。就生产上的利用而言，人们所想望的是：那些极必需的财物应该是极为丰富的财物，并且归属于它们的应该是最小的生产贡献。[①]

第十章 归属的各个因素（续）（二）需求和互补财物

就直接消费的财物而言，需求与需要是一致的：为充分满足个人需要所必需的农产品数量构成对农产品的需求。生产财物就不是如此，这里个人需要并不总是创造需求的。要是土地不用耕种就会自动生产丰富的果实，那就不会再有对农具的需求了。另一

① 英国读者若是注意我们的有代表性的英国经济学家如何表述这同一看法，可能是有益处的。马歇尔在他的《经济学原理》第二版第565页里说："其他条件不变，任何生产要素的供给愈大，这种要素就愈会被使用到它并不将别合适的用处上去，其需求价格也就愈低，这种价格是它在使用于无利可图的边缘或边际的用处时所必须感到满意的。在竞争使这种要素从一切用处所得的价格趋于均等化的范围内，这个价格就要成为一切用处的价格。从那种生产要素的增加所造成的额外生产将会增大国民收入，其他生产要素也因此而得到好处；但是这种生产要素本身却必须接受较低的报酬率。"——英译本编者

方面,同样的,要是土地不创造任何收益,要是土地都是荒废的不毛之地,也就不会再有对农具的需求了;农具也就没有用处了。对各种生产手段的需求只是产生于:一方面,我们不得不使用它们,否则就得不到它们所生产的东西;另一方面,我们能够使用它们,因为我们拥有随我们自由支配的、必要的互补财物。一旦缺少互补财物,充其量我们只能谈到所谓潜在的需求,这种需求也只是在我们取得了互补财物的时候才成为有效的需求。[①]

从这一点可以推定,对生产手段的有效需求,不仅在个人需要发生变化的时候必然变化,而且在互补财物的数量发生变化的时候,也必然变化。[②] 我们必须同时就这两方面检查归属上的效果,这样,我们对生产财物的需求的考察就比对消费财物有远为复杂的因果关系。但是,我们会看到,二者所遵循的定律仍是一样的。可以归属于生产财物的生产贡献,正和消费财物的价值一样,总是随着需求变化而变化。不论由于什么原因,要是需求有所增加,贡献也就增加;反之,要是需求减少,贡献也就随之减少。我们现在用尽可能简明的方式来证明这一点。

首先,可以假定,当互补财物变得更加丰富而个人需求保持不变时,有效需求就会提高。例如,假设农业资本的数额和可利用的农业劳动力的数量增加,并假设,只要潜在的需求变成现实的需

① 关于这一点,参阅门格尔前引书,第 39 页。

② 读者可以拿马歇尔的《原理》第 563 页的话跟这一点比较。马歇尔说:“在考虑几项生产要素的需求时,可以看到:对各项生产要素的最终需求要依靠和它们一起努力生产共同产品的其他要素的合作;或者,更广泛地说,对各项要素的需求在很大程度上受其他要素的供给的制约。”——英译本编者

求，对土地的需求因此也就增加；也就是说，假设今日及今后有可能——在其依靠互补财物的范围内——耕种更多的土地，并更充分地满足需要。这种情况怎样影响农业收益的计算呢？显然这里又必须把几种情况互相分别开来。可能有这种情况，即土地可能不容许作更进一步的耕种，因此，尽管增加了资本设备和劳动，生产仍不能扩大，正像位置特别有利的葡萄园所常遇到的情况那样。或者，随着资本和劳动的增加，收益也可能完全按比例地增加，就像我们可以假定在一个新殖民地的、很少耕种的土地上可能出现的情况那样。最后，或者——这又是古老国家的通例——固然可能增加收益，但其增加不完全等比例于互补财物的增加；这里所有新的资本和新的劳动确实全都得到利用，但其成果却是递减的。

尽管情况是这样不同，最后的结果终究还是相同。虽然它是通过各种不同方式产生的。在每一种情况下，都要把较大的份额归属于土地。

（甲）如果生产不能再扩大，产品的价值就仍跟先前一样，因为并没有发生任何变化的理由。发生变化的仅仅是归属的分配。在上述例子里，要在等式里加以计算的是：种葡萄的土地的收益、用在这上面的资本的收益和用在这上面的劳动的收益，这一切合在一起仍和原先一样。但是追加的资本和劳动现在必须在别处找出路，必须参加各种新的结合——别的土地或是某些工商业，在那里它们都只能产生较小的收益。因此，这些追加资本和劳动的等式总的说来是较为不利的，其结果是，葡萄酒生产所表现的等式，现在是按对这些资本和劳动较为不利的办法来解决。资本和劳动的边际生产贡献缩小了,而且,从葡萄酒的价值中减去分给它们的较小的份额之后,就剩下较大的份额给了土地。这样,土地就好像通过吞并那个现在不能再拿来归属于互补财物的成果而获得了较大的份额,因为边际定律要求,这些互补财物应该到处都按同一价值来估计,因为这些财物的使用可能性的共同边际下降了。

(乙)要是生产有可能无限制地扩大,产品的总价值就上升(在价值运动的"上升阶段"上),虽然单件产品的价值可能有所损失。收益的等式对于一切有关要素同样较为有利,较大的总收益使土地、资本和劳动同等地获得了绝对的、较大的份额。

(丙)要是生产只能部分地扩大,我们就得到上述两种结果的结合。给予土地的生产贡献得到了双重的增加,其一由于土地利用增加了,其次由于对所使用的土地的辅助手段的估价减低了。

其次,当个人需要增加而互补财物不变的时候,有效需求就要提高。这里事情很简单。决定收益分配比率的数字维持不变,但是收益的价值却提高了。其结果是同样的份额却有绝对较大的价值。

日常经验使得我们刚才所指出的、参加合作的各项生产要素之间的关系的变化,为每个了解交换价值问题的人所充分熟悉。每一个企业者都知道,当他所使用的辅助手段大量进入市场的时候,对他是有利的,不管这种情况是因为这些手段生产得更多了,还是因为它们在别的方面的用处减少了。由于在他所需要的辅助生产手段上面花较少的钱,而收益维持不变,现在他能够扩大自己的业务,或者从自己的业务中赚得更多的钱。相反的,每一个企业者也都知道，当他所使用的辅助手段在市场上变得更加稀缺的时候，或者，同样的，当这些手段大量地为别的生产部门所弄走的时候，对他是不利的。在共产主义国家里，为了正确地估价各种互补财物彼此之间的相互作用，也需要作出完全类似的计算。假定情况仍和刚才讲过的一样，即使在共产主义国家里，在经营葡萄园所需要的辅助手段比较大量出现，或是在其他方面的使用比较有限制的场合，就不可避免地要对葡萄园作较高的估价；反之，凡在经营葡萄园所需要的辅助手段出现的数量较少，或是由于它们在其他方面的使用增加而被估价得较高的场合，葡萄园就肯定地要按较低的数字来估计。还有，如果经营葡萄园所需要的辅助手段被估价得那么高，以至它们的生产贡献等于葡萄酒的全部收益，在收益中葡萄园的份额就会降低到零；如果，从葡萄酒所得的收益还抵补不了这些贡献，那就必须整个放弃这种经营了。

任何一种生产要素，不管是土地、资本，还是劳动，要是它更自由地归我们支配，归属的自然规则就要求所有其他要素获得较高的估价；因为，要是个人需要有一种全面的增加，这些规则也要求对所有要素作较高的估价。

第十一章　归属的各个因素（续）
（三）技术

技术是最好使用生产手段的艺术。技术上的每一个进步不是增加产品的数量，就是改善产品的质量。甚至所谓“节省劳动”的机器最终也起着集约利用的作用。它把眼前在某一方面使用的另一种生产手段省了下来,留供其他方面或日后使用。

产品质量上的改善提高了产品的价值。产品数量的增加固然减少单件产品的价值,但在同时(在价值的“上升阶段”上,为简便起见,目前我们只考虑这一点)又增加了全部产品的价值总和。所以,技术改善产生这样一个结果:在计算生产财物的生产贡献的收益等式时,把已知数列得较高,而未知数却维持原样。这样,或是全部生产要素的贡献要被提高,或是仅仅所讨论的生产中的个别要素的贡献要被提高,视情况而定;不过,也常常发生这样的情况,即某些要素的贡献必须计算得较低。

例如,当某种降低成本的办法被采用到某一不可能进一步扩大的生产上——比方说,用在业已耕种到最大限度的有限面积上的葡萄酒生产上——去的时候,要发生什么事情呢?酒的收益维持原样,它的价值也维持原样,但是必须把比原先更大的收益份额归属于葡萄园,因为它要和较小数量的生产要素一起分享这笔收益。这样节省下来的生产要素能够而且一定要供另一种使用;它们增加可供其他使用的供给,而这种使用的需要却维持原样。最后结果必然是这些要素的生产贡献的减少。由于技术改善的缘故而从它们原先的使用中被排除出去的一切生产手段,都有同样结果。节省劳动的机器的常见效果便是使工资降低;而工资下降最初又是由于它使劳动的贡献减少。即使在共产主义国家里,也会出现这方面的效果。可以用机器来代替的劳动越多,剩下的可以支配的劳动力也就越多,把劳动力投于这种使用所能产生的收益却要越小。如果说原先把劳动力投于这样的使用是错误的,那么现在不这样做又会成为错误了。劳动在生产中的作用是会改变的，它会取得另一种地位，并且必须把别的效果归属于它，如果归属是以自然原则——也就是，促进尽可能最有利的使用的原则——为基础的话。

在生产受到某种特殊要素的限制的场合，通过技术改善所取得的主要好处便归给这些要素。可供广泛使用的生产手段，受到各个生产部门的变化的影响很小；只有那些影响这些手段的全部使用或大部分使用的技术改善，才对这些手段有更大的重要性，因为只是在这些场合收益等式才发生显然对它们有利的变化。运输工具的改善——随着这种改善增加了许多种工业的利用——是有广泛意义的技术改善的例子，这种技术改善确是具有几乎提高全部生产手段的收益的力量。

技术工艺的每一变化很自然地招致生产计划的某些变化，招致我们对生产资源的支配和使用作出某些调整。这时别的成果好像更有吸引力，别的产品好像变成边际产品。在这一个世纪里面工业的迅速发展，吸引了许多劳动者从农业工作转到工业工作。这种转移总的说来对生产是完全有利的，对于地主却是一件很严重的事情，尤其因为它迫使地主按照制造业所出的较高代价来给留下来的劳动者报酬。它使劳动者离开那些收益较小的，然而在缺乏任何更大收益的机会下还是可以接受这些收益的职业，转到他们估计凭自己的力量能够取得较高生产贡献的别的职业里去。如果共产主义国家果然在技术改善以后发生类似的现象，那也需要用资本与劳动的类似转移来应付，这种转移的尺度也要通过对边际生产贡献的观察来取得。

第十二章　归属的各个因素(续)
(四)对成本财物和独占财物的归属

前面所讲过的关于供给、需求和技术的影响,充分证明了,在收益的归属中,某一类生产财物特别受到偏爱,另一类生产财物则特别受到歧视。但是,区别这两类财物的分界线却不能很严格地划定;财物由一组转到另一组是觉察不到的,而分组又随情况的变化而变化,甚至在不同组里面,也有同样的分界。那些比许多别的财物更受偏爱的财物,同另外许多财物比较起来,仍旧可能恰恰是不受偏爱的。

第一组财物是由那些同自然独占(相对于法律上的独占)有联系的财物所构成。这一组的特点是,或者,也许是,能够生产的数量是比较小的。显著地具有独占性质的财物的例子可以列举如下:稀有的原料、位置特殊的土地、具有特殊天才的人——特别是那些最高级的艺术家或科学工作者——的工作、秘密的同时又是成功的方法(或者,更确切地说,对于这样一种方法的独有知识,具有这种知识的人因此获得超过别人的优先权),以及,最后,人类双手的作品,这种作品,由于它们的大小,或由于技术上的困难,无法加以复制。

属于第二组的财物可以称之为"成本财物",因为这些财物是成本计算的要素。[①] 这些财物是容易得到的、丰富的财物,或是能

---

① 参阅本书第五卷。

够无限地增加生产的财物。下列财物便明显地具有这种特性：非熟练劳动、煤炭、木材、普通金属，以及不存在位置上的任何特殊利益问题的、用于工业企业的土地。世上过分多余的东西并不算在成本财物里面；其实，根本就没有把它们算在经济财物里面。独占财物是个别工业的特有要素，而成本财物却是全世界共同的、生产所不可缺少的动力和原料。

那些不需要用独占财物来制造的物品，同别的财物比较起来，可以按最大的数量来生产；反之，那些需要某种带有特别明显独占性质的生产要素的财物，纵使同时还要使用若干很少受到限制的成本财物一起来生产，也只能按最小的数量来生产。于是，假定需要相等，在独占条件下生产出来的财物，由于它们的可供量很小的缘故，其价值必然比较高；因而，必然地，同成本财物比较起来，通常必须把较高价值的生产贡献归属于独占财物。这就是独占财物所享有的第一个好处。但是，在经济发展的过程中，这类财物还得到许多别的好处；因为经济发展本身加深着天然存在于这两类财物中间的鸿沟。

按经济史的一般趋势，许多独占财物的有效供给只是缓慢地增加，或者根本不增加——的确，在许多场合，这类财物还变得更少了。相反的，许多成本财物的有效供给却迅速地、不间断地增加着。这里，扩大两种归属之间的差别的原因有二：因为对一切财物说，被归属的生产贡献同财物的供给的变化成反比例，又同财物的互补财富的变化成正比例。然而按经济史的一般趋势，需要是不断增加的，有需要的人的数目也是不断增加的，同时，技术又总是愈来愈完善。所有这些事实创造着一种提高生产财物价值的趋势。这种趋势充分影响独占财物;但是,就成本财物而言,这种趋势却相反地常常为来自这类财物的增加的相反趋势所超过——不是立刻超过,便是迟一些时候以后超过。总的说来,成本财物只有通过收益价值的像这样的上涨——它扩大到超出一个工业部门的范围——才能有所增益。被局限于个别生产部门的价值上涨,像我们所指出过的(见本书第 3 卷第 10 章和第 11 章),将为该部门的特有要素,即为独占财物所全部吞并。而且,有时也发生这种现象,即使没有这样的要素,某一特殊工业中的价值增加,对于那些同时间内大量使用的要素,也只产生比较小的效果。

虽然成本财物在收益计算中受到这样的歧视,它们对生产的成果及其调节仍然有最强烈的影响从而对于归属的根据也有最强烈的影响。成本财物是散布很普遍的财物,即在所有市场上都找得到的财物;它们构成财物的大多数,并且通常组成经济实体。独占财物必须更多地适应对它们有利的情况;对它们的使用经常随着一般经济条件的变化而变化,因为这种使用随着这些条件升降,就好像流进地下去的水流,其水平随着地面的水平而升降一样。因此,实际上好像会得出这样的结论:属于独占财物的份额的归属只能在处理了属于成本财物的份额的归属之后才处理。总是先从生产总收益中减掉属于成本财物的份额,然后剩下的落到独占财物身上。但是更仔细研究之后表明,事情多少有些不同。这样一种计算只是在个别场合才做得出。在一般场合,忽视独占财物对收益的一般构成和归属的影响是不可能的。这种影响有一部分是间接的,因为在独占生产中使用有大量的成本财物,因此独占财物的边际生产收益必然受到间接的影响;另一部分影响则是直接的,

因为价值等式是通过独占生产的成果来安排的，而这些等式又是全面估价所不可缺少的。

独占财物在理论中往往占有十分特殊的地位。例如，李嘉图就告诉我们，独占财物的价值完全依靠本身的稀缺，而所有其他财物却从生产这些财物的劳动中获得它们的价值。但是，充分全面的考察表明，独占财物完全受估价的一般条件所支配，它们之不同于其他经济财物，只在于它们更突出地显示了各种财物所共有的性质。[①]

① 在本书第3卷第4章的第二个脚注里请读者参阅本章时曾说过，在本章里会说明，不考虑庞巴维克所特别予以注意的、有关独占财物和成本财物之间的对立的区别，问题还不能得到最后解决。这种区别的重要性这时应该变得很清楚了。读者一定还记得，在门格尔所说的分配里，有一个“未分割的余额”。现在，在所有结合里，这个“未分割的余额”大部分落到那种具有最强烈的独占性质的财物身上。其结果，如果一件显著的独占财物同若干件显著的成本财物相结合，就把“未分割的余额”归属于独占财物；如果结合在一起的光是成本财物，就把这个余额归属于那件最接近于类似独占财物的财物；最后，如果几件独占财物结合在一起，就把它归属于那件最突出地带有独占性质的财物。

但是，一定要注意，拿来归属于所讨论的财物的，只是“未分割的余额”的大部分，而非全部。其中某些部分——虽然往往是微不足道的部分，实际上真的只是不易辨别的部分——总是必须拿来归属于参加合作的其他财物，因为所有这些财物都由于维持这个结合而得到效用上的若干增加，而解散这个结合便要破坏那个认为是最好的生产计划。上述结合的维持愈是更多地依靠参加合作的其他财物，也就是说，这些财物本身所具有的独占财物性质愈多，而所具有的成本财物的性质愈少，要拿来归给这些财物的份额也就愈大。一件稀缺的财物通常总是比一件较不稀缺的财物，受到生产用途的微小变化的更严重影响；像本书所阐明的，那些最最显著具有成本财物性质的财物，必须在供给和需求上先有相当大的变化，而后它的价值才会出现相应的变化。

由此可见，“贡献”和“合作”之间的差别，总的说来，基本上一直是很清楚的；虽然实际上这种差别结果达不到那么大，而且，要是所指的只是财物的单位，那就绝大部分用不着再考虑这种差别。当我们考察较大数量的生产财物对生产收益的数额所产生的影响时，这种差别才更重要得多。

第十三章　归属的各个因素(续)
(五)对质量优良的生产要素的归属

在两件种类相同的生产财物里面，那件具有较好质量的财物表明有较大的“可租借性”——用一个粗俗的却很方便的德文名词。换句话说，质量较好的财物当它和同样数量的互补财物合作的时候，会产生较高价值的收益——不管这种收益的较高价值是由于所要生产的东西数量较多，还是由于所要生产的东西具有较好的或优良的质量。为了简便起见，我们在后面只考察前一种情况。

如果我们拥有几件生产财物，这些财物，按这个特别限定的意义，假定具有不同的质量，那么，在生产中，无疑地，我们只有在质量较好的财物的供给不足以满足需求的时候，才应当使用质量较次的财物；自然，落到较好的财物身上的收益份额要高过于落到较次的财物身上的份额，二者之差等于某一可以精确地确定的份额。根据较好的生产手段当其和追加量相等的互补财物一道起作用的时候要生产较大的总收益的道理，价值等式变得更有利于较好的生产手段，其程度相当于剩余收益的全部数额。这种生产手段的

就这个意义说，我在《价值的来源》里就已经讨论了“互补性”的问题，虽然只是采取暗示的方式。我在那里说过，必须把生产财物的“边际生产贡献”归属于生产财物，而减掉全部补充财物的份额之后所剩下的收益，则要落到“属于个别生产的特殊生产要素”身上。唯一没有说到的事情仅是：要是几种独占财物结合在一起，会发生什么情况；再就是没有确切地系统表达计算生产贡献的定律。

生产贡献等于较次生产手段的贡献加上这个剩余收益。要是较次的财物在数量上是过分多余的，从而没有贡献要归给它们，那归给较好财物的贡献的就单是剩余收益。经验以千万种方式肯定着这些命题；它们为每一个人的经济观察作了答案。

某些很少注意一般的互补性定律的经济学家，在讨论这个特殊情况时，表现了异常的热情。李嘉图，在他的地租理论中，讨论了农业土地由于天然较为肥沃以及矿山由于有较大的生产力所得到的好处。然后他接着讨论，就收益说，第一批花掉的工业资本相对于随后的资本增加额所得的好处。接着他扩充了自己的地租理论，指出，土地的地租也受到土地位置的影响，即受到土地和它的产品市场之间的距离的影响。最后，他又说明，城市里的土地的"可租借性"，以及资本和劳动的"可租借性"，也像农业土地的"可租借性"一样，用同样的方法分成等级；还说明，在后一场合，较好的质量获得较大的租金——一种剩余收益和一种剩余价值——的机会，也像前一场合一样常常发生。

这些理论上的阐述全都跟价格有关，但是它们同样适用于价值理论。愈肥沃的土地、愈接近于需求地点的土地、愈熟练的劳动、愈有效率的机器，不但所得的代价愈高，而且，由于它们的质量较好，收益中归属于它们的份额还相对地愈大——实际上，这种较大的份额就是它们得到较高代价的原因。在共产主义国家里，也要按同样方法进行计算。较为肥沃或位置较为便利的土地，必然比任何其他土地尽先用来耕种；一旦别的较次的土地也要用来耕种，质量较好的土地就必然要按照它们的剩余价值的正确比例得到较高的估价。

第二篇　自然地租

第十四章　李嘉图的级差地租:第一部分

李嘉图在他著名的《原理》一书里,开始研究我们所谓的约定地租,即地主出租土地的时候所发生的地租。一般承认,就所有基本点看,这种地租的定律同样适用于土地的所有人不出租土地而出售土地产品所能得到的收入。前面所讲的有关归属的论点,或许已经表明,类似的论点还必须进一步加以发展。土地所产生的私人收入最终决定于这一事实,即所说的土地产生这样一种收益:减掉资本和劳动的份额之后,按自然定律,还剩下一个份额必须拿来归属于土地。原来被看做一个收入分配问题的地租问题,归根结底,还包含一个收益分配问题。作为一个收益分配问题,地租问题在共产主义国家也要发生,就像它发生于现存的社会状态下一样;而且在这两种情况下,解决办法也基本相同。

李嘉图的论述是从研究原始的历史状态开始的。起初,只要人口稀少,甚至连富饶肥沃的土地也用不着全部耕种就足以供应食物,那任何一块土地也得不到地租。"要是还有大量的土地未被占有,因而凡是想要种地的人都可以随意支配",那谁"还会为使用土地而支付代价呢?”但是,要是人口增加到有必要耕种二级质量土地的程度,一级质量的土地就立刻开始有地租。为了生产和一级质量的土地所生产的相同的收益,二级质量的土地就需要较大的成本支出;因此,只是当增加了的需求所提高的农产品价格足以补偿必要的成本的时候,才能耕种二级质量的土地。但是,这种价格给一级质量的土地留下一笔剩余,它相当于第一级土地所能节约的成本。更进一步,如果三级质量的土地也要用来耕种,二级质量的上地就也发生地租,而一级质量土地的地租就要增加;于是,每一块新的质量较劣的土地被迫投入使用,都为那些比这块土地较好的土地创造一笔地租,其大小将按质量上的差别来计算。

现在让我们用精确的数字来说明。假设小麦的价值是每夸特40先令,并假设,用一笔200英镑的费用来耕种一块土地的结果分别为:

一级质量的土地产生的收益为120夸特,价值240英镑,

二级质量的土地产生的收益为100夸特,价值200英镑,

三级质量的土地产生的收益为80夸特,价值160英镑,

一个私人地主就将只去耕种头二级较好的土地,并从第一级土地上算给自己40英镑的地租。

承认同样的假定,在共产主义国家里结果也必定相同。只要第一级土地是过分多余的,或者是“自由”的,就绝不会把它协助生产的收益的任何份额归属于它。为什么?因为人们在许多块质量相等的土地当中究竟用哪一块来耕种还可以随意选择,又因为他们并不依赖这些土地中的任何一块土地。只是在一级质量的土地全都用来耕种了的时候,同时,只是在对土地产品的需求提高到足

以补偿增加了的成本的时候,才会耕种二级质量的土地。但是,当第二级土地上的增加了的成本由较高的收益价值来补偿的时候,就必须留给第一级土地一笔剩余收益,归给它作为地租。土地和它的较好质量确实就是剩余收益的"原因"。鉴于花在这两级土地上的是同样数量和质量的成本,这笔剩余就不可能来自成本财物。用一个很简单的反面证明就能肯定这种归属方法的适当性。假定留下一块第一级土地不去耕种,剩余收益就要立即消失;成本财物一定不能在别的地方再生产这笔收益,因为找不到另一块同等质量的土地来代替它。建立这种结论的实践机会并不缺少。在有关利用这样的土地的问题中,我们必须充分了解,这些土地要是适当地耕种起来,就保证多少有些地租,而要是完全不去耕种它们或把它们用在某些其他途径,那就一定要放弃这种地租。例如,如果我们要修建一条道路,我们从它所额外花费的地租总额,就会很快地知道,这条道路通过一级质量的土地。但是何必再多举例子呢?如果我们在生产中终归要进行计算,事情就必然是这样。如果我们硬不承认级差地租,那就会意味着我们不顾这种情况:事实上,土地本来就有不同的肥沃程度;那就会意味着,我们对于所获得的收益究竟是多是少,完全漠不关心。

在共产主义国家的清单上,也要把质量较好的土地按一个相当于它们的地租资本化的数额来登记。农业官吏也需要负起这样的责任,从这些较好的土地上取得相当于它们的质量的地租收益。实际上,在所有这些方面,共产主义国家所作的必定不可能不同于今天的任何大地主,后者试图按经济原则来管理他的财产,并对他的雇工实行有效的监督。

第十五章 李嘉图的级差地租:第二部分

李嘉图的理论还有常被人们忽视的第二部分,虽然这一部分实际上更为重要。每一块土地之具有不同质量的能力正是出自土地的本性。正像最先被占用的只是最好的土地一样,各块土地上最先被占用的也只是最好的能力。在这些能力中,最劣的一级——只要这一级超出需求之外——不产生地租,较好的各级则产生净级差地租。

在李嘉图理论的这个第二部分中,也发现归属的自然原则同他为约定地租的形成所规定的规则完全一致。这一点最好还是用一个例子来说明。像前面一样。譬如说,每夸特小麦值40先令。于是,按照耕种时所投进去的较大的或较小的资本和劳动支出,某一块土地要生产出下列不同收益:

对于第一笔200英镑的费用,收益是120夸特,价值240英镑,
对于第二笔200英镑的费用,收益是100夸特,价值200英镑,

∴对于　　400英镑的费用,收益是220夸特,价值440英镑,
对于第三笔200英镑的费用,收益是80夸特,价值160英镑,

∴对于　　600英镑的费用,收益是300夸特,价值600英镑,

在这些情况下,一个私人地主将会发现还是花400英镑有利。他从这里得到40英镑的利益。他将不会把第三笔200英镑投入他的土地来取得只有160英镑的收益,而宁愿把这笔钱更好地用在某一其他方面,在那里这笔钱完全可能产生200英镑的收益。从

这样得来的440英镑收益中，他把400英镑算作成本；剩下的40英镑，他可以作为地租来要求，而佃户也会作为地租来支付。共产主义国家也必须按照这些估价的自然原则同样地进行它的计算。在那里，自然原则也必然要求，只把400英镑算到土地上面，而把这样得来的40英镑剩余作为地租归属于土地。[①]

从土壤的较优生产力所得到的级差地租，可以叫做"集约地租"，因为它是凭借对土地进行集约耕种而出现和发生的。按照李嘉图所理解的，这种"集约地租"有很大可能是一个国家或甚至全世界所有土地的普遍地租，假定这些土地全都充分集约地来耕种。李嘉图的级差地租理论一点也不需要——像平常所说的——无地租的土地的存在。只要土壤无地租能力就够了。

用不着说，"集约地租"必须像较好土地的地租一样，受到经济学家的恰当重视，在这一点上也许不需要作更进一步的说明了。

第十六章　对李嘉图理论的批判

根据那种肯定是最普通的见解，较好的土地，或能力较好的土

① 如果投下的是600英镑，的确会获得总额为600英镑的收益，但是第三笔二百英镑仍然会有40英镑的损失。如果投下的只是400英镑，又不把超额的40英镑归属于土地，而把它归属于资本，或归属于劳动，我们就会犯两个错误，两者还互相矛盾。第一，会宣称像这样的土地不生产收益。实际的结论就会是，不应该耕种这样的土地，应该把资本和劳动用在别的方面，在这种情况下就会失掉整个40英镑。第二，就会表明资本和劳动的这种应用是特别有利可图的，它的实际结论就会是，好像还可以允许把更多的资本投到土地上面。但是我们却不应该做这种事情，因为400英镑是经济上所能允许的最高费用。所以，40英镑的地租是对生产作最有利处理的合理表现。

地的级差地租,只要简单地用这一个事实来说明,即这样的土地或这样的土地能力不足以满足需求;实际上,也就是像人们所常说的,它们“具有独占”。但是可以很容易看到,作为一个说明,这是不充分的。我们应该再加上另外两点假定。

第一,最后用来耕种的土地或土地能力,其可利用的数量必须过分多余。例如,为了使一级质量的土地可以有级差地租,不但这些土地,必须不足以满足需求,而且除了这些土地之外还必须有“自由”的二级质量的土地。第一级土地的有限或“独占”是地租的最近原因,即使假定没有其他质量的土地,无论如何地租还是会发生。可见,第二级土地的插入——这一级土地多于对它的需求,从而是无地租的——有这样的效果,即把第一级土地的地租拉低到这两级土地质量的现有差别的水平,否则这种地租就可能无限量地上升。要是第二级土地也不是“自由”的,它们就会也有地租;这种地租又只能通过第三级土地的插入而被拉低到级差地租水平。简言之,如果真是有净级差地租,就一定得有最后的、无地租的、从而是“自由”的土地(或土地的能力)跟较好的、有限的土地在一起。必须既有土地的限制,又有土地的过分多余。

第二,还必须有资本和劳动的“独占”。为什么谁都爱好各级较好的土地呢?就因为在这些土地上资本和劳动表现了更大的生产力。但是为什么资本和劳动表现更大的生产力竟成为很重要的事情呢?因为,通常,我们并未拥有足够的资本或劳动数量。如果从一定数量的资本和劳动中所得到的收益,由于资本和劳动如有不足总是可能用别的数量的资本和劳动来补充,因而成为十分无关紧要的事,那么,它们无论从哪一级土地上获得它们的收益,也就成为无关紧要的事了——自然,假定无论如何最劣一级的土地从不缺乏。倘若,在最劣一级的土地如此过分多余的面前,人们注意和偏爱各级较好和最好的土地,这是因为谁都想节约劳动和资本。级差地租恰恰衡量着各级较好和最好的土地在完成这种节约任务时所取得的利益。

因此我们看到,凡是有净级差地租存在,土地就是部分有限(就各级较好和最好的土地而言)、部分多余(就较劣一级的土地而言)的,而资本和劳动总是有限的。[①] 李嘉图理论的第一个缺点便是忽视了这种情况。他断然指出,可以耗费在生产上的劳动(他还把资本包括在这个名词里面)数量,通常是有求必应的,可以随意增加的;然而各级带有地租的土地却只有有限的数量。这个缺点是和另外一个更大的缺点连在一起的,而后一缺点却并非李嘉图所独有的。李嘉图没有写出经济、价值和归属的一般理论。他的全部机巧都花在细节上面,例如,对地租的说明;而这一点本身却表明,这些细节只能用单方面形式来考察和想象。

① 在通常由于数量太多因而没有价值的原始森林的树木中,仍旧有若干树木可能获得价值;也就是说,所有那些特别便于砍伐、便于运到市场去的树木——例如,比方说,那些长在天然河道附近的树木——可能获得价值。这些树木的价值恰恰等于它们同那些生长地位较为不利、因而得不到价值的树木比较起来,所带来的成本节约——劳动和运输的节约。这里有一种带有类似李嘉图所说的、来自质量较优的土地的级差地租的资本。甚至就纯粹"集约"地租而言,在资本中也有许多类似之处。南美洲平原上的羊只,并没有按它们的全部有用内容获得价值——我指的是相当于欧洲或任何具有很大需求的其他地区的类似羊只所含有的全部有用性的价值——而只获得这种有用性的那一部分价值,比方说,也许只获得羊皮的价值,这部分价值刚好偿付把这些羊只运到有巨大需求的地区去的运输成本。同时其余的部分是无价值的,但是随着需求的增大,也可能获得价值。从这些例子里可以很容易推论纯粹级差地租的条件。

级差理论的更进一步的缺点就是这种理论不足以概括所有情况。有时也发生这样的情况，甚至最后用来耕种的土地或土地的能力，也带来地租收益；关于这一点，李嘉图并没有阐明，或者说得更确切一点，并没有找到定律。土地产品的需求增加到这样一个程度，即最后用来耕种的那一级土地也不足以满足这些需求，同时，土地产品的价值又未上涨到足以容许把新的更低一级的土地也用来耕种的时候，最后耕种的土地就带来地租收益，虽然这种地租只有在更劣一级的土地也被实际用来耕种的时候才变成级差地租。当所有各级土地都用尽了的时候，总的说来再不能把耕种进一步扩大的时候，就发生一种普遍的地租——不仅对所有土地是普遍的(因为在这一意义上“集约地租”可能就是一种普遍地租)，而且甚至对所有土地的能力也是普遍的。这种没有扩大耕种可能性的情况，发生得比人们所想象得到的更频繁。这种情况，并不像乍一看来的那样，是一种预期会发生于经济生活的历史发展末期，当整个地球全是人口过剩时候的事情。它毋宁是那种在这一发展过程中所发生的正常现象。的确，只有过去的事情才能够完全加以肯定；对于将来事情的预测，必然总是不能肯定的，而且永不能使这种预测达到科学上的精确性的地步。稍加考察就足以把这一点弄清楚了。

土地和资本，就其所由获得的条件而言，好像完全处于互相对立的地位。一切资本，极少例外，都是通过人类的双手使其为人工作的；资本的总和始终在增加着，而且有可能无限量地增加。反之，一切土地(除了那些同全部土地比较起来微不足道的土地)却是从一开始就存在了，而且实际上不可能用人力来扩大它的范围——至少地理学家或物理学家定要这样说，但是从经济上我们能这样说吗？肯定不能。从经济上说，人类并不是自始就支配整个地球的全部地面和它的蕴藏的。人类对土地所支配的范围，从微不足道的部分开始，按绝不小于资本增加速度的速度而扩大。人类的能力还没有达到极限；居然敢说什么时候必然达到极限、什么地方就是极限的人，真是一个勇敢的人。从经济上考察，可供人类利用的土地面积和肥沃土壤的数量，始终要受人类利用土地的办法和知识的限制。农业技能和技术的一般发展、肥料的使用、人口的增长、移民、科学发展、商业的扩展、运输工具的改善、以资本和劳动表示的财富的增加，所有这一切在很大程度上逐渐增大了土地占有。属于猎人的只是大地的表面；属于把犁耕进地下去的农民的，却还有土地的内部，犁耕得越深，土地为人类所提供的服务也越大。在我们的时代，为欧洲消费所支配的、在远方国家里的土地数量的增加，达到足以使欧洲农业界吃惊的程度。如果我们回顾一下过去，那我们几乎很可能相信，土地完全就是像资本一样，起初它的供应是很不够的，随后逐渐丰富起来，并且正在稳步增加着。肯定地，这种见解的错误并不比一般人认为土地是完全不能使其增加的见解的错误更大。无论如何，有一件事情是不能怀疑的。可以想象，总会有一个时候可以利用于经济目的的土地全都用光，在以后某一个时期，从经济上讲，尽管有那么多新土地可能为世界所占有，却有更多得多的人口可能要由这些新土地来维持，甚至还达不到维持生命需要的最低限度。难道这种可以想象的情况永远不会成为真实的事实吗？难道我们没有从原始时代就传下来给我们的、有关因极度匮乏而引起人口过剩和移民的记

载吗？难道饥饿的幽灵不曾对大地表面的每一块土地和每一个民族作祟吗？难道情况不是这样：只有有最高文化的民族，在其发展的高峰，才可能逃避这种幽灵的威胁吗？

何况，不管怎样，即使假定实际上从来没有发生过达到耕种限度的情况，一个理论若是不能把"普遍"地租这一情况概括在一个定律里面，仍然是一个不完备的理论。如果我们找不到一个定律来概括一切土地和一切土地能力都带有地租这一假定情况，我们就找不到定律来概括所有按经济原则使用的劳动和资本都产生收益这一无可否认的事实，那我们只能说，财物的较好的质量使它们取得按剩余收益的数额把更多的东西归属于它们了。我们就也不能弄清楚，究竟要把哪些份额归属于构成生产财物的大多数的普通质量的财物。一个普遍地租的定律，同归属的普遍定律是同一回事；没有为前者列出公式的理论，等于招认自己完全没有能力来解决对一般生产财物的估价问题。[①]

① 还可以指出李嘉图理论的又一个基本缺点，即他没有注意土地地租对资本和劳动的收益的反作用。地租肯定地是决定于成本的现行估价，但是，另一方面，成本的估价又决定于地租，如果不是相同的程度的话。归给资本和劳动的收益基本上是受经营土地所需要的资本和劳动的数量的影响，也受资本和劳动在这种经营中所生产的收益的影响。

最后，人们还可以责备李嘉图忽视了级差估价的普遍重要性(参阅第3卷第13章)。甚至除了土地之外，在别的场合也可以碰到纯粹的级差估价，像我们刚才举过的原始森林中的树木和南美洲牲畜群的例子一样。但是我们所常发现的，那种引起对较优质量的净级差估价——在关于最好的和较好的质量的数量限制之外，还有整个的数量过剩——的关系，当然还是在土地方面。关于这一点请对照门格尔前引书，第143页。

第三篇　资本的自然收益

第十七章　资本的生产力

由于土地是永久不灭的，它应该年复一年地继续不断生产出它在一年中所生产的收益，这是无可奇怪的事情。因而如果我们把继续不断发生的收益叫做“租金”，那么，土地的租金就用不着特别说明了。人类劳动也是永久性收益的来源这一事实与此极为类似。就一个健康的人来说，经过休息和复原的间歇之后，便经常更新着劳动力。

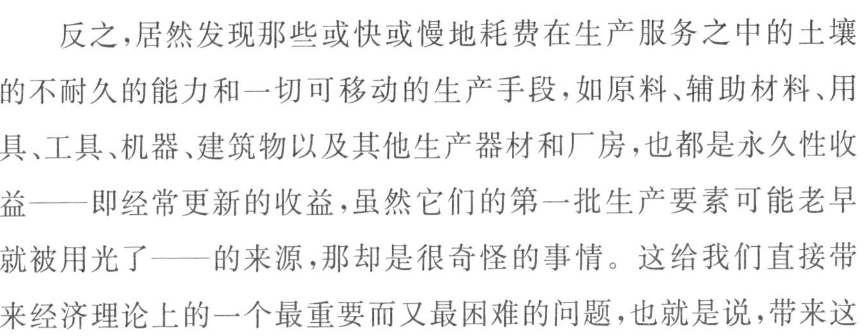

反之，居然发现那些或快或慢地耗费在生产服务之中的土壤的不耐久的能力和一切可移动的生产手段，如原料、辅助材料、用具、工具、机器、建筑物以及其他生产器材和厂房，也都是永久性收益——即经常更新的收益，虽然它们的第一批生产要素可能老早就被用光了——的来源，那却是很奇怪的事情。这给我们直接带来经济理论上的一个最重要而又最困难的问题，也就是说，带来这样一个问题：我们究竟怎样来说明资本产生净收益这一事实。[①]

---

① 在本书下面的论述中，我把资本这个名词理解为不耐久的或（按本书所解释的

一切资本所直接产生的仅是一种总收益，也就是，通过母资本的减少来换得的收益，这个总收益可以作为净收益来源的条件，是很容易系统阐述的。在总收益里一定找得到新生产出的被耗费掉的资本，此外还一定有某种剩余。这笔剩余就是净收益，也就是可以永久地取得和消费、而又不使母资本减少的收益。

现在如果追问一下，这个条件究竟实现了没有；我们首先看到，这个条件确是跟资本的性质相容的。如果，一方面，资本是不

扩大了的意义）可移动的生产手段。这个概念在共产主义国家情况下也适用，在那里国民收入是完全通过生产来取得的。据我看，注意在生产以外形成收入的各种资本形式是不恰当的，这些形式是跟现存经济制度的特定条件过于密切地联系在一起的。为了同样的理由，我也避免考虑企业者资本中不属于技术性的生产手段的那些构成部分。但是，在本书第四卷第八章里，我补充了关于消费贷款利息和房租的讨论，在第5卷第11章末了，我考察了来自企业者的工资基金的利息。

为了避免误解，我愿意再一次强调这一事实：在技术性的生产手段当中，我并不包括必须在手边为劳动者随时准备好的生活资料。这些是生产的条件，却不是生产的原因。这里只有劳动者才是原因。这一点同我们先前在本书第3卷第3章里所论述的并不矛盾。劳动者把自己的力量用在那上面的事物和维持劳动者力量的事物，这二者对于生产收益有着完全不同的关系。前者对收益有直接的影响；而后者只是通过劳动力——后者必须首先把自己变成劳动力的一部分——的媒介来影响收益。如果我们想把后者当作生产手段，那只有把劳动者看作后者的第一产品才行（参阅第五卷第7章，关于劳动的“生产成本”的讨论）。至于有关劳动者的生活资料的概念，我和扎克斯的意见（特别是他在第324页的提法）完全一致，虽然同他不一样的，我是从企业者资本的这一部分来说明利息的发生。

刚好在这几页送去付印之前，门格尔的《关于资本的理论》一文在康拉德的《年鉴》上发表了。在这篇论文中，他用生动的语调为资本的通俗概念辩护而反对资本的科学概念，并且把通俗概念解释为包括所有那些依货币存在或者用货币计算的营利经济的母财富，而不问营利手段的技术性质。事实上，营利手段是用货币来计算的这一情况对营利手段的估价具有决定意义的重要性。撇开形式不论，用货币计算意味着：第一，准确地计算；第二，参照交换和交换所创造的一切交换财物的单位来计算。我们也是完全根据这两点假定来考虑估价的，虽则我们用国家经济的内部财物交换来代替私人之间的交换。我们所推论的自然定律，只适用于高度发达的经济条件下的大规模工业。

耐久的，那另一方面，它又是可以再生产的。它一方面为生产服务，另一方面又在生产中被生产出来。然而，它被生产出来的数量，从它本身被生产出来的数量，是否足以完全补偿被耗费掉的资本并且此外还剩下一笔剩余呢？试图回答这个问题之前，我还想先作一个形式上的观察。

生产总收益的资本单凭这一理由就可以无疑问地把它叫做“生产财物”。这种资本确实在生产着；它们使自己从财物的一种未制成形式变成一种制成形式，或变成一种接近制成的形式。不过，还是只有当资本生产净收益的时候，才把它说成是能生产的更恰当。我们就单是按这个意义来理解“资本的生产力”。

正像庞巴维克所指出过的，生产力可以是物质的生产力，也可以是价值的生产力。重要的是，我们应该清楚地记住这个区别。物质生产力存在于形成总收益的财物数量大于被消耗了的资本财物数量的场合；在前面推论总收益和净收益概念的时候，我们所假定的就是这种物质生产力。价值生产力则存在于总收益的价值大于已被耗费掉的资本价值的场合。我们理论的任务最终是要证实资本的价值生产力；但是为了这个目的，必须首先证实资本的物质生产力，把它作为前者所依靠的支柱。价值生产力预先假定资本的价值已经决定，但是，只有当解答了物质收益怎样归属问题的时候才能决定资本的价值，因为资本的价值是以归属于它的收益份额为基础的。正像必须首先确定了地租才能够计算出任何土地的价值一样，也正像通常必须认识归属的规则才能决定生产财物的价值一样，我们也必须首先解决归属于资本的收益之后，才能研究资本的价值问题。依照我们对于这个问题的分段，我们只须研究其中资本的物质生产力问题。

毫无疑问，所有三项生产要素，土地、资本和劳动，合在一起的收益，大得足以补偿已被耗费掉的资本，并产生净收益。这是众所周知的经济事实，是像世上有财物这样一个事物或生产这样一个事物那样，丝毫也不需要证明的事实。当然，一个生产企业有时也可能不成功，不能弥补本身的支出；确实也有许多企业并未提供任何有用的产品。但是这些都是例外。合乎规则的是获得净收益——的确，所获得的净收益是如此之巨，以至不仅千百万的人类生命能够赖以维持，而且资本也能够从剩余中间不断积累起来。

因此，剩下要问的问题只有一个，那就是究竟能不能把这个无疑问的净收益的一个份额归属于资本要素。但是也不能把这个问题提得太严重。为什么单单不应该把这样的份额归属于资本呢？一旦了解和承认了资本是生产的经济要素之一，生产收益就是归给它以及其他要素的（见本书第 3 卷第 3 章），那也就了解和承认，生产收益首先体现于其中的那个净收益中的一个份额按理是属于资本的。我们是不是要假定，资本始终只能生产多少总比补偿它本身更少一些的东西呢？显然这是一种武断的假定。既然如此，我们是不是要假定，不管生产的成就可能怎样不同，资本都只能补偿它本身的损失呢？很清楚这个假定也同样是武断的。谁要是否认归给资本的净收益，谁就得先否认资本有任何收益。

要是我再提出关于资本确是占有生产净收益中的一个份额的任何正式证明，那恐怕就太重复了。我将满足于列举一两种情况，这些情况用极为清楚的形式表明把净收益归给资本的必要性。[①]

凡是资本把劳动排挤出去的场合，例如，像机器代替了迄今由人类劳动来完成的工作的场合——这是一种在共产主义国家里比在今天社会里丝毫也不罕见的事情——至少必须把原先归属于劳动的同等收益归给资本或机器。但是，这种收益原是一个净收益，因此，必须也把一个净收益归给资本或机器。要是机器只能再生产出它本身在使用过程中被磨损掉的物质，那机器反而不如人类劳动有效率，那它就根本没有能力来代替人类劳动了。但是究竟为什么像这样的机器应该比任何其他形式的资本在归属中处于更有利的地位呢？有什么经验能说明这一点呢？

依照级差归属的普遍定律，每种形式的质量较好的具体资本，都有一个比归属于质量较差的具体资本更高的收益归属于它，这个收益又是用使用这种质量较好的资本所带来的生产成果的增加量来计算的。要是我们把生产和生产成果当作一个整体来看，由于所考虑的只有净收益，因此证明，比较资本质量的时候，必须以净收益作为归属的标准。

谁要是按照他从中看到的资本对生产净收益的影响的大小来使用资本，谁就会把资本使用得很好；谁要是不这样做，就会把它

① 在这些情况当中，我还应该包括，资本的使用增加着生产的最初生产能力的情况。我们在这里特别清楚地看到，应该把追加的净收益归给资本。但是，要是相信资本只有当它的使用直接增加了主产的最初生产能力的时候才能获得净收益的份额，或者相信一旦全世界对于增大了的效果变得习以为常，就会把资本的这个份额剥夺掉，那就是一个错误。即使在一个静态经济中，经验也给我们指出了资本的生产力。因此，凡是单从资本具有推动经济生活的发展的能力来推论资本的生产力的理论，全都是不充分的。

使用得很坏。在这一点上，普遍的见解现在是统一的，在共产主义国家里也将如此。但是，我们所指的普遍见解，并不是公众对于理论问题的未经训练的判断，而是经验的成熟表现。①

第十八章　原始经济和发达经济中的资本收益的计算

那些维护资本的生产力的作者采用最原始的经济状况来说明他们的想法。例如，屠能（在他的《孤立的国家》一书第 2 版，第 2 卷，第 1 篇，第 74 页）便把读者带到一个起先没有资本的境地。在那里，生活在热带气候里的居民用他们的双手劳动——完全照字

① 像地租理论一样，利息理论单是它本身就经常引起很多的讨论；所谓讨论，我意思是说，并没有先对有关归属的一般定律作任何考察的讨论。但是，就利息的讨论而言，其结果远不如关于地租的讨论那样令人满意。很容易理解，就利息而言，我们必须研究归属问题的这个基本点；而就地租而言，我们却必须主要研究单凭它本身就想得出的细节，也就是研究级差归属的细节。庞巴维克的伟大著作《资本利息的历史及其批判》（1884 年因斯布鲁克版）——英译本名为《资本与利息》（麦克米伦版）——给科学界清楚地指出了早先所作的说明是多么不能令人满意。

家庭和友谊的关系把我跟作者结合得太亲密，以至不便从我的嘴里对作者的被外人评为很有价值的著作作任何颂扬。因此，我只限于声明，包含在本书以下各章中所有关于资本的收益问题和资本的价值问题的论述，都是在他的深刻批判的影响下写出来的；还有，如果从中发现任何有价值的东西，要没有这种影响就决创造不出来。同这一点并不抵触的，我仍然会得出某些不是庞巴维克似乎要指出的那样结论——至少就已经发表的批判性和准备性的著作中所能见到的而言。

附注：在写出上文之后，庞巴维克又发表了他的著作的第二部分《资本实证论》（1888 年因斯布鲁克版），由我译成英文，书名同上（1891 年麦克米伦版）。——英译本编者

面上的意义。那里劳动者每年能够生产维持他一年生活所需要的总量——我们假定这个总量为100个单位——此外，还多余10%，或者说，合计为110个单位。依靠这个，他能够生活，还能够留些储备。现在，假定有某人，在这期间依靠自己前几年储蓄的帮助，经过一整年的劳动之后，成功地制成一张弓、几支箭和一张渔网。由于这，他得到下面这样的报酬，即在新工具的帮助下，他今后能够获得年收益150个单位，利用这笔收益，他可以有时间来修理他的小小资本所受到的磨损并使它维持原来的状态。他每年收入的总的增加为40个单位。这种增加是一种永久性的增加，尽管资本具有不耐久的性质，因为资本不仅是不耐久的，它又是能被再生产的，并且不断地被再生产着。那么，究竟要把这种增加归属于哪一个要素呢？显然要把它归属于资本。只能把这种增加单独归给资本。这一点可以从下列事实中看到，例如，随便哪一个劳动者都要倾向于按这样一种代价，即以计算这种剩余成果并把它归给资本为基础的代价，来租用资本。

其他作者也有过类似的论述。的确，他们把这些论述修改得足以澄清我们关于资本生产力的最一般轮廓的看法，并且说服读者来接受这种看法。反之，关于我们的发达的生产状况，这些论述却几乎在每一个细节上都使人误解；特别是，关于生产力的计算，这些论述给人以完全虚假的印象。

在屠能所描绘的那些原始的状况下，那里资本才刚刚初次发生，归给资本的收益是按收入的全部增加来计算；这种增加，相对于未受资本帮助的劳动而言，是受到资本帮助的劳动所取得的。换句话说，把整个“依靠资本合作而得的份额”（参阅第141—142

页)全归属于资本作为它的生产贡献。这样做是合理的。在这些最原始的状况下,劳动力的供给相当多;的确,同使用劳动的机会比较起来,几乎是太多了。反之,资本却很缺乏,而对资本的需求又很大。许多劳动必须在得不到资本帮助的条件下耗费掉;受到资本帮助的劳动和未受资本帮助的劳动的存在,很自然地迫使每个人对它们作出比较。这并不是凭敏锐的经济观察所发现的事实,而是从人们必须经常就两类劳动作出抉择中所实际看到的事实。

但是这和我们今天的生活状况有很大区别。实际上任何人面前决没有摆着这样一种抉择。除了从事理论工作的经济学家以外,任何人决不会想到从这样的估计——要是根本没有资本的合作,生产会有多大的损失——来计算资本的价值;更不会有任何人想到从这样的估计——劳动要是拒绝资本合作,便会发生多大的损失——来计算劳动的价值。全部劳动都是依据这样十分易于理解的假定,即假定让劳动跟资本合作,来判断的;全部资本也都是依据让它跟劳动合作的假定来判断的。目前生产变得空前的愈益复杂,此外,计算生产的技术也是如此。这样,过去时代的简单公式现在就不够用了,以这些公式为基础的例子也只能使人误解了。

那么,在目前状况下又怎样来区别资本和劳动呢?回答是无可怀疑的。按照那个复杂的公式,以及按照所有那些关于一般收益的归属的流行规则。

今天资本的“贡献”还远未达到全部“依靠它合作而得的份额”。当那个份额差不多等于生产的总收益的时候,资本的“贡献”却仅仅是一个同土地和劳动的份额并列的单个份额而已。

关于归给资本的收益的计算，屠能的例证只在一点上对我们有些教益。它清楚地证明，在恰当地使用资本的范围内，无论如何要把一个净收益归属于资本；不管形成资本的种种项目具有不耐久的性质，也不管它们在耗费和再生产中的不断转变，这个收益是一个能被永远获得的收益。如果使用得合理的话，资本就不仅简单地更新它本身，除此之外它还生产出必须拿来归属于它的剩余。就原始的经济状况来说，屠能和其他作者无可怀疑地证明了这个命题；而且在这些原始状况下经济的发展通常也是通过各种形式的资本的发现和发展来表明的。但是谁还全主张，应该归给原始资本的东西不应该也归给发达的现代资本呢？

第十九章　总收益和净收益的归属

我们讲过，资本，如果使用得合理的话，便表明它本身是有生产力的，因为它再生产它本身之外还有一笔剩余。这个命题，作为结论，虽然无疑是正确的，但还需要作一点基本的修正。

屠能例证中的资本，弓箭和渔网，按这个名词的严格意义来说，果真再生产出它本身吗？肯定没有。它们不过生产出鱼和猎物；它们在生产中耗尽它们的直接的、近乎全部的活动力。它们本身根本没有生产出新的弓箭和渔网，也并没有为这种生产提供直接的帮助。首先，拿来归属于它们的收益，必然是用另外东西表示的总收益；这些东西，也就是资本不能从中补偿资本本身的东西，也就是在价值上资本或许可能与之比较，但在数量上却不能与之比较的东西，因而并不能用它们来代表物质净收益。但是我们不能把思考简单地停在这一点上面——事实上资本的间接效力是更为深远的。弓箭和渔网一经获得，它们的再生产条件就变得容易了，纵然它们实际上并不在再生产中合作着。它们是通过鱼和野味的总收益的额外增加来使再生产变得容易的，其结果是，比先前多得太多的劳动可以自由地使用于创造资本。因此，就总的结果看，最终确是要把净收益归属于这些具体形式的资本，就好像它们果然直接再生产它们本身并有一笔剩余一样。

同一论证也适用于发达经济中的资本，只不过在那里情况远为复杂，从而必然的，其过程更难于追究罢了。无论什么资本，甚至最高度发达的经济里的资本，也并没有直接再生产出它本身来，每笔资本都是首先生产出以另外东西表示的总收益，从物质上看，资本的生产力在那上面是不能看到的。面包师的资本生产着面包，磨坊主的资本生产着麦粉，农民的资本生产着谷物。为了使面包师能够重行补偿他的资本，他必须依赖磨坊主以及其他凡是能够提供他的生产所需要的原料和器材的人。为了使资本可以得到补偿，为了使净收益变得可以从物质上来认识，每笔资本的总收益都必须跟其他资本的总收益相交换，实际上，必须跟那些要归给土地和劳动的收益相交换。直接发生的唯一归属从来就是一种总收益的归属，但是随之而来的，作为最后的结果，则是一种净收益的归属，不管道路会多么迂回曲折——我的意思是，只要认为资本的效力没有减小，只要把资本使用得适当。这恰恰好像每笔资本果然直接再生产它本身并有一笔剩余一样。

在多数场合，投于一种经营或一个企业的全部资本的收益，是

合在一起估计的。但是，无须证明，其中每一小笔不同的资本(假定适当的使用)都在总收益中占有自己的份额。每一小笔资本，使用得合理的话，都直接产生出一批不同于自己的财物的总收益，最后，类似的总收益之间经过必要的交换之后，便把自己再生产出来并生产出一笔净收益。在这个意义上，机器、工具、原料、辅助材料，简单地说，一切形式的具体资本，最小的和最不耐久的资本，甚至那些就物质上说并没有什么从中转移到产品里面去的资本，都使它们本身得到补偿并产生一笔剩余。从这个观点看，为生产的目的而燃烧的每一块煤炭，最终都创造着另一块同样的煤炭，并且在这之外，还创造着一笔不耐久的净收益。而且，只要资本的被补偿部分是一次又一次地得到使用，每一笔资本——最小的和最不耐久的——都成为永久性租金的来源了。[①]

① 在获取用来补偿资本的财物的必要交换中，代替形成总收益的、直接获得的财物，各种财物自然都是按照本身的价值来估计。因此资本财物也是按本身的资本价值来估计。在这个限度内看来有关资本价值以及调节这一价值的定律的知识，必然先发生于净收益的归属。只有在像屠能所举的那么简单的例子里，才用不着先有有关资本价值的知识就进行净收益的归属，而这却破坏我们的证明，即净收益的归属基本上不依靠对资本的估价。当然，一旦生产变得复杂起来，实际上就不能运用这个基本原理。但是无论生产变得怎样复杂，都必须把每一次新的计算放在旧的计算轨道之上，否则什么结论也得不出。价值的每一新决定实际上都是以旧的决定为前提(参阅第3卷第5章末的论述)。于是，正如从这一点，即为了说明价值理论就需要价值，不可能作出任何结论一样，从理论上说，也不能得出这样的绪论：资本的价值是净收益归属的条件。

第四卷

土地、资本和劳动的自然价值

第一章 引论

现在我们必须折回头。弄清楚了可以把各个生产要素共同获得的收益归属于各个生产要素的原则之后，我们现在必须回转来研究这些要素的价值问题。我们所已经熟悉的一般定律是：产品的价值决定着生产财物的价值。现在我们必须着手研究的问题是把这个命题应用到土地、资本和劳动的各个特殊情况上去。

在这一点上，我们所碰到的最大困难还是在资本方面。看来好像我们对于资本价值所作的说明同经验所告诉我们的事实发生直接冲突。假定一笔资本，经过一年的使用完全用光，到年终产生一个价值为105的收益。经验告诉我们，不要把资本的价值估计为105，而要根据现行利率估计为某一较小的数额。例如，利率为5%时，要把资本估计为100。剩下的收益，就要把它看做是利息的净收益。这怎样同我们的说明相协调呢？究竟根据什么来作出这种扣除呢？总收益的全部价值怎么就不应该不作任何扣除而全部归给资本价值呢？但如果真是那样，那我们又怎样来说明利息所表现的同经验的矛盾呢？怎样来说明利息呢？要不就是自然估价并不包括利息在内？也许，这仅仅是今天的交换和价格的一种现象，这种现象在共产主义国家就不会再发生？

庞巴维克的批判性考察中最确凿、最光辉的一个便是针对试图从资本的生产力来推论利息的考察。庞巴维克本人实际上已得出结论说，这种尝试是无希望的。用他自己的话说，就是："没有人能在资本生产力里发现利息神秘起源的开门咒，这不仅是不幸的偶然事件，而是在真理的道路上，中途转错了方向。完全用资本生产力来解释利息，从开始就是个无希望的企图。如果像麦子从地上生长一样有一种力量能直接使价值生长，则情形就不同了。但是并没有这种力量。生产力所能做的只是增加产品的数量，同时或许增加价值的数量，可是永远不能产生剩余价值。利息是一种剩余。资本产品是被减数，耗费了的资本的价值是减数，利息就是两者相减的余数。资本生产力的效果可以增加被减数。但是只要有这种情形，它增加被减数的时候，不能不同时按同一比例去增加减数。因为不可否认，生产力是具有这种生产力的资本的价值的根据与标准。如果某一种形式的资本不能产生物品，则这种形式的资本便一文不值。如果此种资本生产很少，则它的价值也很小。如果它能生产很多，则它的价值也要很大。由资本帮助所生产的价值增加时，也就是产品价值增加时，资本价值也随之增加。资本生产力尽管怎样大，尽管它能把被减数增加得很大，而减数也必按同一比例增加，因此不会有剩余，不会有剩余价值。”(《资本与利息》，英译本，威廉·斯马特译，第 179 页〔中译本，何崑曾、高德超译，商务印书馆 1959 年版，第 148—149 页。——中译者〕)

当我们转到土地问题时，也发现，我们理论的明显要求和经验之间存在着突出的矛盾。土地生产着延续到最远将来的收益。于是，像经验所告诉我们的，土地价值肯定应该不仅二十或三十倍于年地租，而毋宁是年地租的无定限的、不可计的倍数；也许应该把它估计为一个无限的数额(关于这一点还可参阅《资本与利息》，第 67 页〔中译本，第 55—56 页。——中译者〕)。但是同样的论据还可以应用到资本身上。资本,使用得很好的时候,也有希望持续生产它的净收益直到无限远的将来,因而也许也应该把它的价值估计为一个无限的数额。

我们将看到,我们所碰到的困难并不是微不足道的。如果我还是相信这些困难是可以克服的话,那就是因为我深信我们对收益归属的研究结果会给我们帮助。试图从资本的生产力里追溯利息的作者中,谁也没有得到这种帮助,甚至在庞巴维克的批判中也预见不到这种帮助。这样,我们难道不是实际上找到了生产力吗?这一生产力,纵然不能像庞巴维克所主张的、创造"更多的价值",却能够而且确是创造相当于"更多的价值"的东西,创造"更多的收益";换句话说,创造剩余。

下面我们就从最困难的问题,从资本价值的理论着手。就刚才讲过的来看,很清楚,要是不着手研究利息理论,就不能着手研究资本价值的理论。

本书这一卷所讨论的,在下一卷讨论成本的时候几乎全有所补充。

第二章　资本的价值和资本的利息
(一)贴现

资本从它的成果中获得它的价值。可见,如果我们来计算任何生产的最后收益,为了这个目的,从这些成果的价值里减掉耗费了的资本的价值,结果就要等于零,因为全部资本早晚总要耗费在生产里面的。我们所减掉的东西必然总是等于成果的价值——的确，这个价值是减掉的东西的尺度，其结果价值计算没有把任何净收益给留下来。这样，不仅说明不了利息，而且，还完全把利息给排除了。我们如果认为，生产手段是一次又一次地更新着它们本身，无定限地生产着收益，那就再一次碰到另一个和经验相反的矛盾；因为经验表明，资本的价值并不是无定限的，而始终是有定限的和受限制的。

现在当我们继续来考察资本的价值和资本的利息时，上述这些问题就是摆在我们面前的有待解决的问题。

为了解决这些问题，我们可以充分利用我们关于资本的物质生产力的分析成果。一切资本本身最终都转变成总收益。在这个总收益中，资本再生产着它本身并有一个物质的剩余，即净收益。这两个我们所业已确立的事实，足以使我们推论资本的价值生产力，所有和经验相反的矛盾也就得到解决。

第一，一切资本本身，最终，都转变成总收益；由此可见，资本的价值决不能超过总收益的价值。这样，资本的价值是一个受限制的有定限数额，虽然永远更新的生产的作用要远远扩展到不可限定的将来。靠它们的帮助，用来生产面包的原料和器材，不可能比面包本身值得更多。用来生产原料和器材的那些东西，必然的，它们又是隔了一层的面包生产者，在预期总收益中——不耐久的面包——有一个最大限度的价值。一切资本都是这样，不管它们的最初的产品离开直接使用于需要的满足有多么远。把这写成数字，就是：如果一笔资本本身迟早要转变成价值 105 的总收益，那么，它本身的价值也不能超过 105。

第二，资本在总收益中再生产着它本身并有一个物质的剩余，即净收益。由此推定，不能把整个总收益的价值都归到资本价值身上。资本在再生产中只代表它本身的一部分总收益，因而它只能吸收那个总收益的一部分价值。如果，从 105 的价值中，把 5 摆在一旁作为可以拿来消费而不至阻碍资本的全部更新的成果，那就只能把剩下的 100 算做资本价值。在第二期生产的末了，预期仍有剩下 100 的价值再一次转变成 105 的总收益——仍是假定把资本使用在生产上——并不能使这个估计发生什么变化；因为，假定条件不变，预期的 105 收益总是按同样方法来分割，即把 100 归给资本，把 5 归给资本的增加量。

因此，总收益和净收益是资本从中得到它的价值的两个已知数额。问题的全部困难基本上在于，承认这两个数额是已知数这一事实。为证明这一点，让我们回顾一下前此我们关于一般归属，特别是关于资本的归属的论述。像我们所主张的，如果资本的物质生产力包含着总收益的归属和净收益的归属，那我们一下子就能得到简单明白的资本估价原理。

这个原理所要求的价值计算方法，按普通用法有一固定名称。众所周知，我们使用一种通称为“贴现”的方法来规定一笔在某一将来日期到期、不带利息的货币债权的现在价值。这也就是说，我们从将来的总额中减掉通常的利息。现在一切资本价值——不单是一笔货币的价值，而且还有一切不耐久的生产手段的价值——都是通过贴现来计算的；[①]也就是说，从资本转变成的预期的将来产品价值总额中，减掉相应的净收益。只不过，在货币债权的贴现

① 参阅门格尔前引书，第 135 页。

中，实际上总是假定有一个固定利率，而且总是出现这种利率——也就是资本价值和净收益之间的特定关系——而我们就是首先探索估计资本价值的原理以便说明这种关系的形成。

针对屠能关于利息的说明进行辩论的时候——这一说明和刚才所说有许多共同之处——庞巴维克质问说，有什么权力可以假定总收益的价值从没有把资本的价值提高到它的水平呢？或者，反过来说，资本的价值为什么从没有把总收益的价值压低到它的水平呢？如果一笔105的收益能够用一笔100的支出来获得，那么，难道不会出现生产上的竞争，或是估价上的削平，直到把支出估价为105，或是把收益估价为100，或是对支出和收益二者都按某一中间数字来估价吗？庞巴维克提出这一问题是对的，因为，像我们所做的一样，他并非以归给资本的物质净收益为出发点。但是一旦假定有这种物质净收益，问题就立即得到回答和解决了。只要总收益仍旧大得足以补偿资本并产生一个净收益，就永远不能使总收益的价值和资本的价值变成一样，二者之间就始终要有一个差额，即净收益的价值。这个差额只能随着物质生产力的消失而消失。只要这个差额还存在，只要资本的物质生产力仍然保证资本的价值生产力，并且只要资本仍然创造多过于它本身的价值，仍然引用庞巴维克的说法，那资本就创造着“更多的价值”。如果，为了计算所耗费掉的资本数量，把资本价值从总收益中减掉，所减掉的并不是总收益的全部数额。减数多少总要比被减数小一点，答数必然就是所求的余数，利息。

如果真是这样，那么，在共产主义国家里，资本价值也一定照这样方式来估计，即它只吸收一部分总收益归给资本，至少在下列条件下是这样，即像从远古以来一般经验所证明的那样，作为生产的辅助，资本保持着同样的效率。因而，必然地，即使在共产主义国家里，资本也一定始终带有利息。为了找出资本的价值，就要计算归给资本的净收益，并从总收益中减掉这个数字，或把总收益加以贴现；这些就是一切经济中所不可缺少的自然经济计算，只要一般经验所熟知的基本生产条件仍继续起作用的话。

从占有之日起十二个月中产生同样的总收益(譬如说105)和同样的净收益(譬如说5)的一笔资本，在占有之日人们就按同样的数额(譬如说100)来估价。究竟资本是现在就为我们所占有，还是只有在十二个月之后才为我们所占有，并不是一桩无关紧要的事情；因为，现在占有还另外保证有一笔利息收益。因此，如果我们果真把对现在资本的估价和对将来资本的估价看作相等，并从此论证现在占有和将来占有在经济上完全相等的话，那就不正确了。现在的一笔钱总是比将来同样的一笔钱更为值钱。或者，我们也可以这样说，将来的那笔钱总是较不值钱，其不值钱的程度则跟这笔钱归我们占有的时间远近成一定比例。如果在一年之中，我们能够使100变成105，那么，我只能在一年之后得到的一笔100的钱，在今天就只值大约95了。要把将来的资本价值折成现在价值，就必须把前者加以贴现，就像将来总收益的价值要折成现在价值，也要加以贴现一样。

读者一定还记得，在第1卷第6章中，我们为这样一个命题辩护过：现在需要和将来需要，当其互相竞争的时候，通常，要把它们看做是相等的；这也就是说，时间上的差别并不一定需要任何估价上的差别。现在我们要在这一命题上加上第二个命题：在生产范

围之内，时间上的差别对于使用于生产的财物说确是需要估价上的差别。这两个命题是完全一致的，并且是互相补充的。如果需要想继续寻找同样的满足，那就一定得继续生产同等数额的收益。而如果继续生产同等数额的收益，那资本就一定得在物质上继续维持原样。但是如果资本当真在物质上维持原样，并从而能够继续产生同样的收益，那就必须在估价上表现为：资本为我们所占有的时间愈早，在估价上归给它的价值也就愈高。因为时间愈早，可以预期的收益也就愈早，必然也要愈大。

工商业者只要注意自己所作的计算、测验自己的记忆和印象、并且追问自己为什么计算利息、按什么原则划分资本价值的等级，定会大体上得出我们刚才所得出的同样结论。财物的价值源于财物的效用；资本财物的价值源于资本财物的有用收益；利息代表归给资本的净增加量，或是资本的成果。这些原是实际生活中的公理，却为理论家们所否认，甚至被他们诽谤得那么厉害。这是每一个普通人很自然承认的公理，他把这种公理当作他相信自己在经济活动中要受其指导的动力。一个理论，要是能够证明这些成熟经验所显示的公理、要是能够使含糊的印象变得很清楚、要是能够给予不十分明白自身为什么存在的理由的意见以良好和必要的内容，那么，这个理论的明确性就得到再好没有的证明了。

第三章　资本的价值和资本的利息（续）　（二）利率

利息是归给资本的收益，要是认为那个收益是与资本价值有关的价值的话。当就个别场合来考虑时,存在于资本价值和利息之间的关系可以说成是增值的百分率;只有当它通行于大量有关场合中的时候,才变成“利率”。利率是归给市场中所有的资本的一般增值百分率。

在同一生产范围内,出现一个一般增值百分率,或至少是朝着这种百分率走的经常趋势,这一事实是起因于各种不同生产之间有着多方面联系。由于大多数资本、土地和劳动在使用目的的选择上有比较大的自由,牺牲某些其他生产来扩大任何单个生产,或是为了限制这个生产以扩大某些其他生产,几乎总是有可能的。每当任何一个生产表现特别有利或特别不利的增值百分率的时候,人们就要根据这种有利或不利的情况来利用这种可能性。只要各种生产之间还有竞争,由于寻求最有利的增值百分率,和力图使所有差别趋于均等,就必然要创造出一个一般增值百分率,或者,无论如何,必然要朝着这个目标走。

目前对利率均等化最有贡献的组织便是货币市场,以货币形式表示的大部分资本便在那里出借。当然,在货币市场里,最初只是决定借款的利息;然而借贷市场的状况最终还是影响着生产收益,因为它影响着用借来的资本来进行的工业扩充。但是,不仅借贷资本,而且属于企业者私人所有的资本,也永远朝着最高的增值百分率的方向移动。在共产主义制度下,一切资本都属于单一的经营者,即国家,资本将不再为生产而借出,从而借款利息将不再影响生产的增值百分率。但是这种情况仅仅使资本更为自由地从一个生产转到另一个生产,使资本不再受那些为现时私有制条件所反对的壁垒所阻碍。

谁都知道，尽管有使利率趋于均等的倾向，利率实际上决不是完全相同的。这主要是因为生产的统一或者说生产的组织决不是完善的。世界上并没有什么像统一的货币市场那样的东西，任何像指挥生产经营的统一方法那样的东西更是没有的。现行经济制度的个人主义把生产分派给各个企业。在竞争的影响和追求赢利的欲望的驱使下，这些企业当然也被组织到互相连结的结构里面，这种结构在一定程度上也实现了一个理想的生产计划所要表现的那种经济制度。可是我们发现：在那么多地方有巨大的漏洞；由于生产手段的过分积累摆得不是地方造成那么多的脱节；常常是有的事情做得太快，有的又做得不够快！各组生产相距愈远，这样的错误就愈大。例如，比起整个农业同整个制造业之间的关系来，相对地说，农业生产的不同部门之间彼此可能较为协调。从农业到制造业，以及从制造业到农业之间的转移，发生得很少，以致不足以使它们维持正常的平衡。

像我们所说过的，这终于造成了各组生产之间增值百分率的差别。由于这种原因所引起的利率上的一切差别是一种不幸；这一事实是完全用不着强调的。每一个这样的差别都意味着对使用财物的那个首要原则的违反；这个原则是：这些财物必须首先用于最有利的使用，只有当没有足够的更有利使用可作的时候才允许对这些财物作不那么有利的使用。在一组生产中人们满足于较小的增值百分率，而在另一组中他们却可能获得较高的百分率。这种情况的有害后果决不仅限于资本的使用，而是影响更为深远，给资本的生产引错方向。产生很小利息的资本生产得过多了，而可能产生很高利息的资本却比应该生产的又少得太多了。

反之,从经济上说,增值百分率的划一,以及划一的利率,如果存在的话,便是资本的分配与处理得到了很好的平衡的证明。它们证明,经济上所指明的资本使用的限度到处都受到同等的尊重,既没有什么地方落后于这些限度,也没有什么地方超越这些限度。根据那个原则——它要求资本的使用要以利率为指导;要避免所有不能取得惯例利息收益的使用——我们找到那个已经变成一种通常的语言的、有关所有不同形式的资本的边际定律。净收益是总收益的一定份额。如果净收益的份额得到控制,资本的方向通常也就得到控制。

在共产主义国家里,当把生产从某一点引向某一目的的时候,那些由于我们的生产制度的无组织性质所引起的增值百分率的差别就会消失。当然,即使在那里,某些差别还会保留着,也就是说,所有那些从一个生产到另一个生产的转移不可能使它进一步均等的差别,还会保留着。依各种事物的大性,由于各种事物在性质上是各种各样的,既不能牺牲其他生产而把任何一个生产增加到某一点以上,基于同样的理由,也不能为了扩大其他生产而把任何一个生产限制在某一点以下。决不能把农业资本全部移转到商业里面去,也决不能把商业资本全部转移到农业里面去。但是这里的观察究竟说明了什么呢?它说明,正是那些看来是简直不可能消除的差别,却总是被消除了,并且还是通过这样一种手段来消除的,这种手段甚至在资本不容许转移的场合也是能容许的;也就是说,是利用计算来消除的。

这种情况究竟怎样发生,又有什么意义;下面我们就试加说明。

第四章　资本的价值和资本的利息(续)
(三)利率的划一计算定律

如果一般利率为5%,一笔在一年生产期中转变成105英镑总收益的资本,就要被估价为100英镑,剩下的5英镑则为净收益。如果总收益突然大幅度上升,例如,比方说升到126英镑,而一般利率仍维持不变,乍一看来好像这种上升一定会影响净收益,并造成要按26英镑来计算净收益,而不是按先前的5英镑。但是,实际上,果真这样来计算收益吗?这是一种特殊情况下的现象,也就是说,在这种情况下要把上升看做是孤立的事例。而如果把它看做是永久的事例,计算就不同了。资本所有人肯定要把增加的26英镑整个算作赢利,不过他要把它分为:20英镑归给资本,6英镑归给净收益。从这时起,他就要把他的资本,从而他的资本耗费算作120英镑,把他的净收益算作6英镑;因此他并不把增加额作为26%,而只作为5%,即相当于一般利率。①

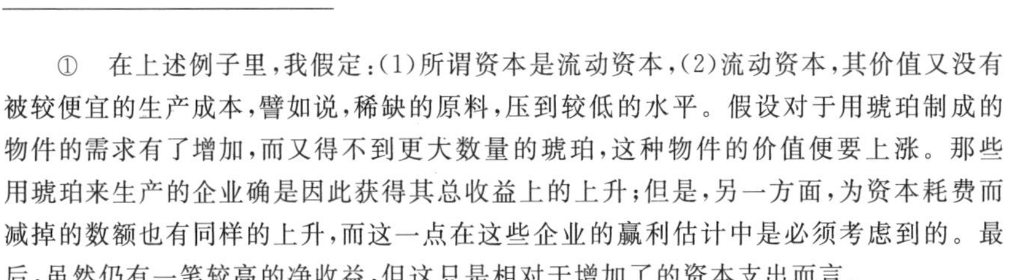

①　在上述例子里,我假定:(1)所谓资本是流动资本,(2)流动资本,其价值又没有被较便宜的生产成本,譬如说,稀缺的原料,压到较低的水平。假设对于用琥珀制成的物件的需求有了增加,而又得不到更大数量的琥珀,这种物件的价值便要上涨。那些用琥珀来生产的企业确是因此获得其总收益上的上升;但是,另一方面,为资本耗费而减掉的数额也有同样的上升,而这一点在这些企业的赢利估计中是必须考虑到的。最后,虽然仍有一笔较高的净收益,但这只是相对于增加了的资本支出而言。

关于固定资本,以及关于资本价值受生产成本影响的资本,就要再作更复杂得多的计算了。我决定让读者根据现在就要讨论的原则,自己去思考在对固定资本的估价上和在成本的影响上,如何作相应的修正。

同样的，要是一笔资本的总收益永远下降，而利息维持不变，便要按这样一种方式，即让资本价值和净收益之间的关系仍相当于一般利率，用降低资本价值来抵消掉一部分损失。

这样就发生，凡是不再允许从一个生产到另一个生产之间的转移的场合，各个资本的各个增值百分率，在计算时是按照一般利率来调节的。

某组生产所得到的利率，或是在所讨论的资本所属的某一市场上所得到的利率，就是起决定作用的利率。

这一计算行为的意义是易于理解的。一笔产生 26%利息的资本同另一笔只产生 5%利息的资本，虽然二者数字相等，彼此并不是等值的。相等的资本只有带有相等利息才是等值的。可见，只有在利率相同的场合，才可以立刻计算各种资本；也就是说，不用考虑这些资本所带有的利息。这就是为什么，当无法使利率相等的时候，至少要用这种办法来计算，即把差额移到资本价值身上，并在那里把差额表现出来。

同为 100 英镑的一笔利率 3%的资本和一笔利率 6%的资本，彼此并不是等值的；通过下列计算才能使它们具有适于比较的条件：按 6%来计算 3%的资本并从而把这笔资本减成 50 英镑；或按 3%来计算 6%的资本，并从而把这笔资本的价值提高到 200 英镑。

作为一种简化计算的方法，利率在所有市场和在各组生产中，应该完全相同，也许是人们所非常想望的。但是，利率并不相同，而且必须承认这个事实。如果债券的利率达到 4%，而银行利率只达到 3%；这是由下列事实所造成的，即这两个市场是互相隔离的，一个市场中的供求并不和另一个市场中的供求相接近，或者，无论如何，只是在极小程度上相接近。但是，这种缺乏联系即使利率均等化变得不可能，也使利率均等化变得不必要；只有让资本从一个市场转移到另一个市场去的时候，利率的差别对于资本的估价才有某些实际重要性。而如果就同一个市场来说，就不同了。这里资本在不断地互相估价着，因此，这里就不能容忍增值百分率上的差别了。这些差别要用调节生产来克服，如果做不到，就用计算来克服。在共产主义国家里，所有资本都服从于统一的管理，依据通行的利率来调节所有增值百分率，可能是一个显然很方便的计算方法。

现在我们就着手来进一步应用这个基本命题：有可能的话，应该划一地计算利率。

第五章　资本的价值和资本的利息（续）
（四）利率的变动

刚才讲过，当某种形式的资本——例如，原料或机器——的服务的价值上升或下降的时候，这一事实本身就表现为资本价值的升值或贬值。当然，这同时也改变被归属的净收益，但是只改变到使它又同资本价值发生相当于普通利率的关系为止。

要使**一般**增值百分率——利率——下降或上升，归给绝大多数资本的收益就必须有一种广泛的变化，这种变化是通过供给、需求、技术上的变化，总之，是通过任何一项归属因素上的变化而引起的。一项普遍见效的巨大发明所引起的归给资本的总收益的一般上升,会引起归给资本的净收益的一般上升,会引起净收益同资本价值的关系——也就是利率——的一般上升。在这种场合,资本价值也可能完全保持不变。只有那些不受这种发明的效果所影响,从而就这方面单独地与一般资本分开的资本,才一定会受到影响。要是资本的服务数量在一般增加当中仍旧维持不变,估价这些资本价值的时候,就要要求从那个数量中作一个相当于增加了的利率的较大贴现。假设利率突然从3%升到6%,所有那些利息仍旧维持3%不变的资本,就一定要相应地按一个比较低的比率来评价。

我们够详细地讨论了各个归属因素在资本的生产贡献上所产生的效果,因此要推论出适用于利率变化的规则并不是一件困难的事情。

还可以补充一点简单说明。说什么资本增加引起了利率下降,这是极陈腐的命题。这一命题只是在一定的界限内才合乎事实。只是在把资本增加理解为数量上的增加,而资本的各种不同形式并不同时增加的时候,这一命题才适用。增加资本形式是技术进步的同义语;要是人们想清楚表明原始生产和发达的生产之间的差别,这就是经济史上必须引起特别注意的事实之一。于是,应该归因于我们所知道的一切技术进步的效果,就个别经营而言,也就是资本的服务价值的上升;要是包罗得相当全面,那就是利率的上涨。直到从数量上把质量上的进步全利用了的时候,直到有几批新形式资本增加了,而其他新形式资本却还未问世的时候,也就是说,直到生产扩大并达到新设的界限的时候,财富的增加才能有力量来：首先个别地压低资本服务的价值，进而，最后引起利率的下降——要是财富增加的范围够广的话。

我们如果回顾一下整个经济史过程中所发生过的生产上的利率变化，就会注意到，依据生产上所取得的进步，或是依据新取得的财富的边际价值又为随后发生的资本增加所压低，而有一个不停的向上和向下的运动。但是贯穿这些不停的波动的，有一些巨大的基本趋势；当然，这些趋势受到消费借款利率的相反趋势的干扰。经济史是从几乎没有资本的时期开始的，这时资本占有等于零，来自资本的收益也等于零。从那个时期以来，只要经济世界还繁荣着，还没有达到价值运动的下降阶段，资本占有和收益就都继续增长着。这两者之间的关系——也就是利率——同样地从一开始就上涨，只有当价值运动的下降阶段开始出现的时候才开始下降。

第六章　资本的价值和资本的利息(续)

(五)对固定资本的估价

到这里为止，我们还没有考虑到下面这种情况：有许多资本——所有那些被叫做“固定资本”的——并不是产生了一笔单个收益之后就全消耗掉，而是参加好些生产过程，而且，在这些资本最后被用光以前，产生好些笔收益。前此我们略去这种情况是正确的，因为它对于我们所要首先建立的资本估价原理是无关紧要的。但是，现在，已经建立了这个原理之后，我们就必须接着讨论下一个问题。我们将发现,虽然这里所提到的情况确是使事情变得更加复杂化,基本上却没有使事情改变。

就固定资本来说,代替一笔单个未来收益的,是几笔收益,这几笔收益的现在价值必须用贴现的方法来确定。如果一部机器能够工作十年,为了求得机器的资本价值,就一定得把要归属于机器的全部十年的服务先加以贴现,再加在一起。用不着说,每一项更迟的服务的现在价值,必须估价得愈来愈小,像贴现必须依据到期的远近为转移一样。由于在固定资本逐渐磨损期间常常发生修理、重建和大范围的更新等事情,问题就更加复杂化。由此引起的支出就必须打折扣[①],当然要考虑发生这种支出的可预见的期间。最后,由于不能肯定预期的收益实际上最终究竟能否得到——这种不肯定随着磨损期间的延长而增加——使问题更进一步复杂化。而这一点又使我们有必要另作某种减除,在人们能够针对危险进行保险的场合,这种减除就变得非常简单了。

就这样的固定资本而言——这种资本被耗费得非常之慢,结果便产生特别多的收益——常常用资本化的方法来代替贴现的方法。但是,在谈到这一点以前,还有必要至少提一提另一个相当困难的问题。

这也就是计算总收益中可以分别分派给利息和磨损的各个百分率的方法。如果一部机器可能继续服务五年,每一年产生1 000

① discount(动词)一词,既可以作为“加以贴现”,又可以作为“打折扣”(均动词);我们为使读者注意它与“贴现”(discount 或 discounting,名词)的关系,除一二处例外,通译为“加以贴现”。亦即因此,前文“作一个贴现”可以当“打一个折扣”解。——中译者

英镑的收入，那就应该依据一定的定律将这笔收入在利息和磨损（所谓**摊提**）之间进行分配。为了找出这个定律，最好是把各个收益率表现为年金。第一期摊付必须就全部资本价值来求第一年的利息，超过此数的全部收益则为资本的偿还。第二期摊付则必须就减掉第一次资本偿还之后所余下的资本价值来求利息，其余额——这时一定比先前大了——则作为进一步的资本偿还。依此类推，直到最后补偿了全部资本，并按照资本的使用期限就资本的所有部分取得了利息为止。这种计算的理由，最终是利率的划一计算定律。①

第七章　资本的价值和资本的利息（续）

（六）资本化

利息始终是资本价值的除得尽部分，而资本价值始终是利息的倍数。例如，假使利息为 5%，利息就等于资本价值的$\frac{1}{20}$，而资本价值就等于利息的 20 倍。正是这个事实使人们有可能不用从

① 按前面列举的数字来计算，假定利率是 5%，把五笔 1 000 英镑的预期年收益换算成现在价值，再加上利息和复息，就可以把机器的价值算成 4 329.48 英镑。第一笔 1 000 英镑的收益付出 216.47 英镑作为 5%的资本利息，余下的 783.53 英镑则归为资本的偿还；这样剩下的资本总和就只有 3 545.95 了。第二笔收益中，177.30 英镑归为利息，822.70 英镑归为还债基金；同样的，第三笔中，136.16 英镑归为利息，863.84 英镑归为补偿；第四笔中，92.97 英镑归为利息，907.03 英镑归为资本；最后，第五笔中，47.62 归为利息，952.38 归为补偿。全部资本便依此而得到补偿。

总收益中减掉利息来确定资本价值,而用另一种显然导致同样结果的方法来确定,即利用一种利息的相当乘法,或者,用常见的名词说,用资本化来确定资本价值。究竟是贴现好还是资本化好,还要视不同的情况而定。对流动资本来说,贴现是常用的方法,因为在这种场合总收益就是最近似、最纯粹的主要成分。而对固定资本来说,如果耗损比较快而总收益的次数又比较少的话,在这种场合贴现也可能是比较好的方法。但是,如果所要考虑的是一长串的总收益,那较好的方法还是资本化。

凡在总收益中不包括磨损,因而全部是净收益的场合,资本化就最容易。就永不磨损的资本而言,就可能是这样;这种资本永远许人以租金,而且绝对保证能得到。在这里使用贴现方法就极其费劲了。在这里,要对不同年份的租金作分别计算,一直算到租金的现在价值等于零为止。不到这地步计算就不算完结。在这种场合,依据利率乘年租金,有多么简单呢!用这种方法所得到的结果同用上述远为费劲的方法所得到的结果,是一致的;并不仅是近似的一致,而且像任何数学教科书可以证明的,具有数学上的精确性。对永恒租金的贴现的数学公式也就是资本化的公式。

要是总收益中包括有磨损的份额,要是必须包括修理以及其他类似费用,必须从这些总收益里扣出保险费或预防风险的费用,那计算就要更复杂些。在这种场合,在我们得出所要资本化的净收益之前,就必须先从总收益中减掉所有必要的项目;而这一点在个别场合却是非常困难的。刚才提到的保险费,常常不是把它减掉,而是,风险的数额仅仅表现在利率里面。例如,被认为不一定可靠的企业,其收益就必须按较高的利率来资本化,即化为较小的倍数。[①]

第八章　消费借款的利息　房租

到目前为止为估计资本价值和利息所规定的自然原则只涉及生产。现在必须再问，究竟是不是也有一种相当于付给为消费目的借款的利息的自然利息，或相当于由于出租住房以及类似事情所引起的利息。[②]

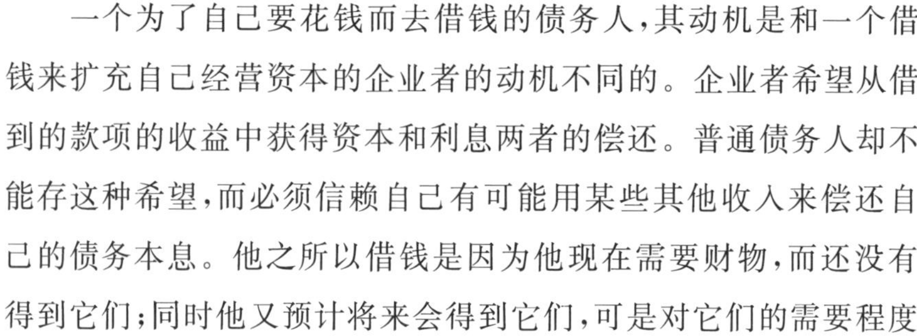

一个为了自己要花钱而去借钱的债务人，其动机是和一个借钱来扩充自己经营资本的企业者的动机不同的。企业者希望从借到的款项的收益中获得资本和利息两者的偿还。普通债务人却不能存这种希望，而必须信赖自己有可能用某些其他收入来偿还自己的债务本息。他之所以借钱是因为他现在需要财物，而还没有得到它们；同时他又预计将来会得到它们，可是对它们的需要程度

① 这里所有为计算资本价值和利息而推出来的各个原则，都是为实际生活所遵循的，实际上也是我们所熟悉的。也常有人写出有关这些原则的理论。但是人们遵循和传播这些原则的时候总是假定，利息和固定利率的事实是已知的。在这样一种假定下，租金的资本化，或说明资本化的方法，就再简单不过了。但是理论家的责任是去发现这些定律，同时，是去说明究竟为什么可以作这样的假定。利息究竟从何而来？利率又究竟从何而来？这些就是我们的基本问题。我们所制定的所有单个定律，只有当我们也能成功地对它们所依据的假定作出说明的时候，也就是，清楚地说明利息和利率的存在的时候，才能在理论上得到证实。

本书后面关于土地价值的分析将会再一次引起读者注意：对于手边这个问题，要避免循环论，要防止掺进任何本身就是需要加以说明的假定，是多么困难。

② 利息的此外的形式将在本书第 5 卷第 2 章讨论。

却不是同样的——至少他用类似这样的希望来欺骗自己。这样在一定意义上生产上的利息和消费上的利息有着共同的来源。两者都跟对现在财物和对将来财物在估价上有所差别有关，只是构成这种差别的原因不同而已。就资本的生产性支出而言，构成现在和将来的差别的原因是资本的生产力；而就消费借款而言，其原因则属于偶然的和私人的景况——现在需要和花费的偶然积累、收入的偶然打乱等等。一个发现自己处于迫切需要境地的人，要是答应在将来某一时间——他希望那时自己的处境会较好一些——对那个通融一笔款项来帮助他摆脱现时困难的人不仅付给那笔通融给他的数额，而且还有额外一笔利息，他这样做是十分合理的。对他说来，一年之后一笔 105 英镑的钱可能还不如现在 100 英镑值钱，他甚至可能答应出 150 英镑、200 英镑或更多的钱，可是他这样做也不算不合理。而如果他还找得到什么人愿意借钱给他，必须是，并不是每个人都会像他似的处于现时缺乏和将来富裕的同样的境地。必须是，在目前，应该有人拥有对他们是可有可无的财力。由此可见，在一个完全有组织的经济中，例如在共产主义国家里存在的那种经济中，消费利息的必要条件是不存在的；因为在那里，全部居民会在一起组成唯一的经济主体，会永远共同忍受同样条件的物资缺乏，或共同享受条件同样改善了的经济福利。

得自出租住房和类似消费财富项目的利息，平均说来，达到这样一个钱数，即允许所有主在这所建筑物的存在期内享受属于花费在建筑物上面的资本的利息，此外，还允许他预留下那个德国人为方便起见称之为资本的“摊提”的东西；这样，一旦住房毁坏了，他就能够加以更新。总之，平均说来，这里给他保证了在数额上相当于同类财产的一般利率的永久性净收益。长时期以来，当借款的约定利息为法律所禁止并受所有理论家激烈反对的时候，谁也没有想到反对消费财富的利息。人们始终认为这是公平的，也认为一个所有主把自己的财产按永租权方式转让给别人有权要求永久性收入作为报酬。但是，如果我们仔细地考察，就会看到，用来反对借款利息的理论性论点，同样适用于房产的利息，只要后者带来比偿还建筑物成本更多的东西。如果货币真是“不结果的”东西，那建筑物也是这样。到此为止，还看不出为什么建筑物一定得为其所有主带来超过房子的实际存在期限的净收入。要是所有主把这所房子留下来供自己使用，到它倒塌成废墟的时候，他从它身上除了也许还能得到材料的价值外，就不能再占有更多的东西了。那么，要租房子的人一定为他重建一座新房子，岂不是一个难以忍受的条件吗？

为了证明房产取得通常数额的租金的合理性，我们必须再退一步，即退到必须生产出这种出租的使用对象这一事实。而如果想把这些使用对象生产出来，那就必须预期它们的价值要能使经营者的全部资本永远维持，并能归给它惯常的收益，不管这种价值究竟是通过售卖来实现，还是通过出租财产来实现。如果这种经营的预期结果果真比任何其他经营的预期结果都逊色，那就没有人建筑房子出租了。因此，租用或出租的利息一定要等于资本利息的惯常数额。这是成本定律的一种应用(见下文，第5卷)，依据这个定律，资本的惯常利息是算在成本里面的。在这里，像在所有场合一样，成本的计算确是保证对财物的使用作最充分的经济分配。得自出租住房的净收入和通行于全国的利率越是正相适应，住房建筑以及这种建筑所满足的需要和生产的一般状况以及满足需要的一般状况也就越能够正相适应。例如，如果人们满足于从房子上得到非常之低的收益，那就意味着，对于住房的需要有比例失调的、过分充足的满足。这就和一般经济水准脱节；这必然要由其他某些方面的限制来平衡和补偿的。

即使在一个完全有组织的经济中，在那里已经消除了房东房客之间的对立，也会像现在一样有必要关心住房建筑跟生产和满足的一般状况的相互适应。到此为止，我们有可能推断从房租所得的利益同用价值表示的对房子所提供的满足的计算之间的类似，这种计算会造成一种跟房租所提供的同样完全的费用统制。①

第九章　土地的价值

土地的价值，像永久性租金的价值一样，是依据同样原则用地租资本化来计算的。这是今天认为不言而喻的命题。但是，过去并不总是这样，而且的确不可能总是这样。为了进行资本化，就必须有已知的利率；而要想有已知的利率，就需要资本。像这一名称

① 也就是说，在现代国家里，人民住房的适当供应是由下列考虑来保证的，即把自己的货币投资于房产的资本家，通常能得到相当于资本利息的惯常收益。租金必须包括更新和利息。在一个共产主义国家里，政府供应一切，对住房建筑的统制要考虑到需要和满足，要像目前一样把对住房的需求放在它同其他满足的相互关系的地位上来考虑。例如，任何社会主义国家也不能按这样的数量，即把住房的价值缩减到仅仅等于建筑费用，来供应住房，而不会扰乱边际水准并减小通过使用国家资本所能获得的满足总和。——英译本编者注

本身所表明的，租金资本化意思是指根据从资本估价所得来的原则来乘租金。

试设想有这样一种农业的理想状况，在那里什么资本都不使用。土地产生着大量的各种产品。在这些情况下，每件产品的价值都能够精确地估计出来，每次收获的价值也都能够准确地估计出来，地租也能够精确地规定下来；可是，究竟需要多少地租来表示土地的价值，却没有办法肯定地作出决定。

在土地方面，为什么不像在资本方面，有这种办法呢？答案是很简单的。在总收益中资本再生产出它本身作为那个总收益的一部分。这样，两个“已知”数，即总收益与净收益，和一个“未知”数即资本的价值之间，就有着一种固定的关系；这种关系就给资本化提供了标准。土地却不具有这种既作为生产要素，又作为产品的同样的双重地位。它生产着，却不被再生产着。于是，要决定土地的价值，就有必要求助于我们在资本中所找到的资本化的标准。

从这点理由出发，可以推论，要是没有资本，就不可能得到土地的固定估价。每一个土地所有人都可能对土地价值作不同的估计，因为每人可能按照不同的外部条件，以及按照本身判断所受到的不顾前后或深谋远虑的影响，采用不是较大就是较小的年地租额作为什算的基础。一个道地的、无知的利己主义者所算计的只是有关自己这一辈子的事，对他说来他的土地之所以重要只是因为土地保证他一辈子享有地租，于是他就按照本人生命所活得到的年限来估计土地的价值，并从而得出一种固定的估价。总之，对他说来，他的土地就只代表一笔有定限的价值，而不是一笔无定限的价值。但是，另一个想到自己子女、自己后代，并且在估计自己土地的价值时考虑到子孙后代利益的人，就有必要把土地价值看作是一个无定限的数额。由于可以把思虑不周的利己主义者看作例外，通常，一定都把土地价值估计成无定限的数额，或者，无论如何，也一定把它估计成不能计算的数额。

事实上，原始经济中的情况可能就是这样。起初，在土地开始具有归给它的任何价值的时候——例如，像游牧部落的草地当它们的数量并不过分多余的时候——就一定产生这类意见：认为在这里人们必须应付生存所不可缺少的条件，这种条件要求其本身得永久保存下来，这种条件的重要性无论如何也不能同迅速变化、来来往往的、可移动的财物相提并论。草地的占有是生死攸关的事情，一个部落认识到本身的继续存在决定于这种占有，就要冒最大的危险来保持它。即使在现代，在遥远的山区，在农民耕种自己的一小块孤零零土地的地方，也有可能碰见类似的思想方法。他的小块田地是同他不可分的，其价值也是不能用其他财物对比来决定的。这个农民要是不当农民还能做些什么呢？一个买主所可能出的任何一笔钱对他都不能有所诱惑，除非这时恰好有机会用另一块更好的土地来换这一块土地——而在当时条件下又不会有这种可能。对这个农民说来，他的小块土地本身就是，而且一直是这样一种财物，这种财物的价值是不可能用任何别种财物来表示的；事实上，是无法决定的。

这个概念一直到资本变得更丰富，地主对资本的用处和价值变得更熟悉的时候，才能改变。发生这种改变的情况有二。其一是土地和资本开始按照它们所生产的租金数额来互相交换，于是人们就用资本的价值来表示土地的价值。其次，更重要的是，土地变得更为集约耕种了，从而它本身就使用着许多资本。其结果，在每一耕种行为中，都必须考虑这样一个问题：究竟应该怎样把土地和资本互相配合使用，才能产生最大的租金收益。同样多的农作物收益，可以通过多耕种或少耕种土地来生产，也可以通过多用或少用资本来生产，农业经营者必须就这些方面作出决定。于是土地和资本变得能够按它们的产品来计算了。而且，一旦文明达到这种程度，就再也不能避免依据估价资本的基本定律来估价土地了。换一个做法就等于放弃唯一可能的计算的尺度和经济决定的尺度。正像资本只有按同一利率来计算的时候才能够正确地互相比较一样，土地和资本也同样地只有采取资本的利率来估价土地的时候才能够正确地加以比较。

在共产主义国家里，通过彼此互相交换所发生的土地和资本之间的关系，的确是消失了；但是它们在生产中共同合作所引起的关系却仍然维持着。因此，土地价值的资本化还会像现在一样维持着。

第十章　劳动的价值

奴隶，对其主人说，是一种资本。奴隶的价值，就像牲畜、机器或任何一件固定资本的价值一样，决定于把可以属望于奴隶的一切服务加起来并加以贴现；或者，我们可以这样说，决定于他的净收益的资本化。

自由劳动的资本价值、自由劳动者的价值，并不是估价的对象，他的人身更不是经济上自由支配的对象，即更不是“财物”。反之，即使在最自由的社会，即使在劳动者本人实行统治并制定法律的社会，劳动的各个行为始终是经济上自由支配的对象，从而始终是价值的对象。要是人们不仅不能看出，一般地说，哪一种劳动最好，哪一种最坏，而且不能看出，在各种情况下，哪一种更为重要，哪一种较不重要，以及哪一种应该节约地使用，哪一种又可以最自由地使用，那就不可能对任何经济进行管理了。

用以估价劳动的方法是极其简单的。普通的归属原则决定着哪个收益份额可以归之于哪一种服务，这个份额的价值是作为生产这个份额的服务的价值而直接得来的。因此各种种类和质量不同的劳动都因有效供给、需求、从互补财物所得的支援以及技术可能性的不同而产生不同成果。高高在上的是“独占”服务，只要当时的一般经济状况支援他们以技术援助和一般需求的话；在底层的是非常拥挤的劳动部门，特别是非熟练的手工劳动。凡是有大量劳动力可利用的地方，它就被当作“成本财物”来估价，也忍受这种估价的种种不利。边际使用始终是决定性的使用，也就是那种带来经济上所能容许的最小成果的劳动使用。

社会主义者要我们相信，每一种劳动的价值都应该简单地依据时间来估价；也就是说，应该由服务的持续时间来单独决定每一种劳动相对于其他劳动的价值——自然，也假定，化懒散的劳动为热情的劳动，化非熟练的劳动为熟练劳动。这就是他们所考虑的劳动质量的程度，再没有更多的了。对于摆在劳动者面前的工作所存在的那些质量差别，却完全不予考虑。普通的手工劳动、较高级的技术劳动、最高级的脑力劳动，全被看做是相等的。这种看法违反估价的自然定律，任何按这种方法来处理劳动分工的经济是决不能持久的；难道还需要特别证明吗？

社会主义者还一直忽视这样一个事实——虽然他们确实只是步大多数经济学家的后尘——在我们今天的社会状态下，价值要履行着两种功用。其一是充作个人收入的权利。在追逐收入的大规模赌博[①]中，每个人所能得到的终归只能等于他的赌注的价值。在赌博中，赌注可以是个人劳动，也可以是财富。通常，有很多财富作赌注的人，即使没有个人劳动，也能得到很多的收入；而只有很少财富作赌注的人，即使花上竭尽全力的劳动，通常也只能得到很少的收入。

价值的另一种功用——通常是很受忽视的一种——是关于在财物与财物之间，以及在财物的使用与使用之间作经济上的权衡与比较，这里不考虑在人们中间的分配，而单是着眼于达到最大可能的经济成果。属于价值的这一功用的是，例如，那些任何经济所绝对不可缺少的原则，也就是：一切生产都应该这样来领导以便获得最大可能的收益；花在任何产品上面的东西不能多过于从产品上面所能得到的好处；在消费中，不应把适于满足迫切需要，从而也是更有价值的财物，花在无关紧要的满足上面；以及，一般说来，应该注意边际价值所指出的供给与需求的极限，等等。

社会主义者想要些什么呢？他们希望一种调节经济，这种经济决不比今天调节得坏些，也许调节得更好些；但是这种经济具有

① 原文 the great round game，指许多人参加的一种不限人数的扑克牌赌。——中译者

这样的特点:劳动应该是个人收入的唯一来源。土地和资本的价值——或土地和资本的租金的价值——不应该再归给任何个人作为他的支出或赌注,不应该再为任何个人服务作为取得个人收入的权利。在这种主张里——我们姑且不在这里讨论这种主张对不对——究竟有什么说服力,能够废除价值在经济上的功用以及它对个人的功用呢?由于土地和资本不再属于个人而属于国家,难道因此就该把它们看做是无价值的东西,并且在把它们使用于生产时就该不顾及价值原则吗?由于劳动成为私人收入的唯一依据——可能用每个人的工作时间长短来计算——难道因此生产中所要考虑的就只有劳动,劳动价值的唯一尺度就只能是它的持续时间吗?由于在人们中间分配财物要有一种新制度,难道因此在财物的全部工业管理中就必然出现完全无组织吗?

当然社会主义者决不会想望这样一种结果。他们希望一种调节经济,但同时他们也期望做到使财物按照它们的有用性来使用和利用。这是否意味着,财物的有用性真的是唯一要加考虑的东西呢?难道不要考虑财物的数量及其变动,不要考虑需求的上升或下降,不要考虑生产手段之间的相互关系上所具有的一切有利的一致和不利的一致的变化吗?但是,如果把有用性、供给、需求、互补性等等都结合在一起,那就不是按照财物的一般有用性来估价财物,而是按照在一定情况下可能归给财物的效用来估价财物——换言之,只是按照财物的价值来估价财物了;难道不是这样吗?

估价的自然原则是不可缺少的,因为它们服务于不可缺少的经济目的。其结果,凡是遵守这些原则的场合,这些原则就服务于这些目的，并且到目前为止，还服务得很好。只要交换价值和自然价值相适应，那下面一点就是对的：交换价值应该调节经济行为和对财物的支配，而且应该在一切部门中进行这种调节，不管是土地、资本，甚至是劳动。在这个价值定律的支配下，虽然劳动者可能严重受害，虽然社会大概也可能跟他一起受害，虽然劳动者的报酬可能需要按他自身的利益以及社会的利益，用另一个定律来调整；可是，只要谈到劳动的使用，那劳动还是不能按照别的任何定律来估价。一旦涉及使用劳动的问题，共产主义国家也必须使同一定律保持它的作用，否则这个国家的经济就会陷于混乱。

不仅是报酬问题，而且，此外，还有未来的劳动问题，必须跟劳动的使用保持区别。凡是普通劳动力丰富得不合比例的场合，那就只能，而且必须，把劳动使用于生产价值很微小的收益。要是还存在着这样生产能力微小的劳动力，那仍然要看成是一宗坏事；而导致增加劳动的贡献从而使它取得较高价值所作的一切努力，都是值得称颂的。要是小的能力带来小的报酬，从而在广大工人中间造成需要的不充分满足和悲惨的状况，那就更是坏事了。

第十一章　生产财物的价值，关于现在利益与将来利益之间的竞争

把生活资料或别的消费财物的供给，分配到一段相当长的时期里，并就现在和将来需要之间的竞争来估价它，归根结底，是很简单的事情。谁都会选择那个总的说来可能达到的最高满足，这

些满足就构成财物估价的基础，即由边际满足来决定单位财物的价值。边际满足究竟要发生在哪一个时间上，通常不能说定。也许一开始就可能达到最高的满足，就像那种数量很多而又容易损坏，并且无论在多么短的时间内也保存不好的财物那样。也许最大数量的满足只有在一个时期的末了才能得到，就像为了未雨绸缪而要求早期注意一定的节制以备不时之需那样。

这种事情常常为下列事实所复杂化：财物在生产上的使用和它们在满足需要方面的直接使用之间还有问题存在。例如，煤炭在住宅里和在工厂里同样发挥它的热能，可以用来消费也可以用作资本的许多其他原材料也是这样。就土地来说，也会看到同样的情况。一块田地可以用来生产收益，也可以开辟作公园。最后，劳动也同样有这种情况。可以雇他来为私人服务——例如在一个家庭中做家务劳动——也可以用于生产的目的。由于一切生产早晚总是为了消费，直接消费和生产上使用之间的选择也总是现在或最近的消费和将来或更遥远的消费之间的选择。支配这种选择的原则就是刚才讲过的原则，即，就全面来考虑，那个被断定是边际使用的使用决定着价值。这里通常也不可能指出边际使用究竟要发生于哪一个时间。它可能发生在眼前，即直接消费的期间；它也可能发生于将来，即生产上使用的期间。煤炭的边际价值可以用它为住宅取暖所提供的服务来决定，同样也可以用它为工厂所提供的服务来决定。

我们还可以进一步在生产领域内进行这种考察。人们可以使生产早一些或晚一些为消费提供成果，视生产是用什么方式来领导而定。既有可能使生产限于主要提供直接消费的对象——所谓直接消费意思是指离欲望最近的目的能更快地达到——也有可能领导生产向前发展，把它专用于制造生产财物本身，专用于保证巨大而持久的“出租能力”的条件，即为了将来更大程度的享受而推迟现在的享受。不仅要考虑生产对象的选择，而且要考虑许多别的情况。几乎每一种生产——那些严重受制于季节影响的生产可能例外——都容许有一个长一些或短一些的生产过程；几乎一切生产——只有更少数的例外——都可以“粗放地”或“集约地”进行，或是用较弱的手段取得较多暂时的成果，或是用较强的手段取得较多长久的成果。在所有这样的场合，都要决定，究竟是现在的或较近的享受好，还是将来的或较遥远的享受好。最后，还有另外一个特殊情况，也促成现在利益与将来利益之间的竞争。几乎每个企业的成就都需要个人努力，于是也需要克服休息和舒适的自然欲望所带来的阻力。在这方面，对现在和将来福利的考虑也有冲突。

必然指导人们就这方面作出选择的原则在所有场合都是相同的，虽然在应用上其困难随着情况的复杂化而增加。从整个来看有希望得到最大利益的那个财物使用方案，必然是那个被选定的方案，而且必须使估价——只要有实际可能，还是边际估价——适应于这个方案。

刚才所讲的，大体上，的确偏重于劳动和资本，而对土地注意得少些。使人去劳动的动机总是，或几乎总是在一时高兴中碰到必须克服的某种阻力。而资本，由于必须不断地被再生产，却不断引起这样的问题：再创造资本所必需的手段究竟是否不可能用于其他更为有利的地方。有两种彼此密切相关的著名理论便发源于此——虽然它们已经分别地出现过了：一种是关于劳动的价值；另一种是关于资本的价值。前者从劳动的“牺牲”得出劳动的价值；我们以后再讨论这种理论。后者从资本家的“牺牲”得出资本的价值，或者可以说，利息。这种理论认为，所谓牺牲是指资本家不把他的资本用于直接消费而用于生产的时候所作出的牺牲。这就是出名的**节欲理论**；这个理论把利息看作对资本家的节欲所付的报酬。在这里对这个理论讲几句话也许还是恰当的。顺着刚才所讲过的线索，对这个理论提些意见应该是没有困难的。

就资本形成的种种情况看，说资本在那个实际选定的用途之外，可能还有另外的用途，是合乎事实的，因为生产正像变幻莫测的海神[①]一样能够采取各种不同形态；然而，要是像现在所普遍承认的，说一切资本都容许拿来直接消费，那就不合乎事实了。由于拉萨尔对此作过批评，我们无需在这一点上再费笔墨。但是，即使假定这是事实，假定一切具体形式的资本都可能直接拿来消费，节欲理论仍然是虚伪的。节制消费是合乎经济的，消费却无论如何不能作为价值的尺度。这一点究竟有什么意义呢？财物对我们有价值是因为我们能够从它们身上得到点什么；而在财物的用途中那些被选作经济上可以容许的用途，则提供价值的基础。资本财物的可消费性质只有在资本财物真是专用于消费的条件下才能够影响它们的价值；如果真的把资本消费掉，整批生产财物便要减少；如果把更多的资本消费掉，它便要显著地减少，生产价值则要

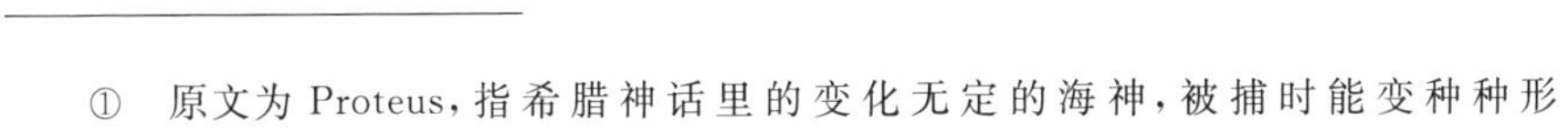

① 原文为 Proteus，指希腊神话里的变化无定的海神，被捕时能变种种形态。——中译者

上升。但是甚至连这种效果也一定不要把它看做是单方面的。资本的生产上使用和资本的个人消费是互相依存的。而且，它们之所以互相依存只是考虑到当时所使用的价值量。反之，它们之中，哪一个也不能作为另一个的基础。资本是可消费的这一情况所能使生产中对资本的拙劣使用具有价值，并不超过资本是可供生产使用的这一情况所能使资本成为可消费的，如果资本在本性上并不是可消费的话。一种使用的价值必须从其本身去找：生产价值只能来源于生产，消费的价值也只能来源于消费。从资本的不同使用中所获得的价值量，只要有实际可能，当然要互相加以比较，以便尽量获得最大可能的整个成果。此外，即使在不把它们加以比较的场合，也还是依靠边际定律所带来的特殊估价形式，把它们估量作彼此相等的价值。事实上，消费上的节欲只不过是生产价值的征象——偶尔等于至少抵偿节欲的牺牲所达到的那么多生产价值。

节欲理论在本质上同那个从产品成本推出产品价值的理论是显然类似的。像我们要立即看到的，成本定律确实是一个实际运行得很好的估价定律。但是成本并不构成价值的基础；成本只是等于价值。此外，人们花费着成本这一情况使我们断定价值的存在。成本理论和节欲理论一样——除了后者只限于更小的范围——把价值的近似定律——或更确切地说，价值的均等定律——跟估价的基本定律混为一谈了。前一理论跟后一理论一样，都是把那个使我们能以断定价值存在的征象当作价值的原因和注解了。

第五卷

产品的自然成本价值

第一章　成本定律

我们知道，可能使用于几种用途的生产财物，从它们的产品中那些生产得最少的产品的价值中获得它们的价值，这种产品的生产是经济上所容许的；也就是说，这种生产财物是由边际产品或是从它们对边际产品的生产贡献中获得它们的价值。在一批生产财物中，所有相同的物品或相同的财物，其价值都是相同的，甚至那些实际是使用于生产更多收益的用途上的物品或财物，其价值也是相同的。一批生铁的每一部分都和所有其他相同部分一样具有同等的价值，即以边际生产贡献为基础的价值。一批煤炭也是这样；同等质量的劳动的每一有效供给部分也是这样；任何其他生产财物也是这样。假设，在一批甲类生产财物中，用于最无关紧要用途的一件财物所生产的产品是1，这一批生产财物中每一件财物的价值就是1；如果乙类的边际生产贡献为2，乙类中的每一件财物的价值就是2；如果丙类的边际生产贡献达到3，这一类财物的每一件的价值就是3。

可见，通常（例外情况以后再讨论）生产财物在生产程序完成之后仍然保持着那个在生产开始之前就归给它们的价值——预计到最好可能的成果——也就是说，它们把这一价值一直保持到它们所转变成的产品中去。采用前述数字，10甲十10乙＋10丙三项生产要素的产品，通常具有10＋20＋30＝60的价值，而10甲＋20乙＋10丙的产品则具有10＋40＋30＝80的价值。

这个定律可以有不同的表述，要看我们从生产财物方面还是从产品方面来阐述它而定。

在前一场合，这个定律是这样说：通常，相同的生产财物在每一件产品中保持着：第一，相同的价值；第二，通过生产财物的边际生产贡献附着于它们身上的那个价值。这是正确的公式。但是，因为通常成本定律是大家所知道的，所以第二点就被忽略掉；这样，给我们的就是相对价值的公式，而不是价值的绝对额的公式。

在后一场合，这个定律是这样说：通常，一件产品的价值是用单位生产财物的价值来乘所使用的生产财物数量所得出的复合体，或者——考虑到每一件产品总是由几项生产要素生产出来的——产品价值是这些复合体（10 甲＋10 乙＋10 丙，或 10 甲＋20 乙＋10 丙等等）之和。紧跟着这个指明价值的绝对额的公式，还有另一个表明价值关系的公式。这就是，有一项共同生产要素的几种产品价值的相互关系，就这个共同要素看，相当于这些产品的生产所需要的这个共同要素的数量之比。这是正确的公式。通常大家都知道，这个定律更简单地是这样说：产品价值的相互关系相当于它们的生产所需要的成本之比。这又仅是相对的而不是绝对的表述。更仔细的考察表明，要是光有这种相对公式，是无法应用的。10 甲＋20 乙＋10 丙的数额并不是 10 甲＋10 乙＋10 丙数额的两倍；只是就要素乙看，前者才是后者的两倍。只有当甲、乙、丙的绝对价值为已知时，才能够建立起总的关系。如果甲＝10，乙＝20，丙＝30，二者的比例就是 80 对 60；而如果乙＝100，那比例就变成 240 对 140 了。

在《价值的来源》一书里，我把有一个共同生产要素的产品叫做同源生产品（Productionsverwandt），译成英文可以叫做“同源物”。也可以说它们代表这个要素的直系后代，彼此间还有着旁系关系。用同样质量的铁所制成的一切产品都是同源物。许多产品不仅在一个方面彼此互为同源物，例如，铁制品在其制造过程中就花费了同一种类的劳动或同样的燃料。就这个意义来理解，刚才所讲的定律就总是指同源产品了。

这就是大家所熟悉的成本定律。现在摆在我们面前的任务就是来说明和证明这个定律。①

第二章　成本的概念

一个人不管拥有哪一种经济上的生产财物，无论是土地、资本

① 上面我只是就所谓生产成本的关系来阐述成本定律。在这之外，当我们提到购买的费用时，有时也谈到成本。在这里成本指的是买主为取得财物的所有权所必须花费的货币金额。就这些成本而言，一个完全类似的定律也有效。凡是用于购买财物的数额相等的货币金额对于一个所有人具有同等的价值，而凡是用货币来购买的财物——假定存在着完全类似那些适合于生产成本定律的条件——对于一个所有人又具有与购买成本成正比例的价值（参阅本书第 2 卷第 2 章）。但是，生产成本定律较之购买成本定律具有更深刻的重要性，因为，像后者一样，前者也不受主观的限制，而只适用于客观交换价值方面。由于这些更深刻的效果，它是值得加以特别论述的。

扎克斯曾更全面地论述了成本的概念（参阅他的《国家经济的基础》一书第 56 章）。但是，无论这样获得的结果有多么重要，按刚才所讲过的理由，在我看来，采用较狭义的成本概念还是比采用较广义的成本概念更妥当。

联系到本卷所述各点，请参阅《价值的来源》第 97，103 及 146 页；此外，还有庞巴维克的《价值论》第 61 页及 534 页；以及扎克斯的著作第 327 页；最后，还有杰文斯和瓦尔拉著作中有关这一问题的部分。门格尔没有讨论过成本问题。

还是劳动力，他都把它们算作自己的财富的一部分，虽然它们并没有直接增加他的满足。他完全有权利这样做，就像他有权利把那些容许直接享受的消费财物算作财富一样。对生产财物的占有给人们以日后取得消费财物的希望。因此，生产不仅创造价值，而且毁灭价值。人们只有当意外地发现预料不到的生产价值的时候，才把它算作纯粹的利得。就像神话里所说的，当腓尼基人偶然在灰烬中发现玻璃的时候，呈现到他们头脑中的只有生产的利得；但是，此后，无论哪一个着手生产玻璃的人，在他做这种事情的时候都不得不注意玻璃生产的原料，都不能不知道生产所毁灭的部分。生产如果一方面生产产品，另一方面就限制生产力。因此，为防止他所耗费掉的价值要比他终于能赚得的价值更多，每个人都应该懂得如何使他的生产总是朝着最大可能的成果的方向发展。

在生产财物能够作许多种不同的使用的场合，这种情况就显得更为突出，也更为重要。在这里必须注意选择那些无论在种类和数量方面都能证明是经济上最有效率的使用。也就因此，才把投在任何一种生产上面的流动资本或劳动力从所有其他生产上完全抽出来。固定资本，甚至不能消费的土地，在它们被投入生产的期间，也是如此。由于这一事实，对于把各种生产手段投于各个企业的问题，总是必须作很好的考虑。下面一点是达到这个目的所必需的：决心制造一种特殊产品的人应该对于因此而无法制造的所有其他产品的价值有一个正确的看法。然而怎样才做得到这一点呢？这是通过计算这些产品的经济的共同生产要素的价值来做到的。无例外的，一切“同源”产品的价值都是结合于这些要素之中的。其结果，生产价值在同源产品的整个领域当中占着中介地位。每当任何一类产品的价值下降或上升，从而需要或是扩充或是限制其他生产部门的时候，[①]其效果首先传到生产价值，然后再从生产价值接着往下传去。在每一个场合，产品和产品价值均自行向着生产价值调整，而生产价值则指示着大家所共有的生产限度。

这样我们就得到把生产财物理解为成本的观点。其中第一要素是，生产上的使用表现为支出、牺牲、损失等等；第二是，依靠这个，又引起对几个相关联生产的均等化的注意。说任何一种生产都含有成本，不过意味着无疑地本来可以有效地用之于其他方面的经济的生产手段，或是在生产中用掉了，或是在生产中停留下来。成本就是这样一种生产财物，当把它们作某一种使用的时候，又由于它们具有可以另做别的使用的能力而采取支出、费用的形式。[②] 估价成本的尺度始终是生产上的边际效用，因为它是在考虑经济上所容许的各种使用时找到的。

于是，只有那些我们（在本书第 3 卷第 12 章中）已经作为同“独占财物”相对立而称之为“成本财物”的生产财物，才能够把它们当作成本。只能作一种使用的生产手段则不分享那个产生我们

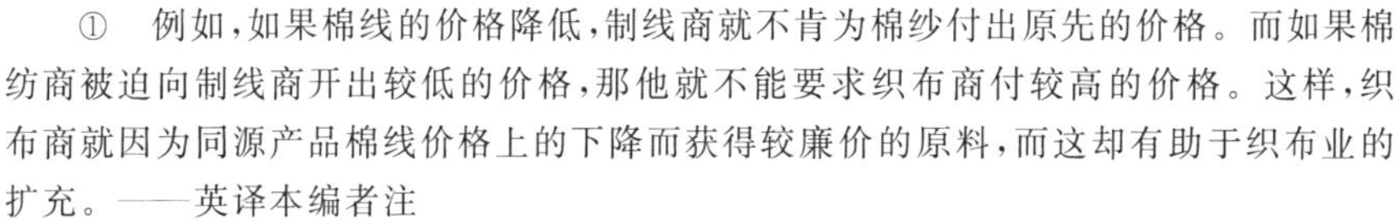

① 例如，如果棉线的价格降低，制线商就不肯为棉纱付出原先的价格。而如果棉纺商被迫向制线商开出较低的价格，那他就不能要求织布商付较高的价格。这样，织布商就因为同源产品棉线价格上的下降而获得较廉价的原料，而这却有助于织布业的扩充。——英译本编者注

② 只有把利息和地租也算在成本里面的时候，这个定义才需要重新作微小的调整（参阅本书第 5 卷第 11 及 12 章）。利息和地租——或构成利息和地租的财物——并非生产财物。像生产财物一样，它们不过是生产计算的要素。

认为是成本的东西所必需的复杂条件。矿泉的用处只在于把泉水引出来灌进瓶子里使用,灌瓶子的非熟练劳动除能灌瓶子之外还有成百种其他用处,很明显,前者同产品价值的关系必然跟后者很不相同。"独占财物"仅仅为它们本身取得归属于它们的产品价值,而不再把这种价值传回给这些产品;"成本财物"也这样做,然而成本财物却是许多生产关系的母体,在这里面它们起着价值的结合力量和均等者的作用。任何生产要素的使用愈是多样化,过程愈短——因为这使对下一次要如何使用财物不断作新的考虑成为必要——成本财物在生产中的使用所取得的牺牲性质就愈多;如果要维持生产的适当平衡,这种牺牲的大小是必须充分权衡的。其结果,非熟练劳动和普通类型的流动资本,常常就是那种最适合于成本概念的财物。

第三章 成本定律的根据

成本价值决定产品价值的方式有两种。它通常通过调节所生产的供给间接地决定产品价值;但在个别场合,它也通过传递本身的价值不借助任何媒介就直接决定产品价值。

首先,关于成本的间接作用。对来自生产的最大可能收益的期望,是用成本价值来表示的。为了实现这种期望,必须很好权衡和平衡所制造出来的全部同源产品的数量之间的关系。如果某一方面生产得过多,别的方面就要受到损失,这种损失比生产过多所带来的利得更为明显。如果某一方面生产得过少,也会发生同样的损失，这种损失也不可能用其他方面的生产过多来补偿。究竟是生产得过多还是过少，从价值上看得很确切。如果产品价值——因为它是由供给与需求之间的等式所形成的——小于成本价值，所生产的就太多了；这种成本原可以生产具有较高价值的产品，却只生产了具有较低价值的财物。要是产品价值超过成本价值，所生产的就太少了——只有不久就要讲到的一个例外——并没有把这种成本全部用来生产最高价值的产品，然而恰恰是预见有这种结果才把价值给予成本的。可见，如果要产品生产得既不高于成本又不低于成本，如果它们要获得经济上最有利的生产分配，就一定要恰好按成本价值来生产产品。

如果我们问，为什么这样生产出来——既不低于又不高于成本——的产品具有价值，而且为什么具有一定数额的价值，那无疑地我们会发现产品价值只有归功于产品本身。考虑到所生产的数量，产品是从其本身效用中创造出价值来的。花费具有一定价值的成本来制造产品这一事实对于产品价值是无关紧要的。成本价值并不决定使用价值；使用价值是独自存在着的，而且制约着成本价值。

其次，关于成本的直接作用。在某些情况下，生产某些使用价值超过成本价值的东西是经济上所容许的，可是这些东西仍然必须按它们的成本价值来估计。这种直接作用是两种作用中最显著的一种。假定一件物品所必需的成本数额具有等于 6 的价值，并假定所生产的第一件物品具有使用价值 10，而第二件物品的使用价值却只有 1(请对照本书第 1 卷第 4 章和第 3 卷第 8 章)——当然，必须只限于生产一件物品。那么，这件物品要怎样来估价呢?

这要视种种情况而定。在极端危险的时刻，一件武器就要按它的使用价值来估计。但是假使某人正在从容地为自己的冒险旅行进行准备和武装，充其量他也不会想到把武器估价得高过于生产和再生产它们所要用的原料和劳动。武器的损失总是能够用成本上的牺牲来弥补的——假定人们具有重新生产武器所必需的空暇和手段——成本的数额肯定地小于武器本身在迫切需要当儿所具有的重要性。要是一件财物的使用价值等于10，成本价值等于6，只要它是可能再生产的，而迟延又无损于需要的满足，就必须按6来估计。

像引导我们按边际效用来估价实际上是用于满足一种较高级需要的一批财物中的任一单件财物一样，同样的论证也引导我们按成本价值，而不越过它，来估价其特有使用价值超过其成本价值的某种产品，假定我们在适当时刻也占有生产和再生产这种产品的手段。因为，像在前一场合，边际用处才是唯一真正具有决定性的用处一样，在后一场合，成本价值才是唯一具有决定性的价值。边际定律在这里又有了新的应用。

由于成本对产品价值的影响是与产品数量无关这一事实，刚才所描述的种种情况才特别引人注意。如果在刚才所举的例子里，成本价值从6升到9，或降到2，要生产的产品只有一件，它的价值就要同样随着成本价值的变化而升到9或降到2，而所生产的数量却不变动。李嘉图用他所特有的敏锐眼光指出，从理论角度看，对这些事例——即产品价值自行调整到成本价值而数量却不发生任何变动的事例——的考察是一个很重要的考察。事实确是这样，虽然李嘉图把它用得不是地方。他希望用这一点证明成本基本上是价值的独立来源，而事实上，这一点却仅仅证明，在某些孤立的场合，成本可以直接决定产品的价值量而已。但是，这种考察的决定性意义主要还在于，它使我们洞察到否则就很难洞察的估价过程的关系。的确，它指给我们有关边际定律的最明显的和最无可否认的应用，这在任何地方都可能找到。

而且，即使在这种场合，把成本花费掉这一事实对于产品价值也没有什么重要性。决定性的事情是，成本能够重为人们所花费，并用效用上的较小牺牲来获得较高的效用。①

第四章　成本定律所依以生效的条件

说只有产品受成本定律所支配是无益的。主要受这个定律所支配的产品是那些经常地、有规则地和大量地生产出来的产品，尤其是那些在生产中专门使用成本财物的产品。而那些在制造上受到公认的独占财物非常严格限制的产品，则丝毫不受成本的影响。

① 本书所阐述的成本定律的根据好像只能应用于自然价值，而不能应用于交换价值或价格。但实际上它也能应用于后者的。就价格而言，成本定律的作用可以大略说明为：生产者不愿按低于成本的价格出卖，而在有自由竞争的场合，又不能按高于成本的价格出卖。但是为什么，在前一场合他们不愿出卖，而在后一场合竞争又使他们不能出卖呢？归根到底是因为每个人都尽其所能来应用估价的自然定律，而这些定律又把他带到由此引出成本定律的那个产品数量或那个对被生产出来的东西的估价上去。竞争——也就是，应用同样自然定律的其他人的努力——随后又迫使他在他向消费者讨价时表示他自己所作的估价。因此，价格的实际状况基本上决定于竞争的实际状况，尤其决定于竞争的努力所受“均等化的障碍”的限制究竟有多大。这些“障碍”在国际贸易中特别强大，因此，成本定律在国际贸易中只有很小的效力。

在这样的场合，成本上的一切变化并不影响到产品，而只影响到独占的生产要素；成本的每一减低都提高这些要素的价值，而每一增大则降低其价值。[1]

那些要再使用于生产的产品——也就是，所有被生产出来的具体形式的资本，或者，为方便起见，我们可以称之为"资本财物"——也受成本定律的支配。因此，对资本的估价成为非常复杂的事情。人们必须始终把归给资本的收益和资本的成本这两件事物结合在一起。这两个数额互相发生关系，而且只要有可能，还有相等的趋势。收益的价值愈大，生产这一收益时候所要花掉的成本愈大，成本的花费也要愈大，只要这是可行的和必要的；成本的必要花费愈小，收益的价值终于也要愈小，不管这一点是由生产终于要相应地扩大这一事实所引起，还是由直接把对效用的估价压低到成本的水平这一事实所引起。如果一部机器工作得很好，那是高度估价机器的一个原因；但是如果这部机器能够很便宜地生产出来，那机器本身，以及最后连它的产品，就只能获得较低的价值。生产资本的成本把自己的效果完全传到资本的成果上去，不管这些成果离得多么远，只要它们落到生产者的视野之内，在估计价值时能够加以考虑就行。

但是，受成本定律支配的产品也并不是在所有场合都受这个定律的支配。要受这个定律的支配，这些产品就必须作为产品，即作为它们的形成所依赖的要素而受到考虑。如果对这些产品

① 正是这样，在棉线业中，不论是工资的变动还是原料价格的变动，好像都不影响价格，而只使利润增加或减少。——英译本编者注

的估计是独立进行的，如果对它们的估价是孤立地而且只就它们本身来进行的，那单是它们本身的效用——即它们的边际效用——就能决定它们的价值，根本用不着考虑它们的生产上的边际效用。

在用成本来直接决定价值的场合，这一点是看得最清楚的。为什么在这种场合要按照成本来估价呢？因为产品总是能够通过牺牲成本而重行得到的，而且，恰恰只有能够通过这种牺牲来得到它们的时候，才是这样。如果由于某种情况使得它们的再生产不能进行——譬如说，由于封锁而某些物品的进口停顿了，或者是由于需求增加得那么快以致生产没有能够跟上它——价值就要按期望产品提供的效用（即边际效用）的全部数额来估计。通常，各种产品的供给是那样丰富——部分为私人当家人所占有，部分留在生产者和商人的较大仓库里面——使得人们可以为需求上的较小增加先作准备。只有在生产受到大规模的永久性干扰的场合，才暂时停止用成本来估价。如果再生产仍属可能，即使要比先前花费较大的开支——但还未达到效用的高度——成本定律就仍然有效，只是成本的起决定作用的数额要上升而已。如果需求减少，或者未及预见的供给使存货增加到了这种程度，使边际效用下降到低于成本的数额，那成本定律就要暂时停止生效，直到边际效用再上升到使生产又可以实现为止。

同样的道理也适用于成本并不直接决定价值，而仅是首先决定生产的限度的场合。每当或者只要生产的可能性停止的时候，成本的影响也就停止。这里又可以看到积存的存货的同样影响——需要的供应中的全部较小的干扰是通过这种存货的中介来平衡的。[1]

当引起成本定律暂时停止生效或受到限制的各种干扰消失之后，成本定律就又变得活跃了。但只要有可能，人们都要试图按照包括所有在当时是“同源”的生产的普遍计划来经营生产。受孤立的生产会阻碍生产手段的充分利用；它把人类需要的供应过分限制于某些方面，而在别的方面又作得太过；而更坏的是，只让生产在某些方面进行。因此始终有回到最无所不包的生产状况去的趋势，于是，但凡有可能，就始终有按照成本来估价的趋势。

如果社会在其经济生活中确曾臻于这样完善，又管理得这样好，以至任何生产计划从没有遭到失败，交换从没有遇到中断，财物的意外损失从没有发生，一切财物取得总能够按最全面而又最精确的程度来预计，最后，需求从不会变化，或者至少其变化总是被充分地预计到，那么，在这样的情况下，成本定律就会成为价值的一般定律——就其所适用的那些财物而言——所由以表现的唯一形式了。不要期望事物的一切安排都能够把社会经济带到这样完善的地步。即使在最完善的社会状况下，这样的变化，即暂时必须限制或扩大成本定律发挥作用的范围，还是会有的。

社会主义者如果期望，在他们未来的国家里，用成本来估价就完全足够，那他们就错了；除非人们能够对财物生命的自然状况行使这样的主宰，以至任何一次收成从不会受灾，或者，真的从不会

① 即使在这样的场合，直到某一点，成本还确是决定着价值的。能够用仓库或其他类似机构里的存货——这些存货又能够通过生产来更新——来补充的一切财物，在我们看来好像就因此直接作为这些财物的生产要素的简单结合。总的说来，在这个范围内可以说成本直接决定价值的情况是占优势的。

过剩;此外,除非能够保证国民生活在完全和平的环境中进行,这种环境只能想象成这样:这时战争停止了,发明不再有了,新的需要也永远不再发生了。

第五章　成本的起决定作用的数额

财物包含了成本,以及财物包含了一定数额的成本这一事实,并不决定财物的价值。不仅成本定律所依以生效的条件必须具备;而且必须考察成本的合理数额。

决定价值的只是"社会必要"成本,只是所需要的最小数额的成本,不管这种决定是"间接"的还是"直接"的。就"间接"的决定来说,成本价值要求承认使用价值。凡是无用处的费用都得不到价值;凡是过分多余的费用,即超过于为取得效用所必需的费用,也得不到价值。就价值的"直接"决定而言,第一重要的事情则是再生产所需要的支出。

要是成本的起决定作用的数额随后会有任何变化的话,必然的,用最小成本合乎经济地生产出来的产品,其价值也一定要发生变化。特别是,要是成本的数额变得较小,按先前较贵的成本率生产出来的商品,其价值就一定要从新的较贱的财物能以满足需要之时开始下降,或者甚至下降得比这更早,只要先前的存货数量很大,又鉴于生产日益增加而不敢再囤积的话。

也可能,一切有需求的产品不能全都按一个最便宜的成本率来生产。于是,必然地,成本的数额就一定要上升。用不同成本所生产的财物，其价值就全部都决定于必要的最高成本；对于按最高费用生产出来的那部分财物，如果按这样高的费用来生产它还是完全可容许的话，就必须相应地作较高的评价；对于其他部分，即生产得较便宜的部分，也必须作同样高的评价，因为凡是质量相同的产品必然具有相等的价值。

就交换价值而言，所有这些命题，无论在理论上还是在实际上，都是众所周知的。我们所感兴趣的是，如何理解这些命题也适用于自然价值方面。

第六章　成本定律和价值的一般定律

如果刚才所作的关于成本定律的表述是对的，那对于它同一般价值定律的关系就不能有所怀疑了。

成本与效用之间并没有根本的对立。在个别场合，成本就是按照财物的一般效用来估价的财物。成本和财物之间的对立只是个别场合的效用和整个的效用之间的对立。谁要是只想到“效用”而不想到“成本”，谁就不过是在一项生产的效用中忽略了其他生产的效用。谁要是在个别场合按最小的成本来生产，那就整个来看，谁就生产了最高的效用，因为他因此保全着可能有的效用的一切机会，并从而最后把这一切机会都利用到最大的限度。

这样，凡是成本定律生效的场合，效用就一直是价值的来源。不仅如此，边际效用仍然是价值的尺度。唯一问题是，效用和边际效用不再在各个特殊的产品组的范围内单方面地决定，而是在整个同源生产的领域内决定。在这个领域内起决定作用的始终是生产上的共同边际效用。生产结合为10甲+10乙+10丙的成果，具有10倍所有甲类生产财物的共同边际效用，乙类及丙类亦复如此。这个成果又必然地同10甲+20乙+10丙所造成的产品在价值上有一定的比例，而这个比例又同一般价值定律相适应——按照这一定律，一批财物的各个部分是用边际效用乘财物件数来估价的。即使那些在外观上和用途上彼此完全不同的产品，如果追溯到制造它们的生产要素上去，最终也要像一批财物的不同部分一样，纳入同样的价值关系。一个碗橱和一张桌子就其本身说是不同的财物；还原为它们的生产要素，它们便具有同样的性质，属于同类的供给，并且获得相应的价值表现。成本定律是一般价值定律的特殊和复杂的概念，应用于特殊和复杂的场合，亦即应用于这种场合：同一批财物之间的关系从其外观上看并不显著，只有还原为制造这些财物的生产要素之后才是能够认识的。

如果我们不补充说，就产品而言，成本定律迄今是价值的一般定律所采取的最常见的形式，那上面这个表述还不完善。几乎一切种类的产品都不断被再生产着，从而它们的价值也必须通过不断地对比生产供给的数量和生产需求的数量来决定。价值上的绝大多数变化都是由于生产财物(或在它们的生产中，如果它们本身就是生产的对象)所发生的变化而引起的，以及由于技术上的变化，或由于生产条件的变化使得生产这种财物所需要的成本数额增大或减小而引起的。于是就发生这样的事情：在多数场合，产品价值的变动都可以追溯到能从生产财物中找到的某些原因。即使万一价值的变化首先产生在需求和产品方面，这一情况的效果也要通过成本财物的中介而传递到同源产品身上，并引起这些产品价值的上升或下降。同成百种其他产品“同源”的产品有种种可能成百次地受到它们的供求关系上的变化的影响，至少一次受到它本身的供求关系上的变化的影响；而所有这些影响又都是通过成本价值从外部传到它身上的。就是这样、任何单个供求上的变化都必然不留下任何痕迹就消失，除非这些变化碰巧是极其广泛的，从而，比起在整个同源生产范围内的供求来，是足以干扰起决定作用的边际效用的。

因此，成本现象是财物存在的客观条件影响财物价值有多么大的一个新证明。财物价值，就其最终的“成本价值”形式看，距离它所由引起的那面作为主观事实的镜子——即需要的价值——有多么远！同源产品是用不同数量的同一生产要素来生产这一情况，使得对这些产品的各种主观估价之间产生一种比例，这种比例的条件则完全来自生产的客观状况；而使这些条件必须出现的动力，以及其倍数要参加到比例中去的各项要素的绝对价值量，却仍然是主观的，这样就证明价值的来源和性质是具有主观性的。

说成本对产品价值的影响能够逃出经济学家的观察，那是不可能的。可是经济理论对成本定律的认识，长久以来仍然是很不完善的。人们只把成本定律看作相对的定律，即将产品价值看作成本的数额；至于什么是成本的性质、成本本身从什么地方获得自己的尺度、又有哪些绝对数额可能归到产品价值上去等等，在这些方面这些经济学家除了能够说明那些只要把成本看作产品价值的最终原因就不可避免要有许多矛盾之外，就再也不能说出什么别的了。也许边际效用理论的最大胜利就在于，它充分说明了成本的费解概念，即所有其他理论都必须加以考虑，而任何理论迄今还不能作出任何考虑的概念。只有劳动理论作过这种尝试，但它却因此——像我们将要指出的——在这一范围内给理论的政治经济学引进迄今从未犯过的最大错误。

第七章　所谓劳动的生产成本

政治经济学的古典学派，由于判断上的不可思议的错误，作出这样一个命题：人类劳动的交换价值也决定于生产成本。

人类劳动的生产成本——如果我们用这个名词的字义上的人格化意义来代替非人格化的、形象化的意义——就是生产出劳动者的成本。多么荒谬的想法！难道能够说，世上竟有和物质事物的生产意义相同的劳动者的“生产”吗？即使在野蛮社会的最黑暗时代，果曾有人说过这样一种事情吗？的确，至少该选用另一个名字。但是撇开名字不谈，还是让我们来看一看实质吧。

实质是，所谓劳动的生产成本，意思是说维持劳动者及其家庭所必需的成本，即劳动者本人看作是为了维持自己生命、维持精力、维持工作能力、生育子女并把他们养大到可以劳动为止所必需的最低生活资料。由于财物价格不能永久高于或低于生产成本，这些人因此主张，劳动工资也决不能永久高于或低于生存最低限度。自然，这一命题除了应用于最普通的劳动、最低报酬形式的劳动之外，永远无法加以理解，因为报酬较高的劳动确是高出于公认为可以容许的最低工资水平之上的。

一方面，仅就没有可能降低到最低水平之下而言，事实上，工资定律和成本定律之间确实有惊人的类似。如果劳动者除了工资之外再没有别的收入供他花费，工资的确不能永久低于用必要的生活资料价格所标示的数额。如果生活资料稀缺而又昂贵，较高的工资最终一定会随之而来。苦难和死亡是产生这种结果的无情的力量，因为它们把劳动者的人数缩小直到被缩小了的劳动的供给又使工资重行提高到足以偿付生活必需品为止。

但是，就另一方面说，又怎样呢？难道工资真的决不能永久高过于生活资料的成本吗？对生产的较便宜条件的认识对于产品估价所加的压力和对生活的较便宜条件的认识对于劳动估价可能施加的压力之间，是不是存在着最小的类似，或甚至明显的类似呢？古典学派经济学家认为有这种类似，并因此又把下述动机带到问题中来，这种动机与支配着财物生产的动机毫无共同之处，就像所谓凡是找不到生活资料的人一定要死掉的自然定律与支配着制造商——当某种经营不能抵偿成本的时候他就不继续经营——的动机毫无共同之处一样。用来证明工资不能维持高过于最低限度的生活资料的动机是性的本能。如果生活资料变得较便宜又较丰富，那就有更多余地来增加人口、结婚、生育子女并抚养他们。这样，劳动者的供给量就能够继续增加，工资就能够继续下降，直至重行达到有可能维持的最大限度的人口和生存最低限度的工资为止。这一结果是可能的。但是这一结果一定会发生吗？这一结果是否一直在发生呢？经验究竟要说些什么呢？它说得很明白——说得那么明白甚至连那些主张成本定律也适用于劳动的人，也觉

得自己不能不给那个定律加上某些条件，而这样又等于取消了那个定律。于是就加上了这样的条件：决定工资的是劳动者本人认为可以容许的那个最低限度生活资料的数量，因为经验表明最低限度的工资随时、随地并且在各个不同国家，都是不同的。但是这一条件取消了这个定律。如果劳动者的意见能成为决定性的意见，那就不能再说什么强制、客观、固定的工资标准了。经验还在另一方面说得更明确。我们到处看到，种类不同的劳动，其工资数额是不同的。一直只取得尽可能低的工资的，只是劳动者中间的某些人，而决不是多数人。但是，如果整个劳动状况完全像那些人所主张的，受性的冲动的支配，那又会怎么样呢？在这样一个假定下的劳动供给难道不会变得无比庞大——通常，最终无论如何是这样的——而一切生产部门的工资难道不会被减到最低限度吗？难道所有工资不会都变得同样低吗？较高级的劳动部门继续维持着较高工资这一事实明显地证明，工资的高度继续决定于那些理由，这些理由非常有力以至其有利结果不容为性的本能所勾销，或者，用等于同样意思的话说，性的冲动并不具有归到它身上的那种破坏力。如果就某一类劳动说，性的冲动不具有这种破坏力，那就看不出为什么就别类劳动说，性的冲动必须具有这种破坏力了。

如果成本定律果然适用于劳动工资方面，那这个定律也会适用于劳动的自然价值方面了。赖以证明有关劳动的成本定律的力量在任何社会组织下必然会有同等的效果，如果这些力量果然像人们所断言的那样起作用的话。如果性的冲动被赋有这种无比的力量，那即使在共产主义国家里，性的冲动也会使劳动者的人数增加到按生存最低限度所能维持的最高点；所不同的只是在那里，由于整个国家都是劳动阶级，其后果就变得更加广泛、更具有破坏性了。今天的"工资铁律"在将来会扩大成为普遍性灾难的铁律了。

现代经济学家几乎一致摒弃按成本定律的古老、粗糙形式将其应用于劳动上面，但另一方面，他们对于维持劳动者另一效果的成本问题，却作了让步。他们说，每一类劳动者所努力的是，保持他们一旦已经达到的生活水平，使他们对工资的要求同这个水平相适应并为实现这个要求而奋斗；此外还调整他们的婚姻和他们的家庭规模使其适合于这一水平。据说工资一旦成为习惯水平，就有永久维持这种习惯水平的趋势，同时对那些要把它压低的趋势进行抵抗。如果这个定律是真正的工资定律，那就还要承认它是一个自然经济定律，因为它也是建立在普遍势力的基础之上的。但是，经验好像并不证实这一点。难道工资不是不断上升或下降吗？恐怕工人想要维持已经达到的收入标准那种很可以理解的愿望，并没有因此而有能力来抵制不利于劳动的争议的发生。如果劳动的收益下降，劳动的自然价值也就下降，丝毫也不受先前习惯的舒适水平所阻碍，而且劳动的交换价值在最大程度上也会随之下降。因为虽然这些方面并不是必然互相吻合的——难道我们没有常常看到工资低过于自然价值吗——事实是，工资高过于自然价值可以认为是极其罕见的事情。无论如何，从推迟结婚和推迟生育子女方面所能期望的结果，总是来得太晚的，这种结果只能在许多年以后，在下一代才感觉得到的，而到那个时候各种情况也许早就完全改变了。当然，在决定来自生产的收益的许多动机中，不

能把获得尽可能高的收入的欲望看做是十分不重要的动机。这种动机，像智慧、技能以及有利的自然条件一样，是富有重要性的。但是为什么单单在劳动的收益方面要突出地提出这种动机呢？难道这种动机对于从土地和资本所取得的产品不是同样有力吗？而且为什么这种动机的影响只应当限于已经获得的收入的数额呢？难道这种动机就不再进一步影响到新收入的取得吗？实际是，人们力图在个人能力所许可的范围内，使所有生产收益尽可能的大，同时这样取得的收益又决定着各项生产要素的价值——劳动的价值以及其他要素的价值。认为有一个原因仅是在劳动方面起作用，由于这个原因的作用，已经达到的工资水平获有一种特殊的力量来维持这个水平永不下降，那是怎样也说不通的。

那些发展这样的理论的现代经济学家之所以这样做，也可能只是为了使工资定律同商品价格的一般定律相适应。他们同样都是从一种错误假定出发，认为成本和效用之间存在着根本对立，并且希望在“效用的边际上限”和“成本的边际下限”之间找到价值。但即使假定，果然存在着这样一种对立，这种对立无论如何丝毫也不能适用于劳动。把劳动强行归入物质财物依其本性而归入的所有经济范畴，是不可能的。一件可生产的物品之成为财物，即有用的东西，包括两个方面：第一，靠它的效果，即就效果看它是“有用”的；第二，靠它的根源和它的维持方法，在这方面这实质上是一个所有权问题。劳动却只能就前一方面作为一件东西来看待；在劳动的有用效果方面，对于劳动的经济用处是可以考虑而且应该考虑的。而在后一方面，劳动是有关人的事情，其根源及其维持方法都不能单纯用经济理由来决定。要是试图干预劳动者的人格而不考虑其他理由，那就会超出经济管理所能容许的范围。经济理论要是要求专门用经济理由来说明个人生活的问题，那就超出它本身的范围了。①

第八章　各派成本理论

到目前为止，我几乎完全避免批判别派价值理论。直到这一点，即直到成本问题上，这些理论并没有包含任何外来因素。这些理论之所以不充分主要是它们对于价值的真正因素说明得不充分。要是我成功于——这是我所不敢企望的——无可争辩地证明我所表示同意的理论，那其他理论就其本身说就因此全被驳倒了，因为我所同意的理论完成着其他理论刚刚着手的研究。凡是其他理论只讲了一半的地方，它全部都讲了；凡是它们只接近于真理的地方，真理本身早已被找到了。但是那些从成本推得财物价值的理论却不是这样——虽则当然只就其中的某些理论而言。这些理论乞灵于某种外来因素，在我所选择的道路上面，并没有这种因

① 由于劳动并非劳动者的生活资料的产品，因此，反过来，也就不能把生活资料看作劳动的生产要素。换句话说，劳动者的生活资料并不是资本。如果劳动是第二级财物，生产着某种第一级财物，即消费财物，那劳动者的生活基金却无论如何也不是生产着劳动者的第三级财物，它还只是第一级财物，即为劳动者准备的消费财物。就价值言，这一点有很重要的结果。像我们所看到的，价值首先从对第一级财物的需要被传递下去，然后从这些需要传到第二级财物上面，再向各级财物依次往下传。如果生活资料是资本的话，那它们就要从劳动者所提供的服务的价值当中得到自身的价值了。但是，由于生活资料不过是生活资料，它们只能从它们所满足的需要中得到自身的价值。

素,因而好像,必须要用侧面批判来处理。同时,必须说,这种外来因素包含有那么多好像有道理的东西,以至可以推定,谁要是对它置之不理,谁就要受到反对,还会怀疑他的阐述并未包含全部的真理。

像我说过的,我们这里所涉及的只是成本理论中的某些理论。

所有这些理论都有一个共同点,即它们都把成本和效用置于互相对立的地位,把这二者解释为不同的价值原理。但是,这些理论在对待成本原理的态度上却有分歧。某些理论只限于检查成本的各别因素,并说明这些因素对价值的影响,但没有回答,或甚至没有提出那些本质的和根本性的问题,即成本实际上是什么,成本从哪里获得它们的影响和经济上的重要性等等。对这些理论的批判是多余的。这些理论并不包含什么可批判的错误。它们的毛病在于保持沉默,在于它们刚碰到问题的核心就停步不前。

对其余的成本理论就必须作不同的判断。这些理论给予成本概念以一种完全不同的意义,这一意义整个看来肯定是不正确的,但鉴于它的理论上意图的巨大,却又是可以原谅的,或甚至可以看做是某种可承认或可尊重的东西了。这部分成本理论可以用劳动理论这一名称来标示,因为劳动要素构成它们的理论的出发点。李嘉图的理论体系标志着劳动理论的高水准,而社会主义理论体系则是这一理论的最后结果。有许多对这两个体系都否认的作者仍然把劳动理论的基本精神采用到自己的体系里去。事实上,一直不受这一理论所影响的作者是不多的。从而批判者面临着一个巨大的任务。我并不隐讳:同那些为经济学作者所发展的观点作斗争，在我看来是更为重要的事情，因为这些观点是最后来自广泛流行的通俗见解的。劳动理论的根本看法对任何人都不是陌生的；每个人常常有许多实际的机会来应用它。但是就这一点说，要是不可能同时从理论上澄清通俗观点并把它从种种夸大中——这种夸大很容易追溯到通俗推理的不合理方面——拉回到它的老老实实的、无可怀疑的形式上来，李嘉图的理论体系就决不会得到巨大的支持，这种情况也许要我们准备指望将来有一个时候会对劳动理论作新的阐述。①

① 价值理论的晚近作者之一，W. 夏林，在他发表于1888年的《康乃尔年鉴》上的《价值理论和价值定律》一文中，又把价值理论追溯到劳动理论的基本精神上去，虽然也作了某种扩充和修正。他从取得的困难上来推得价值，或者更确切地说，从希望达到某种目的的人由于通过交换来达到这个目的所节省的努力的大小来推得价值。这里我不打算详论夏林的积极贡献，关于他的基本论点，还请读者参阅下面一章。只是我可以顺便指出在得出价格的标准的种种努力当中，夏林包括那种"（在拍卖中）为超过其他出价人所需要的努力"，或那种"为克服物主不愿同其财物分离的倾向"（第558页）所需要的努力。这两种努力的根源都只能在要用它们本身来说明其标准的那一个价格支付中找到。在这个意义上还可以把下列事实包括在取得的困难当中：各种东西必须用货币来偿付，而人们又理应节省货币。在庞巴维克所引证的孩子的例子里道出了夏林关于边际效用理论的观点；这个例子是：对某个孩子说，"吃一个苹果的乐趣超过吃一个李子的乐趣的七倍，但不到八倍"。夏林继续说，"让我们假定，父亲来告诉他的孩子说，'我们的邻居允许你到他的园子里去摘苹果，你愿意摘多少就摘多少'；那孩子必然一下子就改变他对苹果和李子之间的关系的看法，虽然他在水果消费上的口味和享受仍未改变。只是占有一个苹果所免于付出的努力，却不再和以前一样了。"在我看来，夏林所提出的用以反对边际效用理论的例子，恰恰是那个理论的证明。在父亲讲话之后形势到底变成什么样子呢？很清楚，孩子现在想有多少苹果就可以有多少苹果了，而在以前他只有过一个；也就是说，有效供给业已增加到过分多余的地步。这样就得出边际效用理论所要求的结果，完全改变了对苹果的估价。如果把夏林的反对指向那个认为价值仅是决定于效用而不是决定于边际效用的理论，那可能是对的。在我们的理论里，和效用一道，所有决定效用的利用程度和效用的估计程度的势力都要通过供给来权衡；的确，甚至连那些用生产条件来决定供给量的势力也要这样。

第九章　各派成本理论(续)
劳动作为成本的一个要素

的确无可怀疑,在任何产品的成本当中,制造产品所必需的劳动要占第一位。每一件产品所使用的劳动力都是从本来可以用于其他产品上的劳动力中抽来的。要不是除了劳动的效用之外,其次还要从经济上来考虑对它的使用的话,那关于这个问题就再没有什么可说的了。过度的劳动会变成负担并接着带来对人身的严重害处的重重后果。如果劳动带来痛苦、紧张和危险,那就有充分理由来认真考虑这些后果;单是由于这些后果,就可以把每一项劳动行为看做一种牺牲,这种牺牲只有肯定可以用劳动成果来充分补偿的时候才应该去做。通常所说的生产"要花费"劳动就是就这个意义来说的;也就是按这个意义大多数经济学家才把劳动理解为成本财物的。决定对劳动的经济估价,以及劳动对商品价值的影响的,不是效用而是劳动者的个人牺牲。

断定这个概念中含有多少正确的东西,是政治经济学的最困难任务之一,而随着理论的发展,又成为最重要的任务之一。从劳动是按照它所包含的个人牺牲来估价的看法出发,逐渐发展到劳动是唯一的生产财物、全部产品都是劳动的直接产品、和全部成本都是劳动成本等等更广泛的看法,便得出这样的结论:生产某种财物所必需的劳动牺牲是财物的成本价值的唯一来源,实际上,也就是财物价值的单纯的唯一来源。价值概念从价值同劳动牺牲的关系中获得自己的内容，并从价值量中获得自己的标准。正如导言里所讲过的，我们发现在亚当·斯密的著作中，价值的这个“理论上”的概念同其另一个“经验上”的概念发生冲突。李嘉图的理论体系目的在于证明这个“理论上”的概念几乎是在经验上的价值形成中实现的。最后，社会主义者则干脆要求“理论上”的概念的完全实现，而指责经验上的差距是干扰。和价值的这一概念相联系，又从同样的前提引出有关人类经济的起源与目的的另一个结论。人类经济的起源最终是来自一定要按劳动牺牲的价值来取得财物这一事实，而一切经济的目的又最终是使得生产财物所必需的劳动牺牲愈小愈好。这样，当我们努力去考察劳动作为成本财物的地位时，就会发现自己是陷入有关政治经济学的根本问题的论战之中了。

据我的意见，劳动理论的反对者对待这个理论并不是完全公正的。他们试图整个推翻这个理论，然而这个理论却决不是完全错误的。它是可以想象的，不过不符合事实；如果可以这样表述的话，那可以说，理论上这个理论是对的，只是经验上不能实现而已。

想象有这样一种经济生活状况是可能的——这里单是考虑包含在劳动里的牺牲就可以决定价值，包括劳动本身的价值以及一切产品的价值。李嘉图的理论之所以获得普遍承认，只能用它是建立在可以想象而又吸引人的基本看法之上这一事实来解释。人们首先知道作为整体的“价值”的意义——不是作为理论上的概念，而是作为应用于日常生活细节上的概念——随后忽略这个事实，即对于实际生活的“价值”未作圆满的说明。

我要努力尽可能明白地阐述劳动理论所能适用的那些条件。

这是一个最好的方法使我们有可能认识到这些条件和它们在现行经济情况下的实现相距得多么远。

假定一个社会——对于劳动所需要的一切物质辅助品供应得很宽裕——拥有那么多可以随意使用的劳动力,却只有那么少的需要,以至这个社会只要作必要的努力来生产满足需要的手段,就能够毫不延迟地完全满足它所可能感觉到的任何欲望。在这种场合,这样生产出来的满足需要的手段,从其效用来考虑,就会没有价值,因为就像上面所假定的,无论什么时候都能够立刻得到这些手段而且过分多余。反之,考虑到生产这些手段所必需的劳动的努力又必然给予这些手段以价值。被制造出来的和被占有的每一件产品都可能节省某种努力,即节省包含在这件产品的再生产中的努力。到目前为止,人们对于保持住一经到手的任何财产都会有强烈的兴趣。这种兴趣的大小则要决定于占有这种财物所节省的努力。一件产品,它的效用以强度来表示为100,它所需要的劳动等于10,就会有10个单位的价值;要是这种产品的再生产不需要任何努力,那就不会有什么价值了。

从上述假定情况所引申出来的价值和财富的概念,从形式上看可能是,如果价值和财富是从对财物所提供的效用的考虑引出的,那这些概念就应该发生;而实际上,它们始终完全不会是这样的。价值可能是财物所具有的重要性,它是靠每个人被免除不愉快的劳动痛苦时所感觉到的利益而有的。财富可能等于对保证免除劳动的痛苦的财物的大量占有。财富的利益可能是使人得到休息。贫穷好像并不意味着缺乏,而只意味着得不到休息,意味着痛苦。好像只要稍微增加一些努力就能很快追上先前占有的任何利益。

用不着证明：上面所说的决不是穷人所了解的贫穷，决不是人们所实际估计的财富，决不是我们对之有任何体验的价值或经济。如果人们单凭痛苦就能够变得富有，那么，恰恰是那些今天最穷的人老早以前就会变成最富的人了。劳动理论所作的假定丝毫也不现实，我们的欲望太大，我们所支配的物质资源太有限，我们的劳动力又太小。决不能丧失经济上的占有而不丧失某些享受。决不可能把效用概念同经济目的及价值概念截然分开。

这时还可以再问的问题只有一个。这就是，对劳动牺牲的考虑同对劳动效用的考虑是否总不结合在一起加入到对劳动的估价里面去作为成本财物，从而也总不加入到所有产品的成本价值里面去。但是情况并不是这样；也不可能是这样。这样一种可能性不是从经验上被排除在外，而是从逻辑上被排除在外的。生产劳动决不能因这种劳动的成功与否所决定的效用而具有价值，也决不能因这种劳动所包含的个人努力而具有价值。一个劳动行为究竟在什么情况下具有使用价值呢？在倘若劳动缺乏，人们必须放弃效用的时候，因为劳动是不能再度加以运用的；或者，在同样的情况下，重复一次服务要求放弃劳动的另外的用处，随着也放弃劳动的预期效用的时候，换句话说，在可利用的劳动不足以满足需求的时候，在没有过分多余的劳动力可利用的时候。一项服务究竟在什么情况下按照所包含的牺牲来估价呢？在倘若服务缺乏，人们也不需要放弃效用的时候，因为效用总是能够用绝不大于再一次努力的花费再行取得的；换言之，在所有可利用的劳动力并无预定的特殊用途，而可利用的自由劳动力又总是过分多余的时候。

只有劳动既是可以重复的同时又是不可以重复的，只有劳动力既是不足的同时又是过分多余的，劳动才有可能既按其本身效用又按个人努力来估计。凡在可利用的劳动力少于需求的场合，劳动价值就只能专门按照效用来估计。凡在可利用的劳动力超过需求的场合，劳动价值就只能专门参照劳动牺牲来估计了[①]。

即使在劳动价值是按效用来估计的场合，很自然地人们也不至不再考虑劳动的辛苦和危险。虽然对这些问题的考虑不直接涉及劳动价值，可是只要人们觉得辛苦就是辛苦、危险就是危险，这种考虑就仍旧是一种考虑。这种考虑甚至还可能构成对估价的间接影响，因为在种种关系上它必然继续得到经济的考虑。

这些关系可以一一列举如下。

第一，在着手任何劳动之前，人们必须考虑效用是否胜过努力。只有那些成果胜过所遭受的辛苦的劳动行为才能加以合理执行。此外，在这里面还包含着，为什么单用辛苦的程度来估计的劳动在估价上不及从其收益方面获得价值的劳动高的理由。这一点

---

① 在同一个地方，某些部门的劳动——例如熟练劳动——也许缺乏，而另一些部门的劳动——例如普通手工劳动——的有效供给却又过分多余；这并非完全不可能的。在这样一种场合，前者的服务就按效用来估计，而后者就按辛苦的程度来估计。在原始经济状况下，“劳动力的供给”常常是太大的，不到文明有了相当的进步，劳动不足的规则就不会出现。进一步，甚至同一个个人的劳动力，就劳动的某些要求说也可能太小，同时就另一些要求说又可能太大。几乎一定是这样，在执行某种特定形式的服务时其能力不足以满足经济上对这种服务的需求的劳动者，却总是有足够的能力留下来满足他们自己私人生活中对劳动的零星需要。同这一点相联系的是劳动力永远不会完全用坏的事实；人们在完成本身特定使命的劳动之后，又通过轻松的和消遣性的工作把精力很好地休息和恢复过来。即使在一个对劳动的经济需求完全不充分的国家，也有不少机会按照劳动所包含的辛苦程度来估计劳动。每一个人不断发现这样的机会，于是人人都从自身经验中弄清楚劳动理论的基本精神了。

又引起另一个重要问题。感觉劳动花费是一种负担这一情况必然多少影响到对劳动的使用的选择。像扎克斯所着重指出的，可能发生这种情况：用处较小的劳动使用比用处较大的先被选中，因为对比起来用处较大的劳动使用需要更大程度的努力。

第二，一旦对劳动作出决定，就一定总要把劳动的执行安排得使辛苦和危险愈轻愈好。

第三，感觉劳动是一种负担的事实，总的说来多少具有缩小劳动供给的效果。如果劳动不是繁重的、耗费精力的，那可以花费的劳动就会比现在所花费的多。像我们已经提出的，这样就通过因供给减少而把劳动的使用价值摆在较高一些的水平，使这一价值受到间接的影响。效用相同而辛苦程度各异的服务在价值方面受到这样的调节：愈繁难的劳动得到愈高的评价。但是这种结果只有在供给真正减少的时候才能跟着发生。只要对辛苦和危险的恐惧并不产生积极的阻碍作用，只要还存在着其他动机而把这种恐惧克服到供给一直不减少的程度，劳动价值就不会增加。经验表明，最使人疲劳、最消耗精力、最不利于健康的劳动使用得到最低的估价，因为这些使用是绝大多数人所最容易担任的，必然也是供给得最充分的。在共产主义国家里，十之八九，这种情况无论如何也不会不同。绝大多数公民将一直只是适合于最粗笨的工作，而这些工作既是最繁重的，又是最简单的。这类劳动在共产主义国家也会供应得很充分，因而能够把这类劳动一直使用到以效用表示的收益尽可能小为止；反之，较好的劳动力就会由于人数较有限而需要加以节约，对这种劳动力的使用也会像今天所做的那样，要作周密的考虑。总之，能为个人服务的估价提供标准的是效用，而

不是辛苦。

但是我们对劳动理论的考察还没有结束。这个理论的最大错误是关于估价问题,关于把资本作为成本的一个要素的估价问题[1]。

第十章　各派成本理论(续)
资本作为成本的一个要素

对成本进行任何全面估计的时候,无可怀疑的必须把代表资本的必要耗费的数字加到劳动成本上去。耗费同等数量劳动的两件产品,那件需要耗费较大资本的产品必然较贵。自从人类占有资本以来一直是这样来计算的,甚至将来在共产主义国家里也必须这样来计算。这样计算的必要性是那么明显,以至连劳动理论的信徒们也低头信服。他们甚至承认资本的成本也参加产品价值的决定。除了试使他们的理论同这个无可争辩的事实调和之外别

① 参阅《价值的来源》,第103页,以及庞巴维克的《价值论》一书,第42页;反面意见,参阅扎克斯著作第四十五章。在我看来,扎克斯从正确的命题——只有那些效用胜过财物所包含的劳动负担的财物才应当加以生产——出发,而他所得出的结论,却有点走极端了。他说:"如果和所讨论的需要相联系的unlust〔冷淡〕(也就是,源于未得到满足的需要的冷淡),小于对劳动负担的冷淡,那对财物的欲望就变成消极的了。需要本身也就不再为人所感觉了。"只有在欲望是"积极的"的范围内,预期的产品才获得意想中的价值。像我所说过的,我觉得这是走极端了。在考虑一件东西究竟应当制造还是不应当制造的时候,要把来自预期效用的价值当作没有减少的价值来估计;同时,要把预期的辛苦当作单独的事物来权衡。如果我很饿但又太懒而不想去工作,那我还是继续感觉饥饿,并因此按照我的饥饿的尺度来估计食物的价值;但是很可能,这种价值的表现还不足以克服我的懒惰呢。

无他途。要做到这一点只有一个方法，可是这个方法是那么奇特以至只有一种理论迷才能利用它。如果全部成本最终还是回到劳动，如果资本成本的存在又无法否认，那资本成本最终必然还回到劳动成本，资本也必然还是劳动了。

试图把资本还原为劳动的做法有两种，两者都贯彻着同样的基本看法。必须证明劳动是原始的经济要素，而资本只代表它的第二性的或派生的形式。劳动价值好像是资本价值所由来的原始经济价值。

为证明这一命题所作的两种努力中第一种是从资本起作用的状态中推论出来的。一切资本的效能不是节省劳动就是增大劳动的成果。难道机器没有节省人的劳动吗？难道机器没有使劳动产生更大的生产力吗？事实上，有许多种形式的资本就能提供人的劳动所提供的服务，就这一点而言，也就能用它来代替劳动。然而，能否认为所有资本都是这样的呢？例如，原料代替了什么劳动力呢？另一方面，对许多种劳动无疑地也可以同样有理由这样说，说它们的效能不是节省资本就是增大资本。资本时常排挤劳动，可是劳动也时常排挤资本。只要工资低，每个企业者就都要节省资本而雇用更多的劳动者。

第二种努力更重要得多。它是针对资本的根源的。这里我们又回到取得资本的首要根源。这个理论指出，所有资本最终都是用劳动来取得的，在这个基础上所有资本最终就都代表劳动。这种思想以极其多种多样的形式并援引十分丰富的例子，见之于许多作者的著作。这种思想见诸亚当·斯密和李嘉图。社会主义者则占压倒优势地采用它来证实自己的论点，证实一切成本都是劳动成本、证实资本仅仅是“物化劳动”。

不容易想象还有什么比劳动理论在采取这条路线时所表现的更大的矛盾了——尤其是它的极端社会主义的概念。还是让读者来判断吧！首先，对劳动的经济估价是用劳动的特有性质——个人牺牲为劳动的使用所必需——来说明的。其次，在承认资本是物化劳动，从而使劳动成为非人格化之后，资本就服从于同样的估价——这是一种不可能认为是合理的处理。首先，主张劳动是唯一的生产力，主张只有劳动才生产、才创造财物、创造价值，主张资本不过是劳动的死的手段；然后资本从它的躯壳里浮现出来而变成劳动，它又在它的分内决定财物的成本价值。起初主张资本和劳动是最强烈地互相对立着，然后又认为一切差别全都消失，只剩下一个，即资本固然可以像劳动一样产生价值，却不可以像劳动一样获得价值。物化劳动是劳动但不应该把收益中的份额归属于它。

由于某一理论有矛盾而整个否认这个理论也许是不对的。在这个理论里也可能还有真理的核心，而这个核心又可能跟其余的东西一道被否认掉了。因此，我们要使我们所讨论的论点受到进一步的考验；虽然，说老实话，这不过是想发现，难得这么小的真理竟含有这么多的错误。

我们已经知道，产品只有能够按其同样数量来再生产时才能用其成本来估价。通常，资本是由产品所构成；这个命题像适用于其他产品一样也适用于资本。只要资本能够按成本的数量来再生产，那资本就可以按照它的成本来估价。自从逐渐形成我们今天的资本的历史开始以来，实际花费掉的成本，就像任何虽然实际花费过却从不会再按这种样子来花费的成本一样，很少有人加以考虑——这里可以顺便提一下，谁也不知道形成资本的这些成本的数量究竟有多少，也从没有人对无论哪一种尺度提供过即使不大精确的标准。如果为补偿所耗费掉的资本而在经济上有需要的一切，都是用劳动来重新取得，那资本或许可以单用劳动从经济上来计算，资本在经济上可能只代表劳动。例如，如果消费掉的煤炭单是由劳动者把新的煤炭采到地面来就能够补偿，除了劳动者的双手劳动之外别无任何帮助，那煤炭就可能正好值把它采到地面来所必需的那么多劳动。如果一部机器能够由劳动者来制造，除了由其他劳动者为他们收集无价值的原料，并单是用劳动者的体力来把它们打造和装配成机器之外，别无任何其他帮助，那这部机器的价值就可能依在它身上花费掉的劳动数量来计算。但是，只要为了生产资本而耗费资本，就不能从资本的成本当中，从而就不能从资本的所有产品当中把资本要素除掉。同时，只要经验为我们保证可以从它身上获得使用价值，在成本估计中这个要素就仍要和劳动一起被算到里面去。

只要经济学家——像他们时常这样做的——从鲁滨逊或野蛮人的情况中抽取例子，资本除代表劳动外什么也不代表的看法就可能成立。在那种情况下，主要的特征是杀死野兽、原始的弓箭、用树皮制的独木舟、粗笨的斧头以及类似的东西；在那里，总是把资本看成可以说是处于自然状态之中的。在富裕发达社会的复杂经济现象面前，这种看法就完全失去效力了。带有无视历史发展的假定的劳动理论，在人们谈论着**自然权利**和**自然哲学**的时代的科学中，是很不错的。在那个历史时期，这个理论是值得由任何能够使它向漆黑一团的经济现象投进第一抹曙光的天才来提出的。

甚至在较晚一些时期,这个理论也可能诱惑某些有思想的人来对它的迷惑人的看法进行彻底的系统研究。但是,那些受过我们的科学创始人教育的人、那些受过这些创始人及其后继者的所有经验与仔细推敲的好处的人,要是始终坚持启蒙老师的意见,却只堪叫做小学生了。一个伟大思想是可能最后变成幼稚的错误的。

一部机器,对于占有它的制造商是一种手段,对于它所帮助的劳动者,实际上甚至对于所有的人,也是一种手段,一种能够从事某种有用工作的手段,这种手段的生产需要耗费一定的劳动、其他机器、工具等等。科学如果抛弃这个简单定义,而告诉制造商说,他在他的机器上面仅仅占有所有那些从制造第一件粗糙工具以来就曾对整个机器作出某种贡献的人的“物化”劳动或过去劳动,人们对这种科学必然会怎样看呢?无疑的,它是考察事物的巧妙方法,但又是异常无助于推进经济生活的实用目标的方法。根据像这样的考虑,买主究竟付了多大价格、卖主究竟讨了多大价格、生产者究竟花费了多少成本、财政大臣又究竟按价值课了多少税呢?能想象有什么人居然会答应他的经济结论受这样一种考虑的指导吗?归根到底,我们必须打定主意,在经济理论中究竟是打算说明经济生活呢,还是追求毫无用处的异想天开的概念。

第十一章　各派成本理论(续)
利息作为成本的一个要素

每个企业者在计算他的产品的成本价值时候,除了被耗费掉的资本价值之外，还包括必须继续使用资本的期间使用在生产中和凝固在生产中的全部资本的利息，甚至包括那部分还未被耗费掉的资本的利息。产品的交换价值，只要受到成本的影响，就也表现这样计算的利息；这是一件常见的事情。如果一件物品的生产仅仅花费劳动和流动资本，而另外一件物品的生产除了同样花费劳动和流动资本外，还需要巨额的固定资本支出，那么，后一种产品（当然，略去摊提的份额不计）就必然由于全部固定资本的利息而被认为更有价值。现在发生的问题是，在这种情况下，我们是不是也看到自然价值的现象；应当算在成本当中的利息究竟是按社会一般利息，还是只按个别企业者的利息来计算；以及，在共产主义国家里是否也需要考虑这个原理。

成本当中也包括利息的看法里面有某些东西使人觉得奇怪。托伦斯对这一点的异议是众所周知的。他说，利息就是利润，利息必须首先通过生产作为收益超过成本的剩余而赚得。既然如此，那就不能把它算在成本之中了。

从术语的角度看，托伦斯的异议当然是有理由的。一方面，我们如果想要固定净收益，那就不要把利息归属于成本；但是，另一方面，我们如果要探究产品的成本价值，那就必须把利息包括在内。在这两种场合，"成本"是按迥然不同的意义来使用的。就双重意义一直未被注意而言，这是一个错误；而不管受到注意没有，无论如何这是一种不幸。要是给这个术语的第二种用法起第二个名字，那可能更好一些。

当我们把名字放在一边单来考察托伦斯异议的实质时，我们就会得到不同的结论。这时异议整个破产。它证明得太多了。来自收益及其价值的不仅是利息，而且还有资本价值本身。把托伦斯的论证加以引申就变成这样：产品价值是第一位的，利息、资本价值以及一般生产财物的价值是第二位的。到这一点为止都对得很。我们也得到同样的结论，并因而主张，针对产品而言，生产财物不具备创造价值的独立力量。反之，我们又承认，它们确是具有使产品的价值均等化的力量。就依靠这种力量，而不是依靠什么更高的力量，生产财物才一般地影响着成本价值；而对利息是不能否认这种力量的，因为利息是来源于收益，也就是说，因为在这种场合，各种状况都和迄今所讨论的那些成本要素的状况相同。

事实上，情况就是这样。我们知道，在同一个市场上一切资本经常有趋于划一的增值率的趋势，而从整个看来，这个划一的增值率是实现了的。从这一点推定，一方面，一件东西的使用价值如不至少产生资本的普遍增值，就不能生产它——在决定被生产的数量的方式中，这是利息对产品价值的间接决定。另一方面，又推定，凡是使用价值就其本身看有可能产生多少更高一些的增值的产品，就只能按照普遍利率来估价，估到这件产品能够按其本身价格来再生产为止——这是价值的直接决定。如果各种东西既不能在低于一般利率的条件下来生产，又不能估价得高于一般利率，那这些东西的最后价值就必须按照所使用的资本的数量和期限，把利息连同别的成本要素一起包括在内。

成本当中包括利息的原理，是从一种生产计划推断出来的，这种计划目的在于从对资本的每一种使用中获得最高的增值率。由于这个原理是由计划引起的，所以它又反过来支配计划并给计划规定一定的限度。如果不把利息估计在成本当中，如果不按照所花费的全部资本数量来估计利息，如果不按照继续使用资本的整段时间来估计利息，那就不能把各个生产部门中间的生产财物的分配调节得足以达到尽可能高的增值率。那样就会容许把资本使用于只抵偿资本耗费而并不带来增值的场合，或是使用于资本并不获得最高增值、并不获得所花掉的全部资本的增值、并不获得在生产过程的整个期间所占用资本的增值的场合了。

在有些情况下，也就是说，每当占用资本的时间超过通常期望在期终会得到利息的时间，成本当中甚至还有必要包括复利利息。产品本身就是被当作带有利息的资本来使用的，因此找到较短的生产过程就会是有利可图的。由于早些日期的利息具有又能产生利息的好处，因此生产过程较长的产品必须得到一种补偿的等值，这种等值是这些产品通过其使用价值上的相应增加来得到的。也只有这样才能得到关于时间在生产中的最高利用程度并加以调节。

和这一点相联系的是一个非常奇怪的结论。

企业者为了支付劳动者的工资，必须保持一部分货币资本直到产品销售出去为止，他把这部分资本的利息也包括到产品的成本价值中去。在共产主义国家里，也许不需要这项货币资本。因此，看来似乎在共产主义国家，生产中的利息开支可能相应降低，似乎今天的这样做法，是违反估价的自然定律的。事实上，情况并非如此。就这一点看，企业者的利息也是和整个社会利息相等的，并成为对财物的经济估价的原因。当把工资基金的利息包括在内的时候，企业者仅仅参照人的劳动来估计和表述使用时间的差异而已。一年当中雇用十个劳动者跟十年当中雇用一个劳动者,并不是同一回事。把一笔 100 英镑的资本使用一年和把一笔 10 英镑的资本使用十年,更不是同一回事。在前一个场合跟在后一个场合一样,经济活动的原理都要求,如果想达到适当的生产分配,除普通利息之外,还要把复利利息也算到产品价值里面去。

无需说明,由于这一点,生产过程的期间愈长,生产就愈受到限制;因为理由是,要使较长的生产过程显得充分有利可图,就需要有产品价值的相应增加。持续时间很长的生产,如果负担得起直到这些生产产生第一个收益的时候为止所累积起来的利息重负,就必须产生很丰富的收益。

第十二章　各派成本理论(续)　地租作为成本的一个要素

土地——依那种熟悉的理论上意义来理解这个名词,即指土地的不可毁灭部分——在生产中并不遭受任何实质的损失。因而,在农产品的成本当中,并没有什么我们可以称之为土地的“实质价值”要计算。李嘉图更进一步断定,像土地价值一样,地租不能加入到成本里去。这个论点和他的下列理论完全一致:地租是净级差地租,只能归给所使用的较好等级的土地,而最劣等级的土地,即那些过分多余的可利用土地,则不产生地租。如果最后使用的那些等级的土地是无偿的、不带地租的,那事实上,起决定作用的成本就仅由应用于最劣等级的土地的资本和劳动的成本之和所构成，而不把地租考虑在内。我们知道，质量较好的土地所产生的地租导源于产品的剩余收益，这种收益是质量较好的土地对相同的资本及劳动的成本和相同的产品价值所作的保证。因此，地租来自收益，在产品价值中则无所表现。

如果地租不仅是级差地租而是一般地租，那就不同了。一般地租正像利息一样必须加入到成本里去。如果要得到成本的起决定作用的数额，在计算中就一定要把一般地租包括进去。如果所有不同质量的土地和所有不同的土地能力——甚至连那些最低级的——都要用来满足需求并都产生地租，质量最劣的那些等级土地被用于一定的生产并因而在那一生产的整个持续期间“被冻结”起来的情况，就不是什么经济上无关紧要的事了。因为，只要这些土地继续被冻结起来，那就不许可再把它们的服务用于本来可能使用它们的其他生产上面。要是违反这一点，它们的本来可以得到的地租就要失掉。因此它们的地租是属于产品成本的，必须把它包括在产品成本里面。

对李嘉图来说，坚持上述地租始终是级差地租的论点，是极端重要的。他的经济体系不能没有依靠上述论点的命题，即地租并不加入到产品成本里面去。他以为把产品价值置于一般定律的支配之下，并把产品价值简单看作若干单位资本和若干单位劳动的倍数，是有可能的。利息的插入已经给他的定律添上干扰的要素，不过他还相信自己能够证明这样引进来的干扰要素是不大重要的。而如果，在这之外，地租要素再在价值中占一个地位，那他辛辛苦苦搞成的理论的整个结构就一败涂地了；他企图从劳动推得产品的价值，他企图把价值的经验上的数额和价值的理论上所要求的数额统一起来,这一切也就完全被推翻了。

反之,对于我们所提出的价值理论来说,无论碰到下列哪一种情况,完全无关紧要:不管情况是地租始终只是级差地租,从而地租并不加入到产品成本里面去;也不管情况是它使地租变成一般地租,从而有必要加入到产品价值里面去。前一种情况跟后一种情况一样,全适合于我们的理论体系。

再则,级差地租不能加入到产品价值里去的命题还有若干例外。和那些可以看作是对土地作主要使用的土地使用在一起的,和那些可以叫做原始地租的地租形式在一起的,还存在着其他次要或派生的土地使用与地租形式。肥沃土地的主要使用是在农业方面,但在适于耕种的土地上盖工厂就是次要使用的一个例子;换一个说法,这种使用一般说来需要土地较少,而单就其本身说又决不会像农业需要那么容易地耗尽土地的有效供给。如果把一块肥沃田地用做工厂厂址,那将必须放弃在别的情况下可能期望从这块田地上取得的农业地租。牺牲这种地租意味着在计算工厂产品的成本时所不能忽略的成本支出。不管地租的数额有多大,这一数额都必须从在那块建筑基地上制造的产品的价值中减掉,直到所剩下的足以抵偿资本和劳动的成本,计算才算完成。

住房基地的地租也有同样情况。大城市的基地地租从来就不单是级差地租。在城市周围,房租便以农业地租为尺度,视位置是否合意,愈接近商业中心升得愈高。围绕城市的土地在耕种上愈有价值,那个城市的房屋就愈贵。在这个范围内,农业地租起着房租计算中的普遍成本要素的作用。从有利位置所得到的级差地租并不使房屋更贵起来,而毋宁是对坐落于有利地段的房屋的高度估价的结果。在住房需要和营业场址需要互相竞争的范围内。土地的前一种使用便在后一种使用身上起着成本要素的作用。

在探究这条思想线索的过程中，我们看到李嘉图的命题几乎整个地逐渐丧失其实用性，因为耕种土地变成虚假的现象，因为土地的用处在增加着。各种不同的使用开始互相竞争，人们总是必须从几种使用当中作出选择，于是被放弃的级差地租就起了成本的作用。李嘉图的关于地租并不加入到成本里去的命题只能正当地应用于有必要专作某一种特殊使用的土地，如矿山、葡萄园等等。

第十三章　个别经济价值在国民经济中的功用[①]

经济行为的最高原则是效用，价值则代表用简化概括的形式来掌握财物的效用并从而支配财物使用的方法。这样我们就描绘了价值在一般经济中的功用，在进行这种描绘时我们假定，价值是依据自然定律来估计的，并假定，我们所研究的是对成批财物的估价或边际估价。

生产财物的收益价值和产品的成本价值同样也是自然边际价值的现象。这些现象为我们提供在最复杂的生产情况下对效用的

① 参阅《价值的来源》，第165页。

简化的和全面概括的估价。种类极其不同的生产财物通过它们的共同产品来取得共同的估价尺度；这些生产财物的收益价值是共同边际产品价值的倍数。种类极其不同的产品则通过它们的成本中的共同要素来取得共同的估价尺度；它们的成本价值是共同成本财物的价值的倍数。不同的收益价值或不同的成本价值，彼此之间具有像各种数量的财物是同一单位财物的倍数那样的关系。这样就有可能用数字来估计这些价值关系，虽然价值和价值量是来源于无法计算的需要的强度。

但是，吸引我们注意这一点的还不是这个理由。现在当我们先从研究收益开始直到研究参加合作的生产财物，而后回转头来又从研究成本财物开始直到研究产品，来理清密如蛛网的生产结合的主要线索的时候，另一种考虑就不能不出现；这就是：在无论哪一种更大规模的经济中，特别是在像那样具有国民经济范围，并以复杂的经济体系为基础的经济中，如果我们希望对财物效用有任何明晰的概念的话，价值是完全缺少不了的。独居孤岛的鲁滨逊并不需要价值的帮助。在每一种情况下，他都能够简单地通过试验那种可能使他获得整个说来是最大数量效用的处理方式，来得到正确的结论。反之，在一个具有复杂生产体系的国民经济中，无论如何也不可能通过整个地对财物的效用进行试验而作出必要的经济决定。谁也不能一眼就看出一个社会的生产的总成果。财物太多了，对财物的使用的可能性也太多了，多得不许可对它们进行全面的调查，也不许可进行全面的比较。必须对各种事物进行个别的研究；必须把效用分割开来，并使每一件财物部分派到它在总成果中的份额。只有这样才有可能分别地看出哪一件财物是较

次的、哪一件是较好的、哪一件是最好的。但是，除了把边际估价方法——这种估价方法的原则是，给予各个财物以那种决定于当时实际上仍加考虑的最小数量的财物的效用——应用到各个财物身上，另外还有什么别的办法把效用分派给各个财物呢？

进一步，对财物的合乎经济的使用是供求关系所造成的。于是看来如果供求数量在数字上不是已知的，好像就不可能发现这些合乎经济的使用了。但是谁又晓得一个国家的范围广泛的经济中，或者甚至是世界经济中，到处都叫人感觉得到的供求关系的供求数量呢？批发商人当然试图使自己熟知这些供求数量，而且事实上确是能够得到代表生产产量的若干数字，这些数字还相当精确，特别就大生产而言。但是，另一方面，他们却几乎不可能得到具有任何精确程度的、同等重要的需求数字。不管这个，如果说总的说来经济能够随着供求的变动而自行调整的话，那也只是由于有边际估价所提供的帮助。价值作为边际价值，在边际计算中表明着现有供求数量所产生的效果，即使这些数量迄今还未被计算出来。要没有这种情况在市场上所产生的效果，要没有这种情况影响着价值的灵敏的中介，任何物主也不会企图去脱手一件财物，任何买主也不会热望去取得一件财物。虽然谁也不能算出供求的数量，甚至谁也不应该试图算出供求数量，价值却以数字上的精确性直到人们在现实生活中所常作的最精细分级，在这些分级在交换中趋于使自己为人们所感觉的范围内，表现出供求之间的关系。价值表现了那些隐藏起来的原因的效果。通过我们适应于这种效果即这种价值的事实，最后我们也能够适应于原因，即供求的数量，并从而用有关经济定律来调节经济。假如所有财物的价值在

任何已知时间全保持着已有的原样不变,假如我们使所有财物在生产和消费中的安排保持不变,我们就很可以相信,我们的行动是合乎经济的、是依据已经得到的经济见识的标准的。假如在某一个时间价值有了变动,这是表示财物的现有安排必须加以变更,而且这种变更必须直接同价值的变动相一致。那里价值上升,就必须把新财物调到那里去,不管是为了生产还是为了消费;反之,那里价值下降,就必须从那里把这些财物撤走。财物的这种从一处到另一处的转移必须使其继续下去,直到再一次使所有价值达于平衡为止,而就每批财物说,则直到这批财物的各个单位的均等估价定律重行建立为止。

到目前为止,一切经济中有关财物价值的知识,就其本身说,便是一种极有价值的财产。这种知识几乎同占有财物本身一样有价值,因为这种知识是解决财物的用处的关键。几千年来关于财物供给的来源和财物生产的状况的是否适宜,以及关于对财物的需求的数量等等经验的总和,都是以价值数字来表示,而传给我们的。一个国家要是完全忘记了这些东西,那就是巨大的经济灾难。必须经历一段几乎无法计算的时间,必须经受一大堆几乎无法计算的错误和损失,这个国家才能重行掌握前此对各个财物用价值表示的、具有数字上的明晰性的、各种财物之间的关系。

按社会主义者的纲领,他们建议,在未来的国家里,利用政府统计来管理存货的计算和需求的计算。要是这种计划真能充分实现,也许有可能不再需要边际价值。反之,凡是关系到如何表述个别财物的效用问题,就决不能不用边际价值。少了它就等于放弃试图决定个别场合的效用,就等于满足于就生产和消费方面作出一般的决定，而不考虑想要得到的或想要消费的数量。

这里我离开私人经济中的价值状况的范围。我清楚地体会我所试做的事情是很不完善的，我还是相信读者能够承认，以价格来表示的交换价值不仅受价格竞争的支配，而且还包含更深刻的经济内容；能够承认，交换价值虽然同外来因素相混，却集中了财物的自然估价的一切基本因素，而这种估价却是经济行为所不可缺少的。如果同一市场上所有相同财物的价格在数额上全都相等的话，那是因为，最终，同一经济中对所有相同财物的估价是相等的。如果一批财物里的所有财物的价格全部决定在边际点上的话，那是因为，最终，估价就是这样来决定的。只要价格代表着自然价值，那就节省了对各种事物的交换价值进行计算所耗费的大量艰苦的脑力劳动。通过成千次地权衡和考察生产以及其他的经济上的关系，各个财物便获得总收益中分派给它的那个数额；如果要对财物进行有利的处理，那就一定要从全部生产的总收益额中把那个数额直接归属于它。我是经过极其慎重的考虑之后才选用“归属”这个名词的。不仅生产则物要得到归属于它们和分配给它们的收益，一切财物也都得到归属于它们和分配给它们的效用，不过这种效用只有当这些财物互相合作的时候才能提供。没有一种满足不是由别的满足来准备和跟随的。我们的满足全都处于彼此互为作用和反作用之中。每个人的财力就是这样连结在一起的。个别的经济估价仍能成功地这样来分配全部收益，并把财富的各个不同部分在收益中所占的份额归属于各个部分，凡是在每个人自己的个人经济范围内，把这样确定了的价值量当作自己经济行为的尺度的人，就是聪明的。

在交换价值和自然价值发生分歧的场合，当然还有别的一些东西必然为人所承认，但是着手考虑这一点不属于我们的专门任务。

我还要继续说明自然定律是多么需要用一个社会，或者更具体地说，用一个国家的经济上的考虑来补充个人的经济估价。

第 六 卷

国家经济中的价值

第一章 引论

在私人经济相互间的交换往来中，客观交换价值充当财物的经济尺度，而在各个私人经济范围内，这个尺度则为各个所有者所估计的主观价值，不管这种主观价值是和客观交换价值相联系的主观交换价值，还是与客观交换价值无关的使用价值。所有这些多少有点真实地反映其共同标准的价值形式，追溯到一个原始形式，也就是我们所指的自然价值。自然价值最终是两个简单基本成分(财物的数量和财物的效用)的合成体。甚至连这样一些现象，像地租、资本利息、成本等等，全都是价值的自然现象，这些现象除非用那么强大的力量——强大得又会同时损害经济生活和经济活动本身——是不可能消灭的。

除了私人经济之外，还存在着许多公共经济。现在的问题是，财物价值在公共经济中是否也保持同样的地位，或者，是否采取任何新的特殊形式。我要把我的研究限制在最重要的社会经济方面，即限制在国家经济方面，甚至就是在这方面，也只是按最一般的方式来处理。社会经济理论迄今还是处于幼稚阶段。要不是首先就许多其他问题进行彻底的研究，要想透彻地讨论社会经济中的价值，是不可能的。因此，我觉得最好还是限于只作一般的、概括的论述。

国家经济分为两大方面：收入的经济即筹款，和支出的经济即支出管理。但是，支出管理只是在它是受经济上的考虑所决定的范围内才属于国家经济。这主要指照顾到人民物质利益的事情，也就是指，国家的经济管理或经济监督方面的事情。但是，国家活动没有一种形式不是必须遵循经济原则的（即使只是居第二位），即有关国家资源的慎重而又节约的使用。

不论在筹款方面还是在支出管理方面，直到最近，经济学家还不认识价值的那种重要性，譬如说，从其在私人经济中所起的作用看，这种重要性却是可以看到的。特别是，就筹款说，理论曾力求几乎完全不用价值。对于赋税原理的论述，过去没有、现在也几乎一直没有提到价值，或者即使提到，至多也不过当作对比草草说一说而已。赋税所依据的是特殊理由而不是一般经济理由。我们谈到生活最低限度、纳税能力、赋税的牺牲、累进课税等等，好像这些几乎全都属于特殊范围的事实和概念似的，同时既没有把这一范围同各种经济的基本现象的关系搞清楚，也没有想去搞清楚它。

亚当·斯密和他的学派也是用同样态度来对待国家的经济管理的。他们仅仅用国民生活的需要来说明，而价值却从未博得他们的考虑。要是他们提到价值，那不用说总是交换价值。通常，交换价值是这个学派所承认的唯一价值。从没有讨论到国家经济所固有的任何特殊的价值，因为总的说来，所有经济概念完全从私人经济的情况中借来，它们都带着原有的特征。与此相联系——作为原因和结果——又有限制国家经济范围、扩大私人经济范围的强烈倾向。每种理论都提出一套和它的基本倾向相一致的概念，但是它又通过一经创立起来的概念所发挥的逻辑效力反转来加强这些基本倾向。除交换价值之外再不承认其他价值的人，每当碰到常识告诉他这是价值问题时，一般总是让交换价值片面地去决定问题，或者无论如何，也要使交换价值占过大的分量。亚当·斯密反对保护贸易，赞成自由贸易所用的方法，可以看做是这个学派的典型。国民收入要用交换价值来计算，但是这样计算之后，自由贸易无疑地要在最近的将来带来更大的收入，其结果，由于构成将来资本的总是现在的收入，自由贸易就保证此后任何时间都能得到最大数量的福利。

在德国，对英国学派这种片面性早就有所认识。许多作者，例如弗里德里克·李斯特，就积极反对过这种片面性。李斯特把他的"生产力理论"跟他的"价值理论"并列。在私人经济关系中，交换价值是起决定作用的力量，而在国家经济中，起决定作用的力量却是"生产力"——单凭"生产力"本来就是按照交换价值来估计这一理由就可以最清楚地表明这种对立是不适当的。大多数作者采取不同的途径。他们起初完全是学究式地，而后逐渐地试着去扩充英国学派的私人经济观点，设法使得这些观点尽可能普遍适用于所有经济关系。特别就价值说，他们追溯交换价值到使用价值的一般概念，然后把交换价值看做国家的或社会的使用价值。于是理论渐渐改变其表面特征。它无疑地变得更圆通、更显得有道理、更有适应能力，但是同时也变得更不确定、更不精密了。用不着密切注视这种理论的进一步发展，我也可以指出它的最重要的事实，即：科学讨论最后定会澄清它理论上的含糊，并且，尽管它的理论的基础薄弱，它却果断而又成功地奠定了国家经济的实际形成的原则。像欧洲国家的财政制度一样，这些国家的经济政策也在理论的积极帮助下逐渐得到改造，虽然理论本身并未全面完成它的任务，实际上，甚至还不十分了解这个任务是什么。"理论"本

是能够指示正确方向的高度发展的一门工艺学，虽然它不能用绝对令人信服的明晰性来证明本身的正确——当然，也带有本身的局限性。

E. 扎克斯最近发表的著作(《国家经济理论的基础》)是第一部完成了从工艺学到国家经济理论的过渡的著作，从而终于达到了德国经济学家通过长期稳步发展所要达到的目标。在支出管理方面，扎克斯成功地指出了公共利益可以有多么广泛的作用，同时仍然保持那种本质上是经济的固定的经济概念。经济概念在一切形式上是同一个概念，处处完全区别于非经济概念。扎克斯著作在筹款方面的应用是很重要的，尤其重要的是在这方面几乎没有先行者，这种想法完全是由他很清楚地一一详细想出的。整个课税制度全以价值为基础。这个简单建议使财政科学第一次成为政治经济学的一个部分，而它本来始终应当是这样的。"各种课税都是集体估价的例子，这种集体估价可以从价值现象的一般性质找到充分的说明。表现在这个公式里的真理对于作为整个政治经济学的一个部分与私人经济理论相对称的国家经济理论，有直接的决定意义。解决办法的简易性是这个公式的正确性的保证。苹果从村上掉下来，星球运动画出它们的轨道，这些都服从于同一个定律，引力定律。在经济往来中，独居孤岛的鲁滨逊和有一亿人口的国家也都服从于同一个定律，价值定律。"(第 307—308 页)

由于本书随后的论述极其一般又极其简要，我几乎没有什么机会详细涉及扎克斯著作的丰富内容。而且，为论述方便起见，我认为，即使在我不同意扎克斯的地方，更聪明的做法还是尽量避免去作证明我的分歧有多大正确的任何尝试；因为，在本书的这一部

分，比起以前几个部分来，我更加忽视问题的学术方面。像以前一样，在这里，我的任务是概括而全面地论证至今只是孤立地加以考虑的东西——如果考虑过的话。我觉得，要是我热衷于批评和论战，让自己陷入本来不应当为细节而陷入的细节，那就离开我的写作计划，似乎只能增加同我关系最大的任务——即提供整个问题的概观——的困难。

第二章　国家经济的领域

一般假定，个人经济的对象是个人需要的供应，也就是说，个人作为个人所感觉的那些需要的供应。同时假定，社会经济是供应公共需要或集体需要，也就是供应个人作为社会成员所体验的那些需要，或者，换言之，是供应社会需要。因此，国家经济是供应国家的需要，也就是供应一个国家的公民由于彼此之间的公民关系而体验的那些需要。但是，这个概念跟经济范围的实际划分简直不相一致。无疑地可以算在集体利益名下的国家利益，时常是靠个人牺牲和个人消费来增进的。而相反的情况，即依靠集体的努力来促进个人利益的情况，则可以举出更多的例子。想拥有某种上下班用的交通工具的欲望无疑地是最高程度的个人欲望，可是几乎有史以来就把交通公路包括在国家事务中间了。在共产主义国家里，供应全部个人需要的责任将会整个落在国家经济身上，而这些需要却丝毫也没有改变其性质。因此，经济范围的划分必定是由某种并不涉及需要性质本身的情况所决定的。

只要简单的考察就使我们能够认识这种情况究竟是什么。

在许多场合，个人的能力足以保证他实现自己的个人欲望。特别是，一旦人们学会了利用分工和合作，个人感到能在其中发生作用的范围就格外扩大了。人们依靠这一点参加互相结合和互相交换，从而大大增强他们的工作能力；而在同时，人们又计算所取得的利益并将其重行分配给个人，从而他们还是作为具有个人权利的个人而彼此分开。但是，还有这样一些成果，它要求某种更密切的关系——现实社会的一种条件——没有这种关系就不能得到它。想取得这些成果的欲望——这种欲望往往近于绝对必要的感觉——就导致国家的形成。

某种成果的取得之所以要依靠集体的形成、要依靠集体活动的实行，其理由有多种多样。

首先可以讲一讲集体活动的性质。有许多种活动个人作为个人是不能胜任的；他也许觉得自己是太弱了，也许觉得是很无能的。在遇到只有许多人团结一致或全体团结一致才能产生力量，而分散的个人缺乏这种力量的场合，自始就授权国家来代表公共福利。只有作为一个统一的国家，一国人民才能抗御敌人、保护其居留在外国的公民。人民只有联合起来才能成功地保障国家安宁、保持国内秩序、反对犯罪行为。人们从共同的正义感得到必要的力量和权力来制定能够约束每个人的法律和任命能够使每个人服从一个共同法律的法官和官吏。就这样，凡是盛行这种意见的地方，即认为国家才具有提供人们所希望的满足或充分满足的任何保证的权力的地方，许多利益——部分是集体利益，部分是个人的普遍利益——便导致国家活动范围的不断扩大。

就那些共同执行的活动而言，共同负担义务、共同享受成果是不可抵抗的趋势。即使国家的权力是单独为某一个公民而运用起来，也不能仅仅从那一个公民的利益的立场出发来很好地判断这种情况。国家权力终于被运用起来这一事实牵涉到公众的利益，因为这种权力一旦运用起来，就不能让它徒劳无功。这种权力的未来的成败全都决定于对这一点的认识。例如，每一件刑事或民事诉讼的结果，便由于这一理由而对整个社会都极为重要。一定要把每一件诉讼处理得能以加强对法律的尊重，而不能削弱这种尊重，但是总的说来，国家机器所赖以出现的原因，按其起源说，总是意义很大、范围很广的事情，实际上是那些只有全体人民的联合力量才能办到的事情。这种情况通常自然而然使得在个别公民当中分割联合努力所取得的成果成为不可能，甚至连把成果按照个人作用算在个人名下也成为不可能；因此有必要使好处成为大家享用的东西，或是把好处归给全体人民而不作进一步的区分。能够指出或挑出有哪些个人，他们的利益特别受到关切，可以特别把国家的服务归到他们身上或算在他们身上，这种情况是比较少见的。

其次，正像战争的结果是不能买卖的，从而也不能把战争当作一件私人事情来进行一样[①]，同样也发生，在个别公民的财力、能力所办得到的企业当中，有很多企业由于不可能从中获得任何利润而必须把它们排除于私人经营的圈子以外。有极其多种多样的事情具有这种效果。城市的街道如果不是免费自由使用，对于交

① 但是，这并不是为什么要把战争留给政府来进行的理由；这个理由仅是，私人并不拥有进行战争所需要的手段。

通目的就会毫无用处;这就使得任何公民要是单为自身的利益而保持公路成为不可能。同样原则适用于所有那些场合,即财物在生产上虽然要花代价但必须交给公众无偿使用——门格尔把这些财物叫做“准自由财物”。也有许多企业,虽然公共利益马上需要它们,却只是在遥远的将来才有希望获得收益——时间是那么遥远以至实际上不能期望私人会作这样的等待。例如就许多铁路说,情况就是这样。又常常有这样的场合,某一企业的收益究竟能否充分抵偿成本是很可怀疑的,而同时万一成功其成果又大得迷人。在这种场合,不论是由于需要大量的资本,还是由于其他偶然的理由,私人企业都会踌躇不前的。也很常见,仅仅由于公民的经济发展有缺陷,而缺少有能力和干练的私人企业者。也常常有一些场合:在这种场合,对私人经济说,有关财物还处在转化过程中——还未完成、还未成熟、还是潜在的;在这种场合,在有关财物变成能够提供有用的服务以前,必须先获得这些财物,或者必须先发现那些用来辅助或补充这些财物的财物。有多少潜在劳动力在其能够找到市场以前,必须先意识到本身的存在并先行训练自己呢！哪些隐藏财富不会沉睡在自然所赐予但未经开发的土地里面呢！这种财富的存在为人们所怀疑,即使有人知道,也由于工业、财力、教育、信用、法律以及治安的一般落后状况而力所不及。在这样一种场合,虽然一直还没有为私人企业准备可靠的基础,但是难道会有哪个政府不认为有责任采取下列方式来过问和干预吗?它不仅用一般行政的方式,而且通过对人才施以训练并使其成熟的经济企业来干预,虽然这些企业也许并不提供直接的收益。有时光是有些需要迫切地要求满足,而那些感到需要的人却没有满足需要的支付能力。在这种场合，私人企业者是无能为力的，国家必须插手来减轻这种可能发展成为公众的重大灾难的祸害。此外还可以补充其他许多类似情况，这些情况全都朝同一方向发生着作用；也就是说，由于对私人企业无利而排斥私人企业，又由于有关则物的重要性而要求国家进行活动。

第三，有许多企业，既是一个公民有能力去经营的，又是有希望取得赢利的，但也保留给国家；其简单理由是，它们可能给予私人企业者太多的权力，或者可能为他保证太大的赢利。所虑的是这类企业所有必要给予经营这类企业的人的特殊地位，有可能被滥用。属于这类的经营大部分必然是独占——特别是大规模的独占，诸如邮政、铁路等等。我们从一个独立的私人企业者身上并不期望我们所要求的可靠性或承办这样庞大的经营的决心，和按照我们的愿望来经营它们；或者我们预料私人企业者会对服务索取过高的价格。人们都指望政府在所有这些方面多少会作得较好一些。但是，这丝毫也不意味要完全摒弃牟利的企业形式。这种形式可以保留，只是，必须通过这样或那样的方法使为谋取最高经营收益而努力跟为公众利益服务而努力相结合。特别是，凡是关系到重大的需要而又缺乏支付能力的场合，尤其必须按限制价格来经营服务，也就是说，必须按照自然价值进行估价而不是按照交换价值进行估价。“公共企业”就是这样出现的。基本上依据这样一个理由，即私人生产是单方面的，是照顾较富有阶级的利益的，同时是把整个社会利益放在背后的，所以在共产主义国家里，一切生产将都成为国家的事情，将都落在公共企业身上。甚至连大部分的私人家庭事务也将让给国家来管。

我们如果看一看构成国家经济的整个一系列职责，就能够很容易看到，除了刚才所讲的在发生原因上的分歧之外，这些职责在内容上彼此也有所区别。其中有些职责——其中最后提到的一类是最好的例子——同私人企业有密切的关系。像私人企业一样，这些企业也必须直接把劳动应用到财物身上，必须从事细节和进行个别的生产，同时它们又分散在无数个别活动与职业里面——其中有许多是属于同性质的，分散在无数各别财物里面。在这里是那些更深远更深刻的考虑排斥着那些否则私人也适于经营的事情。我们如果细想一下把生产经营和家庭事务转移到共产主义国家的情况，那就能最清楚地理解这一点。这些事情的确可能不再成为个人意义上的私人经济的事情，但是，本质上或技术上，它们还要保持其为“细节经济”，如果可以使用这个名词的话。

主要属于刚才所讲的第一及第二类的其余的国家经济行为，其性质却大不相同。由于种种理由这些职责绝不容许私人经济来担负，可是这些理由最终引起同一个问题，即这样的行为因为它们的产品不是不能买卖，就是不能个别地买卖而超出个人计算的范围。依据扎克斯称之为一般享受财物的原则(Princip des allgemeinen Genussgutes)，这些行为的结果不是全部就是大部分归公众所享受，既不用货币，也不用价格。它们是用巨额资金和巨额收益来进行的大规模交易，而这种收益往往是无法分配的。它们保证私人生活和经济活动的一般基础。它们的成果必须拿来分配给整个社会而不是个别地加以分割，即使假定把它们分配给个人是可以想象的话。当然，它们之被经营是由于它们有希望带来效用。但是，例如就战争来说，究竟能否终于得到所想望的结果，往往是极不肯定的。即使可以得到这种结果，其数量绝大部分也只能粗略地加以决定。这一部分因为它所包括的范围极广，一部分因为它所涉及的人数极众，一部分因为个人在其中所占的份额无法想象，一部分因为发展的过程很长，在它的许多效果发生以前又必须经过很长的时间。很常见的，一个人对于某种活动所知道的不过是，我们一定不要忽视这种活动，我们一定要动员我们所有的力量来从事这种活动，同时却几乎完全不能肯定究竟人民的生活最终会因此受到什么样的影响。常常要由另一代人来对这种活动作出判断。

在共产主义国家里，如果要把所有经济事务托付给国家的话，那就肯定地也要从这种观点来作出决定；家庭事务及一般生产事务，同一般经济的及国家支出管理的事务要始终分别开来。在前一种场合，财物就要像现在私人经济中所决定的那样，按自然价值来估计，也就是说，按照边际价值来估计。在后一种场合，像我们就要继续指出的，在很大程度上要放弃这种形式的估价。这里另一种形式的估价被拿来同这种形式的估价并列，或以之代替这种形式的估价。这另一种形式的估价最好叫做“国民经济”估价。这一名词肯定不是表现共产主义的公式，而是表现现有经济状况的公式。

第三章　国家的自然经济中的价值

假设共产主义的乌托邦国家真的实现了，按照我们刚才的看法，那里一切经济生活都变成国家的事情，私人经济和国家经济之间必然还有像现在所有的同样区别，虽然可能采取不同的名称。一方面，必须把所有那些现在留在私人手里的家庭事务和生产经营，连同许多基本上属于私人经济而现时为了某些特殊理由归国家领导的企业，单独归为一类。另一方面，必须把所有那些有关国家的一般支出管理的事情——或是所有那些全属国家的经济事务的事情——以及总的说来属于经济政策的事情，列为另一类以别于前一类。当然，各类之间的互相转移是免不了的，在一类里可能占统治地位的考虑，在另一类里也可能占有一定的地位。但是，无论如何，这一点并不和下列说法即各类的指导原则必定不同，相矛盾。

在前者，即在私人经济这一类，在那里财物就其数量与效用说可以计算得很精确，主要的努力必然是，从财物的每一可以实际计算的部分去取得普遍承认的最大数量的效用。这种努力必然表现为价值的一种估计，就每一单件财物来说，这种估计的尺度得自这样一个边际——在这种边际上利用得最完善的供给适应于挑选得最完善的需求。像我们所知道的，在生产领域内，价值的这样一种估计采取收益估计或成本估计的形式。整批相同财物的价值必须用倍数来表示；生产财物的价值则必须化作产品形式成为许多倍数之和。各个数量必须是可以互相对比计算的，在许多场合还必须是可以计算得很精确的。必须建立精确的经济计算法，把每一种充分熟悉的方法的有利与不利之处全都用数字来表示。关于精确地确定和实现价值计算所指出的最好计划，必须把它看做是经济艺术的成就。

在后者，即在国民经济这一类，首要原则也必然是去取得最大数量的效用，保证公民的最高福利。但是效用及其数量却不能估计得那么精确，实际上，像我们已经详细证明的，常常只能估计得很不精确。由于实现国家的目的所必需的方法绝大部分是很广泛的，而且几乎总是不能决定得很精确的，从财物方面也会使估价更加不明确。价值的估计往往很含糊，在许多场合不能期望估计上的意见一致。只有那些私人经济也使用的财物，才能通过沿用私人经济所得到的明确估计，而得到较精确的估计；那些通过生产来得到的财物，也有这种精确估计的可能。但是，凡是国民经济所使用的特种财物，因为使用关系或是因为来源关系而不具备私人经济的估计的场合，[①]凡是绝对或完全只有国民经济本身，设法寻求特种的公共方法来保卫公众福利的场合，就要出现受癖好与情感影响的、对利益的含糊的、不确实的估计，以代替大批财物的价值的数量估计。[②]

① 我们可以举荒岛的情况作例子，对这类岛屿的占领，是军事或政治理由所要求的。

② 总起来看，即使在私人经济中，人们也必须处理大量的财物和大范围的需要；事实上私人企业比国家企业为数更多，而且构成整个经济的主要部分。同样，在私人经济中，企业中只有很小的一部分具有那种估价上的不确定性，这种不确定性在国民经济中却很容易发生。在私人经济中人们必须经营为数较多、规模却较小的目标，而在国民经济中，却要经营单独的、但范围较广的事情。在前者一切数量最后都分解成为可分割的数额，而在后者就不这样。这种对照是那么重要，而认识这一点提供了对交换价值结构的那么深入的洞察，以至我不怕一再重复，试图再一次对这一点作尽可能确切的说明。

我们如果要了解私人经济的计算法，就一定要认真考虑两个问题。

第一，所有种类相同的整批财物——和这些财物一起，还有所有通过成本同它们发生关系的、作为产品的财物——均归边际定律所支配，并作为由最小的单位所构成国民经济中的自然价值与私人经济中的自然价值之间的对立，实际上，归结为含糊与明确、主观估价与精确计算之间的对立。即使这样，对比下的差别还是大得足以在实际政策中得到明白的

的可分割数额来计算，而每个单位则按同一价值来估计。这就使人们觉得财富好像被分裂成为“原子”似的，但是这只是表面现象；事实上在边际定律的范围内，全部财富的每一个“原子”都是用这种计算方法来估价的；不仅所有的边际使用是这样，通过它们并和它们在一起的，从最高级的直到那些处于边际上的、所有可能的使用，也都是这样——只是为了避免麻烦我们才只计算那些边际用处。这就使我们有可能计算那些用来满足种类几乎无限多的需要的几乎无限大的数量。例如，为了从事普通的私人经营，一个国家的全部巨大农业财富能够通过对这种财富的普通经济估计十分恰当地加以掌握，纵使这种估计——它只考虑整批财物及边际使用——还远不足以表明通过农业所提供的那些满足对国家生活所具有的全部重要性。因此，再没有别的东西比用一篇研究这后一意义的农业的重要性的论文来介绍农产品价格更使人误解了。计算中所余下的“剩余价值”是用不着计算在内的；一则不仅在农业税中这是省掉了的，而且到处都是省掉的；再则，就细节言，如果所观察的到处都只是边际，满足需要所达到的边际、扩展生产所达到的边际以及耗费成本财物所达到的边际，那就可以达到农业对贸易、工业以及其他经济部门的非常适当的平衡，还可以达到农业内部的各别企业彼此之间的平衡。

如果这同一农业财富是从有关一般经济政策的目的来考虑，那看法就改变了。我们不再注意彼此对立的无数个别财物，而是注意普遍地影响这些财物的东西。于是农业或其大部分变成一个整体，然后就到了考虑它的全部功用的重要性的时候，然后我们必须面对一个必须按其整个规模来全面估计的巨大复杂的结果。

第二，整个生产收益——仍是考虑到最小的数量——丝毫不剩地被私人经济分配于互相补充的生产要素。全部“生产贡献”之和在价值上等于总收益，从而生产价值像产品价值一样是可以计算得很清楚的。另一方面，在经济政策问题方面，如果大量的生产财物的用途必须在同一时候全部加以权衡，光估计那“贡献”是不够的。还有必要从事下面这种异常困难的工作，即要考虑，如果突然把生产要素聚集在一块，或突然把它们彼此分开，这些要素的“互补性”最终可以达到多深，它们彼此间又会以原因或结果的方式互相影响得多远。这里，在私人经济的“贡献”方面，我们又只计算边际价值，而在国民经济的全面“合作”方面，我们却计算财物的更为深远却又不易计算的重要性。

这一点必须完全在上述的界限内来理解，我们这里所指出的只是这两种经济体系的主要特征，而每种体系总是带有别的体系的痕迹，从一种体系转变为另一种体系也未予以注意。

和特殊的表现。理论上，对于两者之间的关系当然决不会有任何怀疑。就像凡是私人经济利益互相竞争的场合，就要按照这样利益的相对重要性来排等次一样，私人经济利益和国民经济利益两者同样也要按彼此之间的关系来排等次的。较重要的目标优先于较不重要的目标——这一点构成价值估计的理论基础。但是当对重要性的程度产生任何怀疑的时候，这个规则实际上又将怎样起作用呢？事实上，国民经济估价的不明确性质实际上必然常常引起对私人经济与国民经济两者的行为互相之间应该维持正确关系的怀疑。同样的财物既可以使用于私人经济，又可以使用于国民经济，是很常见的；从中供应两者的最终只有一笔基金，专为这个或那个领域准备的财物自始就只有很少一些。一种企业，作为私人经营，像它的能够按直接成果来计算的收益所表明的那样，是有利的，而从国民经济方面看，却被认为具有不利的、破坏性的或带隐患的效果；也就是说，一种企业，就结果说，是更遥远、更难以捉摸的——凡在这样的场合，就遇到了这两种利益之间发生竞争的一个典型的普通事例。与此同时，我们又看到相反的事例，即一种企业，作为私人经营是无利的，其有价值的收益是抵偿不了成本的，而从国民经济观点看，却可以把它看做是有利的，不管是有助于进步还是有助于保守。就个别企业说适用的东西，就整个一类这些企业说也是适用的——如同重要法案的立法与行政、生产的不同部门与不同领域、一个国家的生产阶级的活动，等等。例如，人们对于下面这个问题可能发生争论：农民阶级或工人阶级究竟应当不应当有公共津贴，也就是一种补助，这种补助，从私人经济的观点看，光从农产品价值或劳动成果也许不能证明它是合理的，

而如果考虑到维持国民经济和人民生活的稳定，却可能证明它是合理的。

在共产主义国家，像在现在的经济里一样，还会有不少理由会迫使人们就下面两种考虑重新作出决定，即：对数量上可计算的最近收益的考虑即对直接利益的考虑，和对较难计算的较远成果的考虑即对总的利益的考虑。假定是某种诸如建筑铁路的技术改善问题，那无疑会发生——像铁路刚被采用时所发生的那样——关于铁路的效用、可能性与后果等等的辩论。甚至在经验已使一般辩论告终之后，关于可计算的结果与不可计算的结果之间的更为正确的关系还会继续有意见分歧。或者，关于一个民族究竟应该专门发展商业还是专门发展农业，关于究竟应该更多利用劳动者阶级的力量还是应该更节约这种力量，可能还有疑问；以及，关于进行战争究竟是不是明智，究竟应当不应当为战争作好准备，还是促进和平的策略也许会更好一些等等，也可能还有疑问。肯定地总会有一派人计算并冷静地注意每一个设计的有利与不利之处；又有另一派人看得很远，给幻想与激情留下余地。目前利益的经济对立物会以不同的名称重行出现。我们现在可以看到的交换价值与公众利益之间的冲突因此决定于——除了同私人利益的对立之外，——经济目标的分歧，这种分歧是不可避免的，是产生于自然经济状况的。

如果一定要承认：在共产主义国家里，对财物的私人经济估价是不能令人满意的，因为它有时忽略了必要的扣除，有时又忽略了必要的附加，因而得出太高或太低的估价，那我们就更加一定要说现行制度下的交换价值有同样情况了，在现行制度下私人经济的

特征是强调得更厉害的。合在一起组成财物的完全价值的正是精确的计算以及虽然不可计算但被实际观察到的影响。当理论家考虑到经济理论因此在其公式与教条的精确概念方面要受多么大的损失时，不管这对他是多么困难，他也必须接受这些。按交换价值计算，凡是产生利润的东西就是经济上可容许的东西，此外的一切都是不容许的——如果所找的只是可计算的数量，那采纳建议是多么简单容易啊！当把绝对定律放在一边，而不得不乞灵于具体的现存情况来为它们作出决定的时候，所有理论上的答案又变得多么含糊不清！结果我们必须把作出决定以及对决定的具体执行的职责留给政治——要记住政治不但属于政治家，而且属于政治科学。在承认这一点上不管理论的自豪感会受到多大的挫折，这总是无可辩驳的事实。为了观察与了解事物，人们常常把事物看作不如它们的本来面目那么复杂的东西。要是除了从最容易的开始来简化思考过程，而没有更进一步的企图，那上述作法是很对的。但是，如果停止在这一点上，毫不费力地把这样找到的答案应用于现实，那却是不能容许的。先是按能够最简单地理解事物的方法来理解事物，而后按照我们所想得出的图画来表现整个世界；把最容易理解的东西——或者无论如何是理解得最清楚的东西——当作实际的东西；这可以称之为“理论的病”。

像一切夸张一样，这也产生自己的反作用，即对无论哪一种理论都反对。读者现在看到的这一本书可以证明我并未参加这种反对。也许它还不能同样清楚地证明，除了纯理论的研究之外，我还认为其他一切方面的研究就其本身说是既必需又重要的；但是我希望，任何公正的批评也找不到任何理由对这一点持异议。

即使在理论承认国民经济对价值的影响的时候，似乎也不能否认理论在某种程度上为政策提供依据。那个彻底想出价值理论的人，即使在刚才所讲的范围内，也有理由骄傲地指出这个理论在政治科学及实际政策方面所给予他的帮助。承认交换价值的估计可以应用于一个领域之内而不能应用于另一个领域之内，是最为重要的事情，要没有它人们就不能作出任何决定。那么，如果我们能够即使最一般地规定这些领域，如果我们能够把国家对价值的估计的定律和私人对价值的估计的定律完全清楚地分别开，因而使每一个颇为认真地遵守这些定律的人都会相信它们符合经济活动的基本要求，此外如果有可能指出事物的实际过程最经常背离这些定律的方面及其最严重的结果；假使那样，那就有可能简便地奠定政治活动的基础，同要是没有这些原则就会破坏这个基础的错误与困难相比较，那就谁也不会否认这样一种理论是有存在的理由的。只要举一个特殊事例就够了。用计算本身不生利的金属或纸张的重量和数目，来代表财物，从而用数目和数字、张数和重量来对财物以及对它们所保证的利益进行估价，本身就是一种神秘的事情，希望对事物取得明白看法的人可能认为这种事情带有人为的、不健康的来源。这种事情事实上的确把许多聪明正直的思想家引到一种猜测上面去。可见，要是一门科学能够证明这样一种行动状态就其本身说归根结底是健全而简单的，并证明为千百种不同的经济满足取得一种比在必要条件下由财物的自然边际价值所提供的尺度更精确、更清楚的尺度，是不可能的；那它就是一个很值得考虑的结论。

第四章　今日国家经济中的价值

人们所实际进行的对经济生活的管理，又给那个天然存在于私人估价和国家估价之间的对比添上另一种更强烈的对比。

实际存在着的国家——不同于共产主义国家——并不管理一切经济事务，而只管理这些事务中的微小的一部分。而且，一切经济财物也并不都属于国家。实际上，国家甚至并不拥有足以适当实现其本身目标的财物。通常它只拥有执行其公共职能所必需的房屋和固定设备。此外经常服务所需要的任何东西，都必须由公民从其财产和收入中以按年捐献形式上交给它。我们知道，这些捐献的最重要形式是按赋税形式征收的。我们这里就将单限于考虑这一点。

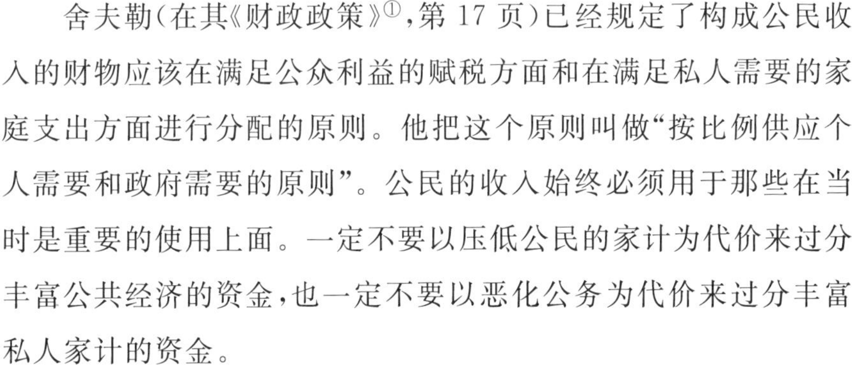

舍夫勒（在其《财政政策》[①]，第 17 页）已经规定了构成公民收入的财物应该在满足公众利益的赋税方面和在满足私人需要的家庭支出方面进行分配的原则。他把这个原则叫做“按比例供应个人需要和政府需要的原则”。公民的收入始终必须用于那些在当时是重要的使用上面。一定不要以压低公民的家计为代价来过分丰富公共经济的资金，也一定不要以恶化公务为代价来过分丰富私人家计的资金。

扎克斯更进一步发展了同一看法。财物从其被利用的用处获

① 即 Steuerpolitik。——中译者

得其价值。因此把收入使用于国家目的的正确原则是很简单的；这就是经济使用的普遍原则，即，财物的使用要和它们的价值相一致。如果国家要求太多，由于把假如用于私人经济就会具有较高价值的财物花费在国家经济的目的上面，价值就要缩小。如果国家要求太少，由于在这种场合财物的全部重要性并未得到实现，价值也要缩小。

由于财富的分配是不平等的，个人收入，以及个人需要也是程度不同的，这种事实使得这个定律获得它的全部重要性。如果每个人都有相同的财富、收入和需要，那所有公民就都必须缴纳同样份额的赋税。但是由于事实并非如此，他们就必须缴纳不同的份额，而提供尺度的又是价值。每一个个人经济，就其特有的供求关系而言，都具有扎克斯所称之为“个人的 Werthstand〔价值观点〕”的东西。数量相同的财物得到不同的估价，或者，换句话说，同等数量的价值用不同数量的财物来表示。要理解扎克斯的这个说法，也许最好还是回想一下我们曾经采用作为出发点以得出价格定律的事实。我们说，每个上市场去的打算购买的人，都私自计算，或应该计算他所想购买的财物的货币等值，也就是那笔对他说来价值等于财物价值的货币，因此价钱超过此数在他是经济上所不容许的。现在，关于国家对个别公民提供的服务所具有的价值，也必须计算同样的货币等值。从经济上讲，大于这个货币等值就不能成为任何公民的纳税义务，反之，为了弥补公务的费用，纳税达到这种程度却是每个人的义务。

承认了这一点，下一个问题便是对各个等值的更精确的估计。起决定作用的条件是财富、收入和需要。财富和收入愈大，主观

等值或赋税也就愈大。需要的程度愈大，主观等值或赋税就愈小。可是，仍然不能单是按财富和收入的比例来规定赋税，赋税的累进税率还是合理的。只挣到刚够维持最低的物质生活水平的人没有剩下什么东西可交给国家。关于扎克斯为下列主张所提出的理由：主张对处于最低生活水平的人实行免税，主张实行累进税率，以及在现代赋税方面所有其他主张，我不能再说些什么，也不能再提出什么理由。虽然，用不着多说，随着科学发展，对许多事物可能还要作不同的阐述，但扎克斯还是摸到了本质问题。凡是直到目前还被经济讨论认为重要的问题，凡是现代立法曾予以注意的问题，扎克斯都已发现它们同一般经济事实及原则之间的关系，从而给予那些已经从经验上摸到的东西以理论上的根据。

关于赋税理论的最重要之点，财政科学的原则迄今仍以公平的要求为根据。在这种几乎一致地依赖外部的非经济的考虑方面，比起另一方面，即这门科学在其纯经济部分的研究上的缺乏一致，它的不完善状况暴露得更厉害。只要这种状况还存在，实质上就决不能把它看作是一种经济理论。幸亏有扎克斯的努力，这种状况才有很大程度的改变。赋税理论的全部主要必要条件因其来自一般经济范畴如需要、财物、经济、价值等等，而取得经济根据。然而，尽管如此，我还不能相信赋税的经济根据显得如此完善，以至完全可以不需要考虑到公平——虽然这一点使我处于同扎克斯对立的地位。对这种论述我不想作任何全面的证明——要不从事判别经济与公平的艰苦工作，是做不到这一点的——我只想提出一点论证，在我看来，它是足以巩固这种论述的正确性的。

如我们所看到的，扎克斯要求，在赋税方面，每个人按他个人的价值观点，依国家对他提供的服务的价值，缴纳全部的货币等值。这种要求，在它防止对能力较小的人按其最大限度或超过最大限度来课税，又防止对能力较大的人按低于其最大限度来课税的限度内，肯定是绝对合乎经济的。此外，在它排除对任何人按高于其最大限度来课税的可能性的限度内，这种要求也肯定是一种经济要求。但是，即使它还达不到一个绝对是经济要求的程度，它也是以私有财产的合法假定为基础的；除非能够证明私有财产本身是不合乎经济的，那它才可能是不合乎经济的。如果拿这个要求同另一个要求，即要求对富有阶级甚至对中产阶级应当按其最大限度来课税，而对较穷与最穷阶级则按低于其最大限度来课税，两相比较，那它会变成什么样子呢？对于这种要求有什么可反对呢？肯定地说，从经济方面考虑，绝对没有什么可以反对的；因为从经济方面考虑，实现这种要求的结果，将是人们的需要的更圆满的满足。对它能够反对的唯一事情也许是这样一种考虑，即就公平说，同样的正式基本命题必须适用于一切，即对大家都是同等公平的。最后也许可以把这种考虑追溯到某种经济根据上去，但是，按现时科学发展状况，它还只是来自公平的感觉，并表明这种感觉的非常清楚的状态。也许有可能，在晚一些时候，人们要宣布富有阶级有责任解除较穷的阶级的一切公共负担，以便多少减轻一点他们因财富分配不平等而忍受的贫困。扎克斯本人就建议（第522页），当那个时刻到来的时候，就可能有一种以利他的动机为基础的积极努力，从最低的“物质”生活水平扩大到最低的“文化”生活水平，都予以免税。有可能这种努力也许只是循下列方向逐渐发展的一个象征：按照最弱与较弱阶级的弱小程度，全部地或部分地解除他们的赋税负担。[①]

由于它和整顿赋税有关，所以，据我的意见，在必须权衡许多人的利益冲突的范围内，它是同私人经济与国民经济的所有估价有关的。我想我可以胆敢毫不迟疑地说，把在财富方面处境不同的人们的利益归结成为利益的共同尺度的原则，迄今还没有发现，只要这种原则还没有被发现，在这样的场合就不可能避免若干程度地参考用来多少满足公平感的个人要求的等次。如果我们赞成经济理论所要求的赋税原理，那只是因为，在没有从理论上完全严格地证实这个原理的合理性时，无法拒绝的实际考虑迫使我们赞成私有财产，并且赞成对这个原理的利用程度要极其明确，又要和现代看法相一致。

第五章　集体估价的基本定律

如果租税负担是按刚才所描写的状态在公民之间加以分配，调节公众课税的定律和那个价格定律（在不受国家统治的市场上的自由交换条件之下）之间就会出现很显著的差异，当所有的人希望取得私人产业所生产或提供出售的财物时，那个价格定律就是

① 扎克斯（在第522页）指出，就富有者的过分负担而言，无论如何已经按他们的“预期可能征税的个人估价”来提供经济边际。但是，照我们的看法，即使承认这种边际纯粹出于经济来源，在它内部，还是为纯粹的经济考虑以外的活动留有足够的余地。

调节他们所必须担负的负担的。作为对国家所提供的服务的报酬，或者作为抵偿这些服务的费用的捐献，每个人都尽其力之所及提供最大限度，提供全部等值。反之，在自由交换中，（近似的）最大限度仅由边际买主来付，其他购买者都占到了便宜，因为价格是为所有的人确定的，谁也用不着支付比边际买主的等值更多，纵使他自己的估价可能高得多。因此，国家就更加彻底地来利用每个人的购买力，特别是较富有的公民的购买力。他不容许富人按穷人的标准来纳税，而坚持对每个人的课税要完全符合于他个人所估计的、国家服务对他所具有的价值的尺度。

由此推出一般作为集体估价定律的国民经济估价的特殊定律。在一切自给经济中，同等数量的财物具有同等的价值。一批财物的相同单件、相同部分或相同单位，对其所有人也具有相同的价值。这个定律也适用于一切自由经济，以及它所建立的经济组织。相同的财物在同一市场上具有相同的价格，相同的交换价值。但是就国民经济组织说，以及一般地就一切集体经济——它们把几乎并非独立的经济附属体联合在一起来实现特殊目的——说，就不同了。这里属于各个经济附属体的、要从中抽税的财物，是作为不同的财物来估价的——相同的税具有不同的价值，相同的价值用不同的税来表示。政府方面对个别财富与收入所作的估价，恰好和为赋税目的而作的个别程度的估价相一致；政府对每个人的财产所作的估计恰好和他本人对它所作的估计一样，而迄今集体经济还跟自给经济不同。直到政府终于动用税款的时候，它才按照普通定律来办事；直到那时，这些金额才终于在价值上变成相等，而每当政府必须征收它们的时候，是把它们估价成不相等的。[①]

可见，不仅课税要倚靠估价，而且在课税中还直接表现出一种特殊的估价；就公共经济的需要而言，它对每件财物是这样估价的：在一个人的财富中和这件财物在一起的其他财物的数量愈大，或用这件财物来满足的私人需要愈是有限，对这件财物便按愈低的数字来估计。换句话说，赋税理论，就其经济根据而言，不是属于价值理论的应用，而是属于价值理论本身。

在课税的时候，同平常经济生活的一般定律相反，政府按照那些被课税的人的个人景况对财产作不同的估计；从经济上说，这一事实无疑地具有有益的结果。它容许把较穷的阶级的负担定在较低的数字，它容许较充分地利用较富有阶级的负担赋税的能力；这样它就把赋税安排得对私人需要的满足只引起最小的损害。要是国家不这样做，要是它对每一个公民课征同等的捐献，像人头税等，那它就要使较穷的阶级遭受穷困，这是决不能用那种较富有阶级因而有可能在奢侈上扩大纵欲来补偿的。

甚至可能想望，同样原则应该适用于自由经济生活；那里每个人也应该按照他的购买力的大小来付款。这样也许可以达到满足的一律平等。如果每个人不得不依照他拥有较多的财力而付较贵的价格，那富有就下会带来好处，贫穷也不会带来困难，最后所有

① 许多赋税史都可以用下述事实来说明：人们只能逐渐学会怎样判明国民经济中的财物估价和自由经济中的财物估价之间的区别。在平常经济生活中，必须比任何其他人付较高价格的人总觉得自己受了损害。在这种根深蒂固的看法面前，可以很容易地理解，下面这个原则是难于推行的：对于同样的国家服务，每个人应当依据他拥有较多的用来满足他的需要的财物而缴纳较多的赋税——其比例还不是简单的，而是累进的。

的人都会得到同样的满足。用不着说，只要我们的经济还是自由的经济，情况就下会是这样。因为只要情况是这样，每个人就都要争取尽可能便宜的购买，卖主和买主就要以同样精神相见，因为卖主把价格上的微小抬高作为给予出价的买主以优先权的条件，而丝毫不坚持使价格的客观数额适应于买主的主观购买力。正是因为自由经济的这个定律同那种经济的自由是那么完全统一，于是责备这个定律对需要的满足的分配直接带有无可怀疑的有害效果，是没有用处的。为了判断得恰当，人们无论如何必须同样考虑经济自由——或者，换一种说法，私人经济与私有财产——对所有其他经济关系，特别是关于生产收益的形成的效果。也可能很对，私有财产引起了需要的满足的巨大不平等，然而，即使对于在一般分配中只获得最小份额的那些人来说，它却仍然保证了总的需要的满足的巨大增加，理由在于它容许并带来生产收益的巨大增加。这里也许可以为下述值得注意的现象，即同一个社会应该同时包容像自由经济和集体经济两种这样分歧的组织，找出一个理由。在前者，它之不同于价值的自然尺度的在于它过高估计保留供富有者取得的财物；而在后者，它之不同于那种尺度的在于，就公共经济而言，它把为富有者所拥有的全部财物都定在较低的数字。在前者，社会受不损害富有者的定律的支配，只有在他们参加互相竞争的时候例外；而在后者，它制定了一项把富有者的购买力利用到十分无限制的程度的法律。在前者它偏袒满足的不平等分配；而在后者，它有助于使它们平等化。这种深刻的分歧只能解释为这两种组织服务于不同的目的——在这两种目的中私人自由要求不同的范围。

要不离开价值理论的领域，转入到经济公平与经济理论的广阔领域，我们就不能查明这条思想线索。由于办法有限，对于估价赖以发生的社会组织的说明，是价值理论所不能处理的任务。和这种任务不相称的还不仅是价值理论；只有除纯经济的事实以外还考虑到其他事实的社会理论才能适当地承担这种任务。

现在，在临结束的时候，倘若还有一件事情较其他任何事情我更想要着重加以重复的，那就是从头到尾贯串这本书，以及在这本书的每一部分都支配着我的那个意图，这个意图，用最有意义的文字说，就是经验的。也许我可以希望自然价值以及共产主义的乌托邦国家的假想——无疑地是非经验的——并没有干扰我达到这个目的。就我对我自己这本书所能作的判断而言，无论什么地方我都没有指出过经济生活的现实性中任何外来的非经验的力量。我所唯一不受拘束的只是不去考虑那些其活动是无可怀疑的事实：估价的实际缺陷，我们经济的个人主义，以及最后，财富的不平等。然而同时无论如何我也并未忘记指出，在那些方面，上述情况势必引起私人经济中的价值以及国家经济中的价值要偏离自然标准的方向。我希望我的论述不至因此而变得不真实，虽然我很清楚地知道它势必是有缺点的。但是，单是因此，论述得不完全的东西肯定并不是非经验的；如果是这样，由于我们除了研究我们世界的巨大有机结构的组成部分以外决不能再做更多的事情，那么，哪种论述才算是经验的呢？对于研究的任何尝试的全部判断，必然决定于所研究的部分是否够大、够充实，足以表明其本身有内在联系，值得单独予以考虑。如果我所试图作出的、对价值现象的不完善描述，在这个意义上得到证实，那它就是经验的。

假想的形式是不能迷惑任何人的。当然，关于我打算避免考虑的若干事实，我也许论述得很干燥无味。但是，像一个希望看到不受其他事物的印象所干扰的某些事物的人一样，像一个用纱幕罩住干扰的物品来帮助他的判断力的人一样，我想利用共产主义社会的易于理解的形象来帮助想象。我所使用的假想必须单是按上述看法来看待。我相信纱幕已经很透明，在它的轻薄伪装下已可以把现象的全貌一一勾画出轮廓了。

图书在版编目(CIP)数据

自然价值/(奥)弗·冯·维塞尔著;陈国庆译.—北京:
商务印书馆,2017
(汉译世界学术名著丛书:120 年纪念版:珍藏本)
ISBN 978-7-100-14098-0

Ⅰ.①自… Ⅱ.①弗… ②陈… Ⅲ.①奥地利学派
Ⅳ.①F091.343

中国版本图书馆 CIP 数据核字(2017)第 138731 号

汉译世界学术名著丛书
(120 年纪念版·珍藏本)
自 然 价 值
〔奥〕弗·冯·维塞尔 著
陈国庆 译
钱荣堃 校

商 务 印 书 馆 出 版
(北京王府井大街 36 号 邮政编码 100710)
商 务 印 书 馆 发 行
南京爱德印刷有限公司印刷
ISBN 978-7-100-14098-0

2017 年 12 月第 1 版　　开本 710×1000 1/16
2017 年 12 月第 1 次印刷　　印张 20¼
定价:95.00 元